SMITH WIGGLESWORTH
on
HEAVEN

스미스 위글스워스의 천국

스미스 위글스워스 지음 · 박미가 옮김

믿음의 말씀사

스미스 위글스워스의 천국
SMITH WIGGLESWORTH - HEAVEN

1판 1쇄 인쇄일 · 2008년 3월 10일
1판 1쇄 발행일 · 2008년 3월 13일

지 은 이 스미스 위글스워스
옮 긴 이 박 미 가
발 행 인 최 순 애
펴 낸 곳 믿음의 말씀사
주   소 경기도 용인시 기흥구 마북동 323-4
전화번호 (031) 8005-5493   FAX : (031) 8005-8897
홈페이지 http://faithbook.kr
          http://www.jesuslike.org
출판등록 제68호 (등록일 2000. 8. 14)

ISBN 89-90836-52-2 03230
값 11,000원

목 차

소개의 글 ··· 6
역자의 글 ··· 14
제 1 장 예수 재림 준비하기 ···························· 17
제 2 장 왕이 오신다 ······································ 47
제 3 장 영존하는 삶 ······································ 81
제 4 장 함께 하시는 성령 ······························ 107
제 5 장 천국의 형상으로 변형되기를 소망함 ··· 117
제 6 장 약속된 시간: 죽음으로 얻는 생명 ······· 131
제 7 장 생명의 빵 ··· 153
제 8 장 영광에서 영광으로 변화됨 ·················· 175
제 9 장 변화 받는 법 ····································· 185
제10장 부활하신 그분 ···································· 195
제11장 천상으로 올라감 ································· 205
제12장 휴거 준비하기 ···································· 229
제13장 성도가 현재 받는 축복 ························ 253
제14장 하나님의 영광의 부요함 ······················ 265
제15장 썩지 않는 영광 ··································· 287

소개의 글

　스미스 위글스워스를 만나보았거나 그가 말씀을 전하는 것을 본적이 있는 사람들이라면 누구나, "그를 만난 것은 나에게 있어서 평생 잊을 수 없는 경험이었습니다."라고 고백할 것입니다. 스미스 위글스워스는 평범하고 단순한 사람이었음에도 불구하고 하나님에 의해 놀라울 정도로 쓰임 받았던 사람입니다. 그가 가진 믿음은 전염성 강했기에, 그가 전하는 말씀을 들은 사람들의 삶에 믿음이 솟구치는 일들이 많이 일어났습니다. 그의 사역을 통해 그 수를 이루 다 헤아릴 수 없을 정도로 많은 사람들이 구원을 받았고, 더 큰 믿음을 받아 그리스도에게 헌신하게 되었으며, 성령 세례를 받았을 뿐 아니라, 병들이 기적적으로 사라지는 일들이 일어났습니다. 이런 결과가 나올 수 있었던 이유는 그의 사역을 통해 성령의 임재와 능력이 나타났기 때문입니다. 스미스 위글스워스는 성령에 충만하여 세상 여러 곳을 돌아다니며 수많은 사람들에게 복음을 전하였습니다. 그러나 그는 자신의 사역을 통하여 일어난 사역의 수많은 열매들에 대해 오직 하나님께만 영광을 돌렸습니다. 스미스 위글스워스는 자신의 사역을 통해 고침 받은 사람들이 하나님께만 영광 돌리도록 하였습니다. 위글스워스는 병든 사람들이 그를 바라보도록 하는 대신 예수만을 바라보는 것을 진정으로 원하였습니다. 그렇기 때문에 그는 참 하나님의 사역자였다고 말할 수 있습니다.

스미스 위글스워스는 1859년 영국에서 태어났습니다. 그는 소년 시절 예수를 영접하자마자, 사람들이 구원을 받도록 하기 위해 전도하는 일을 시작하였습니다. 그 결과 예수를 영접한지 얼마 안 되어 어머니를 포함한 여러 사람들을 그리스도에게 인도하게 되었습니다. 그렇지만 청년시절에 그는 사람들 앞에서 간증할 수조차 없을 정도로 표현력이 부족하였습니다. 그런 그였기에 청년시절에는 그가 사람들 앞에서 설교를 한다는 것은 꿈도 꿀 수 없는 일이었습니다. 스미스 위글스워스는 자기의 어머니도 자기처럼 표현이 매우 서투신 분이셨노라고 고백한 적이 있습니다. 그의 표현력이 거의 제로에 가까웠었는데, 그 이유는 어머니로부터 받은 영향 때문이기도 하지만 그가 학교 교육을 전혀 받지 못받은 것이 가장 큰 원인이었습니다. 그는 일곱 살이 채 안되었을 때 이미 가정 살림살이에 도움을 주기위해 하루에 무려 열 두 시간씩이나 밖에 나가 일을 하였습니다. 그러므로 우리는 그가 말주변이 없고 표현력이 무척 서툰 것에 대해 이해를 할 수 있어야 합니다. 그는 성인이 되어서는 하수도나 수도관이 막힌 것을 뚫는 일을 하며 생계를 유지하였는데, 이때에도 그는 사람들을 일대일로 만나 그들이 예수를 믿게 하는 일을 게을리 하지 않았습니다.

1882년에 스미스 위글스워스는 하나님을 매우 사랑하는 폴리 훼더스톤(Polly Featherstone)이라는 활기가 넘쳐나는 여자와 결혼하였습니다. 폴리 훼더스톤은 설교와 복음 전도에 은사가 탁월하였던 사람으로 스미스 위글스워스와 결혼 후, 스미스 위글스워스에게 글 읽은 것을 가르쳐 주었습니다. 폴리는 시간이 지나면서 자신의 사역을 줄이고 그 대신 남편 스미스 위글스워스를 가까이에서 보필하는데 시간을 쏟았습니다. 그리고 나중에는 그의 사역을 돕는 강력한 후원자가 되었습니다. 이 두 사람은 특별히 가난한 사람들을 돕는 사역에 지극한 관심을 보여, 자신들이 사는 지역에서 그들의 도움이 필요한 사람이 나타나면 지체하지 않고 달려가서 도와주었습니다. 그리고 그들은 얼마 지나지 않아 자신이 살고 있던 동네에서 작은 교회를 시작하였는데, 설교는 위글스워스의 아내인 폴리가 담당하였습니다. 그런데 교회를 시작하고 얼마 지나지 않아 스미스 위글스워스가 아픈 사람들을 위해 기도하면 병이 기적처럼 낫는 일들이 일어나기 시작하였습니다.

위글스워스가 48살이 된 1907년에 그는 성령 세례를 받는 체험을 하게 되었습니다. 이러한 체험을 계기로, 그의 삶은 급격히 변화되기 시작하였습니다. 성령 세례를 받은 그는 갑자기 새로운 능력을 부여받아 설교를 할 수 있게 되었습니다. 말이 어눌하고 표현력이 부족한 그가 설교를 할 수 있게 되었다는 사실에 그의 부인은 너무도 놀랐습니다. 그러나 이것은 그가 앞으로 하게 될 전 세계를 무대로 한 복음 전도 사역과 치유 사역의 작은 시작에 불과할 뿐이었습니다. 이윽고 그는 미국, 호주, 남아공 및 유럽 전역에서 사역하게 되기에 이르렀습니다. 스미스 위글스워스는 1947년 소천하였는데, 소천하는 바로 그 날까지 그는 사역의 줄을 결코 놓지 않았습니다.

다음에 기록된 몇 가지 사항들은 스미스 위글스워스의 사역을 특징지을 수 있는 사항들입니다: 진실함, 구원받지 못한 자들과 병든 자들에 대한 깊은 동정심, 하나님의 말씀에 대한 확고한 믿음, 자신은 망하더라도 그리스도는 흥하여야한다(요한복음 3:30)는 확고부동한 태도, 하나님께서는 사람들 속에 있는 하나님에 대한 믿음과 신뢰를 증가시켜주는 일에 자신을 부르셨다는 흔들리지 않는 신념, 초대 교회에서 그랬던 것처럼 성령의 은사들이 지금도 나타나야한다는 믿음 및 성령 세례를 강조함, 그 어떤 병도 완전하게 치유 받을 수 있다는 믿음.

스미스 위글스워스는 하나님에 대한 신실한 믿음만을 전파하였을 뿐 아니라, 자신의 삶으로 믿음을 보여주었기 때문에 사람들은 그를 "믿음의 사도"라고 불렀습니다. 그가 집회를 인도할 때면, 그는 때때로 찬양을 불러가며 항상 믿음에 관한 성경 말씀을 인용해줌으로 사람들로 하여금 믿음에 근거한 행동을 하도록 용기를 북돋아주었습니다. 그는 하나님께서는 모든 것을 하실 수 있는 분이시라는 사실을 사람들이 믿도록 하는데 온힘을 기울였습니다. 그런 대단한 믿음을 갖고 있었던 그였기에, 하나님께서는 그를 통하여 놀라운 일들을 자주 행하셨습니다.

위글스워스의 이러한 비전통적인 사역 방법과 태도는 자주 사람들의 입방아에 올랐습니다. 위글스워스는 사람들에 대해서는 항상 정중하고 친절하게 대했습니다. 그러나 귀신을 쫓을 때만은 아주 완력적인 태도를 취하였습니다. 그 이유는 귀신이 병을 일으키는 원수라고 믿었기 때문입니다. 그는 자신이 사역할 때 사람들에게 퉁명스럽게 말하는 이유는 먼저 사람들의 이목을 집중

시켜, 주위의 사람들이 결과적으로 하나님에게 집중하게 되도록 하기 위함이라고 말했습니다. 그는 또한 귀신과 병에 대해서는 너무도 큰 분노를 나타내었기에 얼핏 보기에는 그가 병든 사람들에게 무례하게 행동하는 것처럼 보였습니다. 그가 병자들을 놓고 기도할 때면 그는 자주 병자들의 아픈 부위를 손으로 치거나 눌렀습니다. 그러나 그의 이러한 깜짝 놀라기에 충분한 행동으로 인해 병이 더 악화된 사람은 아무도 없었습니다. 반면에, 그의 치유 사역으로 인해 놀랄 만큼 병에서 회복된 사람들은 너무도 많았습니다. 때로 사람들이 그에게, 왜 병자들을 그런 식으로 때리는지에 대해 질문을 던지면, 그는 자신이 때리는 것은 사람이 아니라 귀신이라고 대답하였습니다. 그는 사탄에게 신사적인 태도를 보이면 사탄은 절대로 축출될 수 없다고 믿었던 사람이었습니다. 보고 된 바에 의하면, 그의 기도를 받고 약 스무 명의 죽었던 사람들이 다시 살아났습니다. 위글스워스는 맹장염과 신장에 돌이 생기는 매우 고통스러운 병에서 고침 받는 경험을 하였는데, 이러한 경험을 한 후에는 자기에게 치유 기도를 받으러오는 병자들에 대해 그 전보다는 훨씬 더 부드러운 태도를 보여주기 시작하였습니다. 그가 사역할 때면 갑자기 퉁명스런 태도를 보이곤 하였는데, 그것은 자신의 부르심에 대해 철저했으며 맡은 일을 성공적으로 빨리 해내고 싶었기 때문이었습니다

비록 위글스워스는 질병의 완전한 치유를 믿었던 사람이었지만, 그 자신은 납득하기 힘든 질병과 죽음들을 직면해야만 했었습니다. 가령 그의 아내와 아들은 병으로 죽었고, 그의 딸은 평생 귀머거리로 살았습니다. 그리고 위글스워스 자신은 신장결석과

좌골 신경통으로 인해, 오랜 동안을 고통 속에 살았습니다.

그는 어찌 보면 역설적인 사람으로 비추어집니다. 그는 동정심이 많았지만 퉁명스러웠고, 무뚝뚝했지만 신사적인 태도를 보였으며, 신사복을 말끔하게 차려입고 다녔지만 문법에 어긋나는 말을 하였기에 사람들에게 자주 혼동을 불러 일으켰습니다. 그럼에도 그는 힘을 다해 하나님을 사랑하였고, 하나님과 그분의 말씀에 자신의 인생을 바쳤습니다. 그는 환자를 놓고 치유 사역을 한번 시작하면, 하나님께서 그 환자를 고치시기 시작하는 것을 보기 전까지는 결코 그 환자에 대한 치유 기도와 사역을 중도에 멈추지 않았습니다.

1936년에 스미스 위글스워스는 현재 우리가 은사 운동(charismatic movement)으로 부르고 있는 운동이 장차 나타나게 될 것이라고 예언하였습니다. 그는 앞으로 기독교의 주요 교단들에서 과거의 오순절 운동(Pentecostal movement)을 능가하는 부흥이 일어나고 성령의 은사들이 나타나게 될 것이라고 예견하였는데, 그의 예견은 정확히 들어맞았습니다.

위글스워스는 교회의 변화를 염원하며 산 사람은 아니었음에도 불구하고, 그의 사역에 엄청난 치유의 역사가 나타남으로 인해 결과적으로는 기독교의 오순절 운동과 은사 운동에 엄청난 영향력 미쳤습니다. 그는 후대의 사람들에게 치유 사역자라는 명성뿐 아니라 복음전도자요 예언자라는 명성을 남겼습니다. 그의 삶과 사역은 오늘날을 살아가는 수많은 성도들에게까지 영향이 미쳐지고 있습니다.

만일 그의 삶과 사역에 하나님의 능력이 나타나지 않았다면,

우리는 앞뒤가 맞지 않는 듯 보이고 문법적으로 봐서도 하자가 있는 그의 설교와 메시지에 관심을 두지 않았을 것입니다. 그가 성령님으로부터 받은 영적인 계시로 인해 그의 설교와 메시지에는 영적 직관이라는 보석들이 담뿍 담겨져 있습니다. 그는 자신의 전 생애를 하나님께 헌신하였고, 하나님을 믿는 믿음에 평생동안 흔들림이 없었으며, 성령님만을 전적으로 의지하였습니다. 그러므로 그가 전한 메시지에는 사람들의 삶을 온통 바꾸고도 남을 만한 하나님의 능력이 들어있는 것은 당연하다 하겠습니다.

여기에 실린 글들은 1900년대부터 1940년대까지 수십 년이라는 긴 세월동안 그가 사람들에게 전한 메시지들 중에서 발췌하여 기록한 글들이라는 사실을 알고 읽으셔야 합니다. 여기에 실린 글은 대부분의 경우 그가 입으로 말한 메시지들을 다시 받아 적은 것이기에, 어떤 글에는 교회 예배와 기도회의 냄새가 나기도 합니다. 그리고 어떤 글에는 그가 컨퍼런스에서 사람들에게 성경을 가르치고 있다는 냄새가 납니다. 그는 집회에서 메시지를 전하는 도중에 갑자기 방언으로 말하고 나서, 그 방언을 자신이 통역하곤 하였습니다. 이 책에는 그의 이러한 방언과 방언 통역도 고스란히 포함되어있습니다. 그가 전하는 메시지의 스타일이 매우 독창적이기에 독자들이 이해하기에 어려운 경우가 적지 않을 것입니다. 그래서 독자들의 이해를 돕기 위해, 필요할 경우 그가 전한 원래의 메시지에 약간의 문법적인 손질을 가하였습니다. 그리고 같은 이유로, 옛날 단어가 사용된 경우에 현대어로 바꾸었습니다.

결론적으로, 여러분들이 스미스 위글스워스가 전한 메시지를 담은 이 책을 읽어나가실 때, 그가 얼마나 하나님을 온전히 믿고 신뢰하였는지에 대한 이해가 있기를 바랍니다. 이 책을 읽으시는 분들은 그가 평생을 통해 가장 즐겨 썼고 그의 마음으로부터 우러나서 한 표현은 "단지 믿기만 하십시오!"라는 표현이었다는 사실을 저절로 알게 될 것입니다.

역자의 글

스미스 위글스워스는 참으로 성령의 사람이요, 능력의 사람이었습니다. 학교를 다녀본 적이 한 번도 없고 말이 어눌하였던 그가 그토록 깊이 성경을 이해할 수 있었던 것은 신약성경을 평생 손에서 놓지 않았기 때문일 것입니다. 그는 실로 하나님의 영광을 갖고 다닌 사람이었습니다. 그는 예수님께서 그러하셨듯이, 하나님의 임재 가운데서 하나님이 보여주시고 가르쳐주시는 대로 사역함으로 무수한 병자들을 고쳤고, 죽은 사람들은 무려 스무 명이나 살렸습니다. 고로 그를 지난 백년간 활동하였던 기독교인들 중에서 가장 깨끗하면서도 능력을 가장 많이 나타냈던 믿음의 사도요 치유 사역자라고 칭해도 결코 과언이 아니라고 생각합니다.

저는 그동안 기독교 영성 분야의 책을 오랫동안 번역을 해왔지만, 이번처럼 번역하면서 큰 은혜를 받은 적은 거의 없었습니다. 이 책은 독자들에게 천국에 대한 소망을 확실하게 심어줄 뿐 아니라, 스미스위글스워스처럼 정결한 삶을 살고 싶은 마음이 솟아나게 해줄 것입니다.

저는 이 책에서 성경을 인용한 부분에 대해서는 독자들의 이해를 쉽게 하기 위해 표준 새 번역 성경을 채택한 후 원본과 같이 이탤릭체로 처리하였고, 혹시 그렇지 않은 부분에 대해서는 어느 성경 역본을 채택하였는지를 명시하였습니다.

만일 독자 여러분들이 성령을 사모하는 갈한 심령으로 이 책을 읽는다면, 이 책을 통하여 스미스 위글스워스의 깨끗하고도 능력 있는 영을 전이 받을 수 있을 것입니다. 마지막으로 귀한 책을 번역할 수 있도록 하여주신 예닮 교회 김 진호 목사님에게 깊은 감사를 드립니다.

2008년 1월에
역자 **박 미 가** 씀

제 1 장
예수 재림 준비하기

하나님의 우리를 향한 계획은 우리가 생각하는 것보다 크고, 우리의 말로서 표현할 수 없을 만큼 큽니다. 그러기에 나는 그분의 우리를 향한 계획에 대해 말하는 것을 좀 과장되게 말하는 것에 대해 전혀 주저함이 없습니다. 나의 메시지를 듣는 사람들이 영감을 받아 믿음이 증가되기를 간절히 소망합니다.

오늘 이 시간 주님께서 우리에게 계속 주시는 말씀은 "지금까지는 너희가 아무것도 내 이름으로 구하지 않았다."(요한복음 16:24)입니다. 예수님은 우리 삶의 주인으로서 하나님 아버지의 능력과 지식을 소유하고 계신 분이시라는 사실을 깨닫게 된다면, 우리는 깜짝 놀라지 않을 수 없게 됩니다. 그분에게는 모든 것이 가능하시기에 우리가 그분에게 요청하는 것에는 제한이 있을 수 없습니다. "지금까지는 너희가 아무것도 내 이름으로 구하지 않았다."고 말씀하실 수 있는 분은 오직 그분뿐이십니다.

하나님께서는 나를 통해 여러분이 지금 처한 수준에서 한 걸음 더 나아가게 되길 원하십니다. 여러분 스스로가 하나님께 엄청난 요청을 할 수 있다는 사실을 믿으십시오. 여러분들이 하나님께 큰 것을 요청할 때 하나님은 기뻐하신다는 사실을 믿으십시오.

여러분이 믿음을 갖게 되는 것을 방해하는 것은 바로 여러분 자신입니다. 하나님께서는 자신 속에 있는 불신앙의 요소를 과감히 버리시는 사람을 과거와는 완전히 다른 사람으로 변화시켜 주십니다. 인간의 생각을 버리고, 머리 굴리는 것을 포기하십시오. 당신의 인간적인 힘을 빼버리십시오. 하기 힘든 말이긴 하지만 하겠습니다. 당신이 가진 모든 것을 버리십시오. 당신 자신으로부터 빠져나오셔서 하나님의 능력 안으로 들어가십시오.

방언 통역

하나님의 마음이란 인간의 필요를 올바르게 채워주고자 하는 마음입니다. 그분께서는 태초부터 우리를 알고 우리를 이해하고 계시는 우리의 아버지이십니다. 그분은 그분의 자녀 된 우리를 불쌍히 여기시는 분이십니다. 그분은 싹 나게 하시고 자라게 하시고 열매 맺게 하시는 분이십니다. 그분께서 우리에게 그렇게 하시는 이유는 우리가 죽은 후에 데려가시려는 것이 아니라, 우리가 살아있는 동안 매 순간 변화를 받아 우리의 마음과 생각과 기도와 행동들이 하나님처럼 온전해지기를 원하신다는 것을 우리가 알게 하기 위해서입니다. 할렐루야! 하나님께서는 하늘 보좌에 앉아 계십니다.

주안에서 사랑하는 여러분, 나는 여러분들에게 오늘은 바로 여러분의 날이며 여러분이 삶을 새롭게 시작을 할 수 있는 날이라는 사실을 깨달을 수 있도록 여러분들에게 영감을 부어드리고자 합니다. 오늘은 여러분들에게 뜻 깊은 날이 될 것입니다. 나는 검은 구름을 뚫고 높이 올라갈 그 어떤 날로 여러분들을 이끌어가 보겠습니다. 여러분 위에 구름이 있다고 생각해보십시오. 그 구름은 여러분에게 엄청난 축복을 선사하는 축복의 구름입니다. 이 세상에서 살면서 만나는 삶의 어두운 구름들을 두려워하지 마십시오. 이 세상에 있는 그 어떤 것에 대해서도 두려워하는 마음을 가지지 마십시오. 여러분들은 하늘에 속한 사람들이요 영에 속한 사람들입니다. 하나님께서는 오늘 이 시간 여러분들이 하늘 높이 날기를 원하십니다.

방언 통역

(축복의 구름 속으로) 들어가기를 두려워하지 마십시오. 당신의 하나님이신 주님께서는 당신을 위해 오늘을 준비하셨습니다. 하나님은 당신이 옳은지 어떤 지를 검증하시는 분이시며 당신을 훈련시키시는 분이십니다. 그러나 당신의 위에 있는 그분의 손이 무서운 손이라고 생각하지는 마십시오. 그분은 부드러우신 분이시며 당신이 마음으로부터 하나님의 사랑을 받을 수 있는 곳으로 당신을 인도하시는 분이십니다.

" '너희는 잠깐 손을 멈추고, 내가 하나님인 줄 알아라.' (시편 46:10). 나는 너에게 좋은 보물이 있는 문을 열어줄 유일한 존재이다."

오! 이 세상 염려를 내려놓으시고, 하나님이 우리에게 주시길 원하시는 기쁨과 축복을 받기위해 일손을 멈추시고 잠잠하십시오. 하나님께서는 여러분들이 전혀 가보지 못했던 길을 오늘 처음으로 가게 하실 것입니다!

하나님께서는 그전에 결코 가보지 못했던 곳으로 오늘 우리 모두가 들어가는 것에 대해 말씀하고 계십니다.

준비를 완료한 상태에서 살기

내가 지금 전하려고 하는 메시지는 장차 오실 주님에 관한 것입니다. 예수님의 재림에 대해 우리는 만반의 준비를 하고 있어야 하며, 주님의 재림에 관한 하나님의 계획에 대해 잘 이해하고 있어야 합니다. 나는 주님께서 바로 문밖에 와 계신다는 사실을 잘 알고 있습니다. 영적으로 민감해야 그분의 재림이 가까이 왔다는 사실을 감지할 수 있습니다. 우리는 그분의 재림에 대해 만반의 준비를 하고 있어야 그분이 이 세상에 다시 오실 때 그분을 제대로 맞이할 수 있습니다.

나는 지금 여러분들에게 예수님의 재림에 대한 준비를 완료하는 것에 대해 그리스도께서 나에게 주신 계시를 말씀드리고자 합니다. 우리는 예수 재림에 관해 잘 알고 있어야 하고, 이와 아울러 재림의 능력과 목적에 대해서도 잘 알고 있어야합니다. 우리는 예수 재림에 대한 준비에 온 정신을 쏟아야합니다. 우리는 예수의 재림을 준비하며 살아야 합니다.

나는 예수 재림에 관해 여러분에게 전해드릴 메시지를 갖고 있습니다. 그 메시지는 베드로 후서에 있는 다음과 같은 말씀에 관한 메시지입니다.

  여러분이 무엇보다 먼저 알아야 할 것은 이것입니다. 마지막 때에 조롱하는 자들이 나타나서, 자기들의 욕망대로 살면서, 여러분을 조롱하여 말하기를 "그리스도가 다시 오신다는 약속이 어디에 있느냐? 조상들이 잠든 뒤로, 만물은 처음 창조 때로부터 그냥 그대로이다" 할 것입니다. 이렇게 말하는 것은 하나님의 말씀으로 하늘이 오랜 옛날부터 있다는 것과, 땅이 물에서 나와서 물로 형성되었다는 것과, 또 물로 그 때의 세계가 홍수에 잠겨서 망해 버렸다는 사실을 그들이 일부러 무시하기 때문입니다. 지금 있는 하늘과 땅도 하나님의 말씀으로 보존되어 있습니다. 그러나 하늘과 땅은 경건하지 못한 자들이 심판을 받아서 멸망을 당할 때까지만 보존되었다가 불타 없어질 것입니다. 사랑하는 여러분, 이 한 가지만은 잊지 마십시오. 주님께는 하루가 천 년 같고, 천 년이 하루 같습니다. 어떤 이들이 생각하는 것과 같이 주께서는 약속을 더디 지키시는 것이 아닙니다. 그분은 아무도 멸망하지 않고, 모두 회개하는 데에 이르기를 바라십니다. 그러나 주님의 날은 도둑같이 올 것입니다. 그 날에 하늘은 요란한 소리를 내면서 사라지고, 원소들은 불에 녹아 버리고, 땅과 그 안에 있는 모든 일은 드러날 것입니다. 이렇게 모든 것이 녹아 버릴 터인데 여러분은, 어떠한 사람이 되어야 하겠습니까? 여러분은 거룩한 행실과 경건한 생활 가운데서 하나님의 날이 오기를 기다리고, 그 날을 앞당기도록 해야 하지 않겠습니까? 그 날에 하늘은 불타서 없어지고, 원소들은 타서 녹아 버릴 것입니다. 그러나 우리는 그의 약속을 따라 새 하늘과 새 땅을 기다리고 있습니다. 거기에는 정의가 깃들어 있습니다. 사랑하는 여러분, 여러분이 이것을 기다리고 있으니만큼 티도 없고 흠도 없는 사람으로 아무 탈 없이 하나님 앞에 나아갈 수 있도록 힘쓰십시오. 그리고 우리 주님의 오래 참으심이 구원을 위한 것이라고 생각하십시오. 그것은 우리의 사랑하는 형제 바울이 자기가 받은 지혜를 따라서 여러분에게 편지한 바와 같습니다. (베드로후서 3:3-15)

　나는 여러분들에게 영적인 잠에서 깨어나는 것에 대해 말하고 싶습니다. 오늘날 필요한 것이 바로 영적 각성(spiritual awakening)입니다. 우리는 영적인 잠에서 깨어나야 합니다. 구원이 중요하다면, 영적 각성도 구원 못지않게 중요합니다.

　주 예수 그리스도의 씨가 여러분 안에 있습니다. 그 씨는 정결케 하는 씨요, 진리와 지식의 씨이고, 또한 생명을 주는 씨며 삶을 변화시키는 씨입니다. 그 씨로 인해 교회라는 한 몸 안에서 서로가 서로를 세워줄 수 있는 것입니다. 우리의 몸속에 있는 씨는 자라나 몸을 이루게 됩니다. 교회의 지체들이 서로 양보하면 그 씨는 영광스런 빛과 능력을 나타냅니다. 그럼으로 말미암아 여러분 속에 계신 그리스도께서 온전히 나타나시게 됩니다. 우리는 그렇게 될 것에 대한 소망을 크게 갖고 현재를 살아가야 합니다.

여러분에게 분명하게 말씀드립니다. 우리 모두는 벌거벗은 가련한 존재로서가 아닌, 흠이 없고 그 어떤 풍파에도 흔들리지 않는 하나님의 말씀으로 정결하게 된 존재로서 하나님의 영광 안으로 들어가야 합니다. 하나님의 영광 안에 들어가면 우리는 그 곳에서 하나님의 임재를 경험할 수 있게 됩니다. 그 곳으로 들어간 사람들은 하나님으로 인해 자신들의 성품이 변화되고 있다는 사실을 깨닫게 됩니다. 그리고 그 결과 하나님의 일을 성취시키기 위해 자신을 준비시켜 나갈 수가 있게 됩니다.

세상 심판의 날이 다가오고 있다

세상의 심판의 날은 아직 오지 않았습니다. 이 세상에는 구원받은 수많은 사람들이 살고 있습니다. 그러나 그 사람들은 다가올 세상 심판의 날을 주시하지 않고 있습니다. 그들은 하늘나라를 쳐다보지 않고 살고 있습니다. 즉 그들은 예수 재림의 날을 위한 순결하고도 온전한 마음을 상실한 채로 살고 있습니다. 위에 계신 하나님을 쳐다보는 신앙생활 없이는 온전히 정결하게 되는 일도 없습니다.

성경은 우리가 예수 재림의 그날을 고대하듯이 모든 *"피조물이 하나님의 자녀들이 나타나기를 간절히 기다리고 있다."* (로마서 8:19)고 기록하고 있습니다. 하나님의 이 말씀이 우리에게 빛과 계시로 다가올 때, 모든 피조물들이 썩어가고 있다는 사실을 알게 됩니다. 많은 그리스도인들은 이 세상이 점점 정화되어 나가고 있다고 잘못 생각하고 있습니다. 그러나 예수의 재림과 육체의 변화에 대한 소망이 확고한 성도들은, 성경에 근거하여, 심판의 날이 다가올수록 세상은 점점 나빠진다고 믿고 있습니다. 하나님의 심판의 날에 우리의 육체가 완전히 새롭게 변화됩니다. 현재 우리는 점점 나빠져 가는 세상에서 살아가고 있기에, 우리는 영적으로 깨어 그 어떤 희생을 치르더라도 하나님의 능력으로 이 세상의 어두움을 몰아내야 합니다. 그렇게 함으로 우리는 장차 다가올 영광의 그날을 맞이할 준비를 착실하게 해나가야 합니다.

현재 우리는 세상의 마지막 때에 매우 가까이 와 있습니다. 세상 마지막이 매우 가까이 와 있다는 가장 확실한 증거는 무엇입니까?

이 세상에는 두 부류의 그리스도인들이 있습니다. 이 두 부류의 그리스도인 모두는 하나님의 능력에 의해 구원받은 하나님의 자녀들입니다. 한 부류의 그리스도인은 하나님께 불순종하는 그리스도인들이고, 다른 한 부류의 그리스도인들은 그 어떤 일이 있더라도 하나님 아버지께 순종하며 사는 그리스도인들입니다.

불순종에는 사탄이 역사합니다. 세상 종말의 시대를 살아가는 그리스도인들 중에는 하나님의 말씀에 불순종하여 세상 정욕에 자신의 문을 열어줌으로 슬픈 삶을 살아가는 사람들이 많이 있습니다. 귀신적이고 비난받아야 마땅한 "신 신학"(new theology)을 빙자하여 마귀에게 새로운 문을 열어주며 살아가고 있는 불순종의 자녀들이 이 세상에서 많이 살고 있습니다.

신 신학이 세상을 시끄럽게 하자 어느 곳을 가든 사람들이 나에게 "신 신학이 뭡니까?"라고 물어 보는 일이 잦아졌습니다. 신 신학은 사람은 원숭이에게서 나왔다라고 주장하는 사람들과 동일 선상에 있다고 보면 정확합니다. 나는 그런 신 신학은 쓸어서 없애버리길 원합니다. 신 신학은 한마디로 말하자면 하나님은 없다고 말하는 신학입니다. 그런 신학을 한다는 사람들 뒤에는 반드시 무신론이 있습니다.

신 신학은 불신앙에서 태동한 신학입니다. 신 신학은 무신론의 신학입니다. 신 신학으로 인해 거짓 예언들로 가득 찬 '여호와의 증인'이라는 이단이 나오게 되었습니다. 여호와의 증인이 주장하는 바를 살펴보고, 그들이 예언한 것을 조사해 봅시다. 그들의 예언이란 뭡니까? 여호와의 증인들은 주님께서 1924년에 재림하신다고 주장합니다. 여호와의 증인을 믿는 사람들은 이러한 예언을 진짜로 믿고 있습니다. 여호와의 증인을 믿는 사람들은 단지 장차 '죄의 사람'(the Man of Sin)이 나타날 것을 믿는 것에 불과 합니다. 여호와의 증인들은 죄의 사람에 대해 문을 열어놓고 있습니다. 그 사람들은 거짓에 마음의 문을 열어놓고 있습니다.

여호와의 증인이 전에 예수가 1914년에 오실 것이라고 선언한 적이 있었습니다. 내가 한번은 이러한 거짓 예언이 옳다고 철석같이 믿고 있는 사랑스러운 한 형제분을 만났습니다. 나는 그 형제를 만나서, "당신은 분명히 속고 있는 것입니다." 라고 말했습니다.

그러자 그 사람은, "만일 내가 믿는 바가 잘못되었다는 사실이 확실하다면 나는 여호와의 증인에 대한 믿음을 버리고 거기에서 나오겠습니다." 라고 대답하였습니다.

거짓 예언에는 어떤 특징이 있습니까? 거짓 예언은 항상 빠져 나갈 구멍을 만들어 놓습니다. 그래서 예언한 대로 이루어지지 않으면, 여호와의 증인들은 날짜를 잘못 계산하였다고 발뺌 합니다. 그것은 바로 귀신이 하는 짓입니다. 만일 그들의 예언이 진짜 라면 예수님은 이미 재림하셨어야만 합니다. 성경은 만일 어떤 예언자가 말한 예언이 틀렸다면 그 예언자는 더 이상 예언하지 말아야 한다고 명령하고 있습니다.

이 세상 신인 마귀에게 한번 속은 적이 있는 사람들은 마귀에게 자기의 생각을 계속적으로 열어놓는 경우가 많습니다. 그래서 거짓 예언을 이미 한 적이 있는 예언자가 자기의 예언을 고쳐서, 그리스도가 1925년 온다고 다시 예언을 해도 그 말을 철썩 같이 믿습니다.

그런 실수를 감추기 위해 그들이 어떤 일을 했을까요? 그들은 거의 모든 나라의 큰 도시들마다 "지금 살아있는 사람들 중 수백만 명의 사람들은 영원히 죽지 않을 것이다" 라는 말을 발표했고 1925년 이후 지금까지 그렇게 말하고 있습니다. 그들은 계속 죽어가고 있고 그런 예언은 악한 예언임에도 그것들은 아직도 진행되고 있습니다.

이 세상을 잡고 있는 악한 영은 사람들로 하여금 거짓을 참으로 믿도록 하고 있습니다. 거짓을 믿으면 진리를 믿을 수 없게 됩니다. 만일 여러분들이 하나님의 말씀에 대항하는 거짓말에 솔깃해 하는 태도를 보이기만하면, 하나님께서는 당신이 거짓에 속도록 내버려두십니다. 누가 여러분이 속는 것을 허락합니까? 하나님이 허락하십니다. 하나님께서는 자신의 말씀에 관한한 변하지 않으시는 은혜의 하나님이십니다. 그분의 말씀은 영원부터 영원까지 변하지 않습니다. 그분의 말씀은 진리입니다.

주님이 재림이 가까이 왔을 때는 어떠한 일들이 일어납니까? 우리는 마지막 날이 매우 가까이 왔다는 사실을 알 수 있습니다. 이러한 거짓 예언들이 세상에 난무한다는 사실이 세상의 종말의 날이 다가오고 있음을 예견해주고 있습니다. 현재 무화과나무가 거짓 예언이라는 열매 맺지 못할 싹을 내고 있다는 바로 이 사실이 세상 종말이 가까이 왔다는 것을 말해주고 있습니다.

여호와의 증인들이 주장하는 거짓은 여기에서 그치지 않습니다. 그들은 심지어 그리스도는 부활한 적이 없다는 주장을 펴고 있습니다. 만일 여러분들이 하나님의 말씀을 저버리고 거짓을 믿으면, 여러분들이 다시 진리를 찾게 되는 일은 요원해집니다.

악을 저버림

마지막 날이 다가오니 거짓의 귀신들이 이 세상 이곳저곳에서 마구 날뛰고 있습니다. 악한 영들은 지금 '크리스천 사이언스'(Christian Science)라는 악한 이단을 세워 가장 강력한 활동을 펼치고 있습니다. 크리스천 사이언스는 마귀적이고 지옥적이며 사람을 속이는 것입니다. 나는 여러분들이 현재 활동하고 있는 악으로부터 구출되도록 하기위기 오늘 아침 여러분들을 향해 이렇게 외치고 있는 것입니다. 어떻게 하여야 여러분들이 이러한 악으로부터 구출 받을 수 있을까요? 여러분들이 이러한 이단으로부터 구출받기 위해서는 단 한 가지 방법 밖에는 없습니다. 그것은 여러분 안에 씨를 받아들이는 것입니다. 그 씨는 진리의 씨요, 의의 씨이며, 하나님의 능력의 씨입니다. 그 씨는 또한 결코 썩는 법이 없는 씨입니다.

여러분 안에 심겨진 그리스도의 씨는 썩지 않는 씨입니다. 그리스도의 씨로 새로 태어나는 새 생명은 부활의 능력을 가지고 있습니다. 썩지 않는 그리스도의 씨로 태어난 새 생명은 썩을 수 없고, 썩을 것들, 육신적이고, 악하며, 감각적이고, 마귀적인 것들을 물리칠 수 있습니다. 하나님의 말씀은, 하나님의 말씀이라는 씨는, 생명을 줍니다. 이 말씀으로 인해 우리는 하나님의 생명을 살아갈 수 있습니다. 주님의 말씀을 받은 사람은 하나님의 생명력으로 인해 어느 때고 엄청난 변화의 삶을 살 수 있습니다.

지금은 세상 마지막 때입니다. 세상 밖으로 나가 보면 험한 것밖에는 없어 보입니다. 이러한 때에 여러분들은 어찌하시렵니까? 이제 내가하는 말을 들어보시고 사실인지 아닌지 판단해 보십시오. 오늘날 신앙을 가진 대부분의 부모들은 자녀들을 대학에 보내는 것을 꺼려하고 있습니다. 그 이유는 무엇입니까? 그 이유는 자녀들이 대학을 졸업할 때가 되면 입학할 때보다 더 마귀를 닮아 있기 때문입니다. 대학 졸업생들의 대부분은 무신론자라는 것이 사실이 아닌가요? 그렇다면 우리는 이 문제를 어떻게 해야 할까요? 어떻게 하여야 오늘날과 같은 이러한 때에 우리의 영혼이 평화로운 상태를 유지할 수 있을까요? 어떻게 하여야 여러분들의 자녀들을 세상 악으로부터 안전하게 지킬 수 있을까요? 어떻게 해야 그들을 도울 수 있을까요? 여러분들 중에는 이런 악한 세상의 상황도 아랑곳 하지 않고, 자녀들이 대학에 가서 학위를 따야 하기 때문에 대학에 가야 한다고 말합니다. 여러분은 자녀들이 지식 안에서 자라길 원합니다. 그러나 어떻게 자녀들을 세상의 악으로부터 구원하시렵니까?

단지 하나님의 말씀만이 여러분의 자녀들을 지켜낼 수 있습니다.

나는 이곳에 있는 모든 젊은이들이 요한일서에 있는 다음과 같은 말씀을 읽기를 원합니다: "*젊은이 여러분... 여러분은 강하고... 여러분이 그 악한 자를 이겼습니다.*" (요한일서 2:14). 무엇으로 그들이 이겼습니까? 말씀으로 이겼습니다. 이 말씀은 성경에 있는 매우 강력한 말씀입니다. 말씀으로 악한 자를 이긴다는 사실을 꼭 기억하십시오.

계시의 능력

하나님의 말씀은 만물을 붙들고 있고 심지어는 이 세상을 태울 불도 붙들고 있습니다. 말씀이 그런 것들을 붙들고 있습니다. 말씀이 무엇입니까? 하나님의 말씀은 우리에게 하나님의 아들을 강력하게 계시해줍니다. 하나님의 아들이 하늘이 불타고 땅이 강한 열로 인해 녹아버릴 마지막 때에 일어날 대 재앙을 일으킬 능력을 갖고 계십니다(베드로후서 3:10).

하나님의 말씀은 이러한 일들이 제때에 일어나도록 합니다. 그렇다면 우리는 어떻게 해야 합니까? 우리는 어떻게 해서라도 정결하게 되어 바른 행동을 하도록 애써야합니다(11절을 보십시오).

하늘에 대한 것을 기억하십시오. 영광, 계시, 능력, 하나님의 임재, 이 모든 것들은 천국을 흘러넘치도록 아들답게 만드는 것들입니다. 천국에서는 시간이 아무런 의미를 갖지 못합니다. 천국은 사랑스러운 곳입니다. 천국에서는 천년이 하루 같고 하루가 천년 같습니다(8절).

방언 통역

모든 샘이 당신 안에 있습니다(시편 87:7). 모든 계시가 당신의 마음 안에 있습니다. 전능하신 하나님이 하십니다. 그분은 왕들의 왕이십니다. 그분은 살아계신 하나님의 아들이십니다. 그분은 여러분들의 가장 깊은 속에 계셔서 여러분들로 하여금 이 세상 마지막 날의 뜨거운 불꽃으로부터 여러분들을 구해낼 분이십니다. 그러한 사실을 여러분은 알고 계셔야만 합니다. 그 어떤 일이 일어나더라도 하나님께서는 자신의 강한 날개로 여러분을 덮어주십니다. 그분은 여러분 안에 계셔서 여러분이 더럽혀지지 않고 썩지 않고 멸하지 않게 해주시고 영광 안에 보존될 수 있도록 해주십니다.

하나님께서는 우리에게 "너희는 참고 견디는 가운데 너희의 생명을 얻어라"(눅 21:19)고 말씀하셨습니다. 이 얼마나 아름다운 말씀입니까! 오, 우리 안에서 나오는 것은 가장 높으신 분의 능력에 찬 임재의 말로 인해 형언할 수 없는 부요함입니다. 이러한 부요함이 우리 안에 있다는 사실에 나는 할 말을 잃어버렸습니다. 우리 안에 있는 것은 인간의 육신 그 이상의 것입니다. 당신 속에 태어난 것이 당신 밖에 있는 것보다 더 크고 위대한 것이라는 사실을 당신은 모르십니까? 당신 안에 계신 분은 당신을 그 어떤 재앙으로부터 지켜 낼 수 있는 능력의 하나님이요, 당신에게 빛과 진리를 가져다주고 당신의 비전을 더 명확하게 해 주실 수 있는 분이라는 사실을 당신은 모르십니까?

하나님의 택함을 받은 자

하나님의 택함을 받은 자가 있다는 사실을 기억하십시오. 여기 이 집회에 모이신 분들 가운데도 하나님의 택함을 받으신 분들이 계십니다. 만일 여러분들이 자신이 어떠한 사람인가를 곰곰이 생각해 보신다면, 자신이 바로 하나님의 택함을 받은 자라는 사실을 알고 놀라게 될 것입니다. 사람들에게는 하나님의 택함을 받은 자가 되는 것을 두려워하는 경향이 있습니다. 그 이유는 사람들이 "당신은 하나님의 택함을 받은 자입니다! 그러니, 이제부터는 모든 것을 완전하게 행해야 됩니다."라고 말하는 것을 주위에서 자주 들었기 때문입니다. 영국에는 이러한 신학에 기초하여 크게 성장한 교회들이 많이 있습니다. 만일 여러분들이 오늘날 영국에 가시게 된다면, 그와 같은 신학은 이제는 시들어 없어져 버리고 말았다는 사실을 알게 될 것입니다. 왜 그렇게 되었을까요? 그 이유는 그러한 주장을 펴는 사람들은 만일 우리가 하나님의 택함을 받은 자라면 우리가 하는 모든 행위가 옳아야 한다고 주장하였었기 때문입니다. 그러나 그러한 주장은 잘못된 주장입니다.

하나님의 택함을 받은 사람들은 완전한 사람들이 아니라 완전을 향해 전진하는 사람들입니다. 하나님의 택함을 받은 사람들은 가만히 머물러 있지 않습니다. 그들은 항상 날개 짓하며 앞으로 날아가고 있는 새와 같은 사람들입니다. 하나님께 택함을 받아 사용 받으려고 하는 사람들이여, 앞으로 나아가십시오. 하나님의 택함을 받은 사람들은 죄와 어두움 속에서 일어나고 있는 일들을 몹시 싫어하는 사람들입니다. 택함을 받은 사람은 하나님을 위하여 일하려고 하기 때문에 죄들을 다 태워 없애버리고 싶어 합니다.

말세에는 하나님에게서 떨어져나가는 사람들이 생깁니다(데살로니가 2:3). 하나님께서는 진리들을 자신의 보물 창고에 차곡차곡 쌓아놓고 계십니다. 하나님께서는 우리가 진리의 반석 위에 굳게 서서, 그 어떤 일이 일어나더라도 우리의 마음이 요동치지 않게 되기를 바라십니다.

불법의 사람 (The Man of Sin)

내가 시드니에 갔을 때, 사람들이 나에게, "이 도시를 유심히 관찰해 보십시오. 이 도시의 많은 사람들이 '새 사람'이 온다고 주장하는 단체로 몰리고 있습니다."라고 말해주었습니다.

새 사람이 나타난다는 접신론(theosophy)은 환생과 다른 거짓 이론들에 기초를 둔 것입니다. 다른 어떤 곳에도 없는 새 사람이 접신론에만 있다고 주장합니다. 이러한 새 사람에 대한 주장은 결국은 썩어 없어질 주장입니다. 그러한 주장은 처음부터 잘못된 것입니다. 접신론은 하나님을 부인하는 주장 즉 무신론(atheism)

적인 주장의 최고봉과 연결되어 있습니다. 그러므로 여러분들은 접신론은 곧 무신론이라고 생각하시면 됩니다. 접신론은 무신론에서 나온 것입니다.

불법의 사람(The Man of Sin)이 나타나서 많은 일을 행할 것입니다. 불법의 사람이 나타날 때가 되면 먼저 많은 거짓 그리스도들이 나타납니다. 그래서 자칭 그리스도라 주장하는 사람들이 기승을 부리는 것을 보고 우리는 불법의 사람이 나타날 때가 되었다는 것을 알 수 있습니다. 거짓 그리스도들이 사라지면 불법의 사람이 나타납니다.

사람들은 어떤 한 사람(a man)이 나타나기를 고대합니다. 그들은 어떤 한 사람이 올 것이라고 믿고 있습니다. 우리 그리스도인들은 이 세상에 장차 다시 오실 분이 어떤 분이시라는 사실을 이미 잘 알고 있습니다. 그러나 사람들이 인위적으로 장차 올 사람을 만들어 내는 것이 문제입니다. 가령, 그들은 인도에 있는 어떤 한 사람을 찾아내고 그를 광내고 닦아서 그들 장차 올 새 사람으로 만들었습니다. 그에게 아름다운 옷을 입혀서 그를 장차 올 새 사람으로 만들어놓았습니다. 이에 대해 주님께서는 이미 오래 전에 그런 사람은 '양의 탈을 쓰고 오는 이리' 라고 예언하셨습니다(마태복음 7:1 · 5).

사람들은 한 사람을 멋지게 치장하여 사람들 앞에 내세웁니다. 내가 시드니에 갔을 때 그 도시의 사람들이 만들었다는 원형 대극장에 가보았습니다. 나는 그 건물이 불법의 사람을 위해 지어진 건물이라는 사실을 확실하게 알 수 있었습니다. 그러나 사람들은 나의 그러한 생각을 받아들이려고 하지 않았습니다.

불법의 사람이 오는 징후를 어떻게 알 수 있습니까? 불법의 사람이 나타날 때는 모든 종교적 분파들과 그들이 주장하는 교리들이 서로 힘을 합하여 세상에 파고드는 일이 일어납니다. 불법의 사람이 활동하도록 돕지 않는 종교의 분파는 이 세상에 하나도 없습니다.

이렇게 되는 것은 마귀가 원하는 바입니다. 마귀는 거짓 종교들이 서로 힘을 합침으로 말미암아, 불법의 사람이 올 때 많은 사람들이 그를 환영하기를 원합니다.

그렇다면 누가 구원을 받을 수 있습니까? 누가 불법의 사람이 오는 날을 알 수 있습니까? 누가 불법의 사람을 구별해 낼 수 있습니까? 우리 그리스도인들은 불법의 사람이 말을 할 때 그가 불법자라는 사실을 알 수 있습니다. 그가 신문에 글을 쓰거나 활동 할 때 그가 바로 성경이 말하는 불법의 사람임을 알 수 있습니다.

불법의 사람은 항상 뭐하고 주장합니까? 불법의 사람은 여호와의 증인이라는 이단들이 주장하는 것과 같은 식의 주장을 합니다. 그들은 지옥은 없다고 주장합니다. 마귀는 항상 지옥이란 없다고 말합니다. 크리스천 사이언스는 뭐라고 주장합니까? 그들은 마귀란 것은 없고, 지옥이란 것도 존재하지 않는다고 주장합니다. 크리스천 사이언스를 믿는 사람들은 실은 불법의 사람이 올 것을 준비하고 있습니다. 마귀는 그 동안 언제나 "지옥은 없어, 마귀는 없어"라고 말해 왔습니다. 그러한 말을 믿고 있는 사람들은 자신이 모르는 중에 불법의 사람이 올 것을 준비하고 있는 것입니다.

이러한 일들이 일어나고 나면 드디어 주님께서 이 세상에 다시 오십니다. 그러나 예수님께서 이 세상에 재림하시기 전에 사람들이 그리스도를 배반하는 일들이 일어납니다. 오늘날 바로 그러한 그리스도를 배도하는 일들이 명백히 우리의 눈앞에서 펼쳐지고 있습니다. 나는 여러분들에게 분명하게 전합니다. 지금 사람들은 자신도 모르는 사이, 장차 올 불법의 사람을 위해 성전들을 짓고 있습니다. 그러나 그들은 자신들이 그렇게 하고 있다는 사실을 인정하지 않고 있습니다.

사람들은 "크리스천 사이언스가 주장하는 이론은 옳은 게 분명해. 그들이 지은 아름다운 건물을 봐. 크리스천 사이언스가 주장하는 이론을 따라가고 있는 수많은 사람들을 봐."라고 말하고 있습니다. 여러분들도 크리스천 사이언스로 가시고 싶으면 갈 수 있습니다. 창녀의 집으로 가시고 싶으면 가십시오. 극장에 가고 싶으면 가시고 경마장에 가고 싶으면 가십시오. 그렇게 자기 마음대로 사시면서 또한 크리스천 사이언스 신도로 살아갈 수 있습니다.

불법의 사람이 나타나면, 그는 수많은 사람들의 주목을 받게 될 것입니다. 그가 그토록 사람들의 주목을 받으며 이 세상에 나타나는데, 세상 누가 그를 보지 못할 수 있겠습니까? 그러나 하나님의 일을 하는 사람, 거룩한 사람, 그리고 구별된 사람들은 불법의 사람에게 주목하지 않을 뿐 아니라 불법의 사람이 올 때 그를 환영하지도 않습니다. 왜 그럴까요? 왜냐하면 그런 사람들은 불법의 사람을 환영하기 위해 모인 사람들 속에는 끼지 않기 때문입니다.

예수의 재림을 준비하라

예수님께서 재림하시기 전에 일어날 일들이 어떤 일들인지 알아봅시다. 오늘 이 아침에 나의 가슴은 거룩한 불로 타고 있습니다. 이 불은 참 불이요 없어서는 안 될 불입니다. 이 불이 나의 가슴 속에서 타고 있지만, 나의 육체를 태워버리는 불은 아닙니다.

이 불은 하늘에서 내려온 참 불이기 때문에, 이 불로 인해 내가 여러분에게 그리스도께서 이 세상에 다시 오신다는 말을 자신 있게 할 수 있는 것입니다. 그분은 지금 오시고 계시는 중이십니다. 하나님은 나를 도와주셔서 내가 여러분이 마땅히 알아야 할 것들에 대해 나로 하여금 담대하게 전하게 하십니다. 만일 여러분들이 성령을 호흡하고 있다면, 이 장소에 하나님의 운행하심이 있다는 사실을 감지하실 수 있을 것입니다. 내가 지금 이 말을 하고 있을 때, 우리를 능력 있게 하시고 부활하게 하시고 변화시키시는 하나님의 능력의 호흡이 여러분들로 하여금 예수님의 재림에 대해 알게 하시고 그 재림을 준비하도록 하십니다.

그분의 재림을 다른 사람은 놓칠지라도 여러분들은 놓치지 않을 것입니다. 내가 오늘 이 아침에 여러분을 독려하는 이유는 여러분들이 예수님의 재림을 준비하도록 하기 위해서입니다. 이 점에 대해 여러분들은 아무런 의문도 없으실 것입니다. 하나님, 당신은 어두움의 하나님이 아니라 낮의 하나님이신 것에 대해 무한 감사드립니다(데살로니가전서 5:5). 그리스도의 오심이 여러분에게는 도적이 오는 것같이 임하지 않습니다. 여러분들은 빛의 자녀입니다. 여러분들은 밤의 자녀들이 아닙니다. 여러분들은 술에 취한 사람들이 아닙니다. 사람들은 주로 밤에 취합니다. 그러나 여러분들은 술에 취해있지 않습니다. 오, 그렇습니다, 여러분들은 술에 취해 있지 않습니다. 여러분들은 성령을 모시고 있기에, 굳이 취해 있다면 성령에 취해있습니다. 하나님께서 여러분들이 술에 취해 비틀거리는 사람이 되지 않도록 여러분을 붙들고 주고 계십니다. 주님을 찬양합니다! 여러분들은 거룩함에 취해 있고, 하나님의 계시를 받고 있고, 기도하고 있습니다. 여러분들은 어두움을 좋아하는 사람들에게 속해있지 않습니다. 여러분들은 낮을 추구하는 사람들이요 빛을 갈망하는 사람들입니다.

여러분들은, "오늘은 참 좋은 날이다!"는 말을 자주합니다. 여러분들이 왜 그런 말을 자주 합니까? 그 이유는 여러분 안에는 그분의 성전이 있고, 새롭게 된 속사람이 그분의 성전 안에서 어두움에서 구출 받게 해달라고 울면서 기도하고 있기 때문입니다. 여러분의 몸은 무엇입니까? 육체가 그 피조물입니까? 아닙니다. 여러분의 몸은 성전으로서, 그리스도에 의해 변화된 속사람이 거하는 곳입니다. 그러므로 여러분은 그리스도로 인하여 새로운 피조물이 되었습니다. 새 생명을 가진 새로운 피조물이 되었습니다.

그렇다면 우리는 어떠한 사람이 되어야 마땅합니까? "어떤 이들이 생각하는 것과 같이 주께서는 약속을 더디 지키시는 것이 아닙니다. 그분은 아무도 멸망하지 않고, 모두 회개하는 데에 이르기를 바라십니다." (베드로후서 3:9). 베드로후서는 예수 믿지 않는 악한 사람들에게 회개를 촉구하기 위해 쓰인 편지가 아닙니다. 성경의 모든 서신서들은 하나님을 믿는 성도들에게 쓰인 편지들입니다. 하나님의 성도들인 여러분에게 내가 이 말을 하는 것은 여러분들 속에 있는 그 어떤 것도 빛으로 드러나지 않는 것은 없게 되기를 간절히 바라기 때문입니다. 나는 아무런 두려움이 없이 이 말을 하고 있습니다. 나는 진리에 감화를 받아 진심으로 이런 말을 하고 있습니다. 이러한 말씀이 여러분들을 정결하게 합니다.

영적인 가르침

나는 여러분들이 나의 가르침에 귀 기울이시기를 바랍니다. 나는 이론적인 사람이 아닙니다. 나의 가르침은 이론으로 끝나는 가르침이 아닙니다. 이론적인 것을 좋아하는 사람과 영적인 가르침을 좋아하는 사람은 확실하게 차이가 납니다. 이론적인 것을 좋아하는 사람은 자신이 주장하는 바를 여러 부분으로 쪼갠 다음, 거기다가 성경 구절들을 갖다 붙입니다. 그렇게 해서 자신이 주장하는 이론이 성경적이라는 것을 뒷받침합니다. 그들이 주장하는 것에도 영적인 가르침이 어느 정도는 있습니다. 그러나 나는 그런 부류에 속하지 않습니다. 나는 그들과는 다른 방법을 씁니다. 나는 사람들에게 세상 심판의 날은 다가오고 있다고 가르칩니다. 나는 신학적 이론보다는 영적인 것에 치중합니다. 나의 영적인 가르침은 여러분들로 하여금 세상과 구별되어 사는 삶, 하나님께 가까이 가는 삶, 거룩하고 정결하고 깨끗한 삶, 세상 마지막 심판의 날을 준비하며 사는 삶을 살도록 합니다.

오늘날은 정결해야하는 때입니다. 거룩해야 하는 때입니다. 우리를 거룩하게 구별하게 하는 날입니다. 영적인 잠에서 깨어나는 날입니다. 오, 하나님, 우리로 하여금 영적인 잠에서 깨어나게 해 주십시오! 속사람이 깨어나 하나님께서 우리를 부르시고 계시다는 사실을 알게 해주십시오. 주님께서 우리 위에 임하고 계십니다. 그 날이 다가오고 있습니다. 좌를 보고 우를 보아도, 헛된 이론들이 흘러 넘쳐납니다. 아무리 새로 나온 이론들이라도 진리의 빛을 이길 수는 없습니다. 여러분들이 이러한 현상들이 세상에 많이 나타나는 것들을 보면, 세상 마지막 날이 가까이 왔다는 사실을 아십시오. 마지막 날이 가까이 오면 사람들이 하나님을 배반하게 된다는 사실을 기억하십시오. 그러한 일이 일어나기 시작하고 있습니다. 마지막 날이 다가오고 있습니다.

바울은 성도들 안에 그리스도가 형성되도록 하기 위해, 본인은 아기를 해산하는 것과 같은 고통을 느끼며 성도를 위해 기도하였습니다(갈라디아서 4:19). 이 점에 있어서는 예수님도 그랬고, 요한도 그랬습니다. 형제자매 여러분, 우리 모두가 아기를 해산하는 것과 같은 고통으로 교회를 위하여 기도하여할 날이 바로 오늘입니다. 여러분들이 그런 기도를 하시면, 교회가 천국의 영광스러운 옷으로 영원토록 옷 입게 되는 일이 일어납니다.

이렇게 모든 것이 녹아 버릴 터인데 여러분은, 어떠한 사람이 되어야 하겠습니까? 여러분은 거룩한 행실과 경건한 생활 가운데서 하나님의 날이 오기를 기다리고, 그 날을 앞당기도록 해야 하지 않겠습니까? 그 날에 하늘은 불타서 없어지고, 원소들은 타서 녹아 버릴 것입니다. 그러나 우리는 그의 약속을 따라 새 하늘과 새 땅을 기다리고 있습니다.

거기에는 정의가 깃들어 있습니다. 사랑하는 여러분, 여러분이 이것을 기다리고 있으니만큼 티도 없고 흠도 없는 사람으로 아무 탈 없이 하나님 앞에 나아갈 수 있도록 힘쓰십시오. (베드로후서 3:11-14).

당신은 "티도 없고 흠도 없다"는 말씀을 받아드릴 수 있으십니까? 어떻게 우리가 티도 없고 흠도 없이 될 수 있습니까? 오직 예수의 피만이 우리를 티도 없고 흠도 없게 할 수 있습니다. 오, 어린 양의 피여! 예수의 피만이 그렇게 할 수 있습니다. 예수의 피가 하나님을 위하여 우리를 점 없고 흠 없이 깨끗하게 보존합니다.

우리는 마귀에게 "하나님의 아들 예수의 피가 우리를 모든 죄에서 깨끗하게 해 주신다"(요일 1:7) 라고 선포하므로 마귀가 쫓겨가게 하십시오..

만일 여러분들이 크리스천 사이언스가 주최하는 모임에 참석하였는데, 만일 그들이 예수의 피에 능력이 있다고 말하는 것을 듣게 되면 나에게 알려주십시오. 그런 일은 있을 수 없겠지만, 만일 그런 일이 일어난다면 그것은 그들이 기독교로 개종하였다는 증거입니다. 만일 여러분들이 여호와의 증인들이 예수의 피에 대해 흥분해서 기뻐한다면, 하나님께서 그들을 변화시키셨음이 분명합니다. 접신론(Theosophy)을 믿는 사람들이 예수의 피의 능력을 인정하고 받아들인다면 새로운 세상이 왔기 때문이라고 여러분들에게 자신 있게 말씀드릴 수 있습니다. 이들 이단들은 예수의 피의 능력을 전혀 받아들이지 않고 있습니다. 그러나 우리는 예수의 피가 성도들을 흠 없고 깨끗하게 해주시고, 예수 재림의 마지막 때를 위해 성도들을 준비시키고 있다는 사실을 믿고 받아들입니다.

호주 시드니에 있는 원형극장에 가서 예수의 피에 관해 말하면서 이단들이 잘못되었다고 말하자, 그 곳에 있던 사람들이 들고 일어났습니다. 어떤 사람이 여러분에게 와서 사탕발림 식의 말을 하면 극히 조심하십시오. 그런 사람들은 대부분 마귀와 관련이 있는 사람입니다. 주님의 성령은 항상 진리만을 말합니다. 이단에 빠진 사람들은 절대로 진리를 말하지 않습니다. 그들은 항상 진리를 가리는 말만 합니다. 그들은 사람들에게 다가가, "당신은 우리 모두가 하나님의 아들이라는 사실을 믿어도 좋습니다. 우리 모두는 정말 하나님에게 속해 있습니다."라고 말합니다. 예수님 당시에도 사람들은 그런 식의 말들을 하였습니다. 그러나 예수님께서는 그들에게, "너희들이 잘못알고 있는 것이다. 너희들은 마귀에게 속해있다."(요한복음 8:44)라고 하셨습니다. 예수님이 사람들에게 그런 말을 하셨다면, 나도 이단들에게 동일한 말을 당당하게 할 수 있습니다.

질문과 대답

질문 : 거짓을 단 하나라도 믿고 받아들이면 우리가 믿는 진리 전체가 무너집니까?

대답 : 나의 말은 그 말이 아닙니다. 당신이 하나님의 말씀인 성경이 거짓말이라고 믿으면 당신은 하나님 말씀이 진리라는 사

실을 받아들이는 것이 아닙니다. 하나님의 말씀은 당신에게 생명과 계시로 다가옵니다. 그러나 사탄은 거짓을 가지고 다가옵니다. 그러한 사탄의 속임수에 많은 사람이 속았습니다. 사탄은 진리를 믿고 있는 여러분들에게 진리는 버리고 진리에 관한 이론은 받아들이게 합니다. 사탄은 진리로 위장한 진리의 부분적인 이론만을 가지고 사람들을 사로잡습니다. 그러나 사탄이 제시하는 것은 진리가 아닙니다. 사탄은 진리에 대한 이론은 있을지 몰라도 진리는 없습니다. 진리 안에서 사는 사람들은 이론이 없습니다. 그들이 살아가는 삶 자체가 진리입니다.

질문 : 나는 크리스천 사이언스에 관련된 책을 읽은 적이 있는데, 지금은 읽지 않고 있습니다. 그들은 "사악한 최면술"로 사람들을 끌어들이는 것 같습니다. 그러나 나는 예수님이 그들보다 크신 분이시라는 사실을 압니다. 이에 대한 견해를 말해주십시오.

대답 : 매우 중요한 문제입니다. 많은 사람들이 마귀의 영향력에 눌려 자신도 모르게 속고 있을 뿐 아니라, 서로 힘을 합해 자신들이 믿는 바가 옳다고 주장하여 그들과 동의하지 않는 다른 사람들에게 악영향을 끼치고 있습니다. 이것은 마귀가 하는 일이 분명합니다. 크리스천 사이언스라는 이단을 따르고 있는 사람들은 거짓의 아비인 마귀에게 포로가 된 사람들입니다. 거짓의 아비는 처음부터 거짓말하는 자였습니다. 그들은 마귀에게 붙잡힌 바 되어 진리를 버리고 거짓을 진리로 믿게 되었습니다.

예수님께서는 *"나는 세상의 빛이다. 나를 따르는 사람은 어둠 속에 다니지 않고, 생명의 빛을 얻을 것이다"* (요 8:12)라고 말씀하셨고, 성경은 그러한 예수님을 *"모든 사람을 비추는 참 빛"*이라고 증거합니다(요 1:9).

당신이 과거에 예수님을 받아들임으로 진리의 빛이 당신 속으로 들어왔을 때를 생각해 보십시오. 그러면 당신은 그 당시에 당신 속에 빛이 없는 부분이 있었음을 알게 됩니다. 빛 가운데 머무르십시오. 그러면 사탄은 당신을 공격할 수 없습니다. 설사 수백 명의 사람들이 당신에게 몰려와 당신을 둘러싸고는 "우리가 당신을 묶고 당신을 병신으로 만들 것입니다."라며 당신을 위협할지라도, 그래서 당신이 그들의 말에 겁을 먹을 지라도, 만일 당신이 빛을 갖고 있다면, 웃으십시오. 그리고 그들을 향해 "당신들은 나에게 아무것도 할 수 없습니다."라고 말하고 당당하게 말하십시오.

절대로 그 어떤 것도 두려워하지 마십시오. 세상에는 두려움과 믿음 단 두 가지만이 존재할 뿐입니다. 두려움은 마귀에게 속해 있고, 믿음은 하나님에게 속해 있습니다. 만일 당신이 하나님을 믿는다면 두려움이 없어야합니다. 하나님을 믿다가 마귀의 속임에 빠지면 두려움이 몰려옵니다. 두려움은 우리를 묶습니다. 그리스도의 완전한 사랑을 받으면 두려움은 달아나게 되어 자유함의 영역에서 살 수 있게 됩니다(요한복음 4:18을 보십시오). 그러므로 그 어떤 것도 여러분에게 두려움을 주도록 허락하지 마십시오. 하나님은 여러분 편이십니다. 그러므로 누가 여러분을 대적할 수 있단 말입니까(로마서 8:31)?

그렇게 많은 사람들이 크리스천 사이언스로 간 것은 교회가 그들에게 아무런 도움을 주지 못했기 때문입니다. 교회가 성령을 잃어버렸기 때문입니다. 크리스천 사이언스가 힘을 발휘하는 것은 교회가 성령이 움직이시는 교회가 되도록 하지 않았기 때문입니다. 그 결과 교회가 영적으로 황량한 곳이 되었습니다. 만일 교회가 성령으로 가득 찬 교회가 되었다면 크리스천 사이언스는 발붙일 수 없었을 것입니다. 그러나 그렇지 못했기 때문에, 교회에 다니던 사람들은 자신의 영적인 욕구가 채워지지 않자, 마귀에게서 자신들의 부족분을 채움 받기 위해 크리스천 사이언스 쪽으로 간 것입니다. 그러나 그쪽으로 간 사람들 중 일부가 그 곳에서 자신들의 삶이 황폐해지는 경험을 하고서는 속았다는 사실을 깨닫고 자신들이 떠나온 교회로 다시 돌아오고 있습니다.

　이러한 이단에 빠지는 참담한 경험들을 하지 않기 위해 우리는 우리의 심령을 성령으로 채워야 합니다.

　　여러분은 이러한 믿음으로 세례받고,
　　성령으로 세례를 받으시겠습니까?
　　하나님의 능력으로 자유함 받고,
　　성령으로 세례 받으십시오.

　과거에 묶이지 마시고, 과거에 일어났던 일에 집착하지 마십시오. 성령의 기름부음이 여러분들에게 임하도록 허락하시고, 하나님의 임재와 능력이 여러분을 덮으시도록 하십시오. 여러분들이 그렇게 되는 것에 대해 목말라하시고, 그렇게 되기를 간절히 소망하십니까? 그렇다면, 하나님께서 여러분들에게 그토록 원하는 보화들을 쏟아부어주실 것입니다. 하나님께서는 당신에게 거룩한 사랑을 한없이 쏟아 부어주심으로, 여러분의 믿음에 믿음이 더해지기를 원하시고 여러분의 소원이 만족되기를 원하십니다.

모든 파멸의 원인은 성령을 거부함에 있습니다. 여러분에게 어떤 부족한 일이 일어나면, 그것은 여러분이 성령을 거절했기 때문입니다. 성령을 받아드려 여러분 속에 있는 현재의 작은 빛이 점차 커지도록 하십시오. 그 결과 여러분 속에는 그 어떤 어두움도 기생하지 못하도록 하십시오. 그러면 여러분은 좌나 우로 치우치지 않는 균형 맞춰진 삶을 살아나갈 수 있게 됩니다.

주님의 오심을 고대하십시오. 여러분의 가정을 잘 지켜나가십시오. 화평하시고, 용서하십시오. 어떻게 하면 용서할 수 있을 지에 대해 배우십시오. 악은 절대로 갖고 다니지 마십시오. 그 누구에게라도 원한을 갖지 마십시오. 모든 사람들을 용서하십시오. 용서할까 말까를 놓고 고민하지 마시고, 무조건 용서하십시오. 용서하며 살고, 회개하시면서 사십시오. 그리고 순전한 마음을 갖고 사십시오. 하나님의 아들이 여러분의 가정을 방문하실 것이므로, 여러분의 가정이 잘 정돈되어 있도록 하십시오.

제 2 장

왕이 오신다

   주 예수님의 생명이 우리에게 강하게 부어짐으로, 예수님의 재림 때에 휴거되는 것을 우리가 잘 준비할 수 있었으면 좋겠습니다. 이번 집회의 목적은 말씀을 통하여 여기에 모이신 분들이 생명이 무엇인지를 잘 깨달아 하나님 아들의 성품이 나타내는 삶을 살게 되도록 하는 것입니다. 여러분들은 하나님의 성품을 나타내는 삶을 살고 계십니까? 만일 아직 그렇지 않다면, 앞으로는 하나님의 성품을 나타내는 삶을 살게 될 수 있다는 희망을 가지십시오.
   우리가 예수님의 생명을 가지고 있다는 증거는 무엇입니까? 나는 여러분들이 생명의 말씀을 잘 숙지함으로, 하나님께서 여러분의 죽을 수밖에 없는 몸을 그분의 강한 능력으로 구속해 주신다는 사실을 알게 될 뿐 아니라 여러분 믿음이 커져 거룩한 삶을 살게 되기를 바랍니다.
   이러한 것들은 기초적인 것들입니다. 믿음의 기초가 확실해야 시작할 수 있습니다. 하나님은 전능하신 분이시기 때문에 우리가 확실한 기초가 없어도 우리를 믿음으로 인도하실 수 있습니다. 나는 여러분이 성경적인 면에서 어느 정도 지식을 가지고 있다고 믿고 말씀을 시작하겠습니다. 하나님의 성령이 강력하게 임해서 빌립을 사막한 가운데로 옮겨놓았고, 또한 그를 사막에서 다른 곳으로 옮겨 놓았습니다(사도행전 8:26-40). 과거 빌립에게 임했던 성령이 오늘날 모든 교회 위에 동일하게 임할 수 있습니다.

"앎의 지식(knowledge of know)"이란 것이 있습니다. 아는 사람은 자신이 아는 바에 대해 확신에 차서 말할 수 있습니다. 만일 당신이 예수가 재림하실 때에 어떤 일이 일어나는 지에 대해 알고 있으면 사람들에게 이에 대해 말해줄 수 있습니다. 예수님의 재림이 임박하면 몇 가지 일들이 일어납니다.

방언 통역

마음 준비를 하십시오. 당신의 내면의 비전을 열어주시기 위해 주님께서 문 밖에 서서 기다리고 계십니다. 여러분 속에 하나님이 창조하신 것이 있는데, 그것이 여러분이 밖으로 나와서, 위로부터 내려오는 옷을 입게 되는 것입니다. 새로 옷을 입게 되는 것은 여러분의 현재의 몸이 아니라 미래의 몸입니다.

나는 지금 여러분들에게 여러분의 태어난 자연의 몸을 말하고 있는 것이 아니라, 영적인 몸을 말하고 있는 것입니다. 이제 하나님의 말씀으로 돌아갑시다. 요한복음 1장을 펴십시오.

우리 안에 있는 그분의 생명

"그 안에 생명이 있었으니 이 생명은 사람들의 빛이라"(요 1:4). 성경 말씀을 보십시다. 여기서 "빛"은 영적인 지식이나 깨달음, 하나님의 능력과 권세, 썩어 없어지지 아니하는 영원한 하나님의 생명을 말하고 있습니다. 이 생명의 빛이 하나님의 아들 안에 있습니다. 그분은 사람들의 빛과 생명이 되시기 위해 세상에 오셨습니다.

하나님께서는 우리가 예수 안에 있는 생명에 대해 잘 이해하고 있기를 원하십니다. 이 생명은 우리 안에 있기 위해 존재하고, 이 생명은 죽을 수밖에 없는 우리의 육체 안에 거하는 생명으로, 죽음을 이기는 부활 생명입니다. 이 생명은 우리의 육체에 변환을 가져와 육의 눈으로는 볼 수 없는 영적인 것을 볼 수 있게 하고, 알려지지 않는 것을 우리로 하여금 알게 하고, 아무것도 가진 것이 없는 사람으로 하여금 모든 것을 다 소유하게 하는 생명입니다. 이 생명이 여러분 안에 있고, 여러분보다 힘이 세며, 악의 진지들을 허물어뜨리고, 우리가 모든 것을 이길 수 있도록 우리에게 은혜의 승리를 가져다줍니다.

12절 말씀을 보십시다. 거기에는 *"그를 맞아들인 사람들"*(요한복음 1:12)이라는 말씀이 있습니다. 여기서 *그를 맞아들인다*는 말을 예수님의 몸 자체를 맞아들인다고 이해해서는 안 됩니다. 그렇게 이해한다면 잘못 이해하는 것입니다. *그를 맞아들인다*는 것은 그분의 생명을 받아들이는 것으로 이해해야 합니다. 그분의 생명을 받아들이면 그분이 우리 안에서 새로운 차원으로 역사하셔서,

세상이 줄 수 없는 것을 우리에게 주십니다. 그 결과 우리의 행동과 언어에 하나님의 초자연적인 능력이 나타나게 됩니다.

"그를 맞아들인 사람들, 곧 그 이름을 믿는 사람들에게는 하나님의 자녀가 되는 특권을 주셨습니다."(요 1:12). 그분을 영접하는 사람들에는 내적 능력이 생겨나 그분께서 자신들에게 주신 것이 무엇인지를 알게 됩니다. 그들이 예수님을 영접하는 결과 받게 되는 것은 예수님의 머리칼이나 머리 그리고 그분의 발과 손, 또는 다리가 아니라, 그분 안에 있는 생명입니다. 그 생명이 능력과 함께 그분을 영접하는 사람들 모두 안에 들어가게 됨으로, 그분이 어떤 분이신지를 그냥 알게 됩니다.

이제 생명의 능력에 관해 알아봅시다. "그들은 혈통으로나 육정으로나 사람의 욕망으로 나지 않고 하나님께로부터 났습니다." (13절). 새 생명은 하나님으로부터 난 것입니다. 예수를 영접한 사람은 자신 속에 새 생명과 능력이 들어왔다는 사실과 이로 인해 자신이 완전히 새로 창조되었고 새로 태어났다는 사실을 알게 됩니다. 새로 태어난 사람은 그분처럼 다른 존재가 되고, 그 사람 속에 새로운 능력이 살아있게 됩니다. 이것은 새로운 계시입니다. 우리가 새로 갖게 되는 존재와 능력은 그분이 갖고 계신 것과 같은 것입니다.

예수께서 이 세상에 오셨을 때, 그분을 보고 믿은 사람들이 있습니다. 요한일서에 다음과 같은 말씀이 있습니다.

이 글은 생명의 말씀에 관한 것입니다. 그것은 태초로부터 계신 것이요, 우리가 들은 것이요, 우리가 눈으로 본 것이

요, 우리가 자세히 살펴본 것이요, 우리가 손으로 만져 본 것입니다. (요한일서 1:1)

요한을 위시한 예수님의 제자들은 내면의 눈으로 예수를 보았기에 예수가 인간이 아님을 알았습니다. 그들은 능력의 말씀이신 예수를 보았고, 예수에게서 하나님을 보았습니다. 그들은 육신으로 나타나신 하나님을 본 것입니다. 우리가 영으로 새로 태어나게 되면 우리에게도 이런 일이 일어납니다.

"이 생명이 나타나셨습니다. 우리는 그것을 보았습니다. 그래서 우리는 이 영원한 생명을 여러분에게 증언하고 선포합니다." (2절). 여기에 또 다른 차원의 진리가 있습니다. 그것은 있다가 없어지는 것이 아닙니다. 이 진리는 초자연적인 능력이 나타나는 하나님의 생명입니다. 이것은 없어질 생명이 아니라 영원히 없어지지 아니하는 생명입니다. 이 생명이 우리에게 주어졌습니다. 이 생명이 우리 안에 있습니다. 이 생명은 하나님의 속성을 그대로 간직한 생명이며 또한 영원성에 있어서 하나님과 동일한 생명입니다. 이 생명은 바로 하나님의 아들입니다. 예수의 제자들이 본 것은 말씀이고 영원한 능력이며 또한 영원한 근원이신 하나님의 아들입니다.

방언 통역

이분은 바로 주님이십니다. 위에서 내려오신 생명이십니다. 이분은 성령으로 인해 오신 생명이십니다. 이분은 하늘 보좌를 떠나서 인간이 되셨습니다. 이분이 살리는 하늘의 영을 사람들에게 넣어주셨습니다. 이분이 우리에게 영원한 생명을 주신 것입니다.

이 생명이 나타나셨습니다. 우리는 그것을 보았습니다. 그래서 우리는 이 영원한 생명을 여러분에게 증언하고 선포합니다. 이 영원한 생명은 본래 아버지와 함께 계시다가 우리에게 나타나신 것입니다. (요일 1:2).

그래서 그 제자들이 생명을 갖게 되었습니다. 그 생명이 제자들의 삶을 통해 나타났습니다. 제자들이 생명에 대해 글(성경)도 썼습니다. 생명에 관한 글을 쓸 때 그들은 자신 들이 쓴 글 속에 생명에 담겨있다는 사실을 알았습니다. 다음 절은 그 생명이 나타나는 글들 중에 한 절입니다.

우리가 보고 들은 바를 여러분에게도 선포합니다. 그것은 여러분으로 하여금 우리와 서로 사귐을 가지게 하려는 것입니다. 우리의 사귐은 아버지와 또 아버지의 아들 예수 그리스도와의 사귐입니다. (3절)

첫째로, 영원한 생명이 당신 안에 들어오면 당신의 행동은 하늘을 향하게 됩니다. 당신은 하나님 아버지와 교제하기 시작하고 초자연적으로 그분을 알게 됩니다. 그래서 결국은 그분 안에 있던 것이 당신 안에 있다는 사실을 알게 됩니다. 위의 성경의 글들이 그렇다고 말해줍니다. 성경의 글을 쓴 사람은 글을 쓸 때 글에 생명이 있다는 사실을 알았습니다. 그들이 말할 때 하나님의 생명을 나타났습니다. 그들이 말할 때 그 생명이 성령을 통해 강력하게 사람들에게 전해졌습니다. 예수님이 사람들에게 이 생명을 전해줄때 사람들의 영이 살아났듯이 그들도 성령을 통해 사람들에게 동일한 생명을 줌으로 사람들을 영적으로 살려내었습니다. 나도 지금 이 메시지를 전하며 숨을 쉬고 있을 때, 예수님의 제자들이 느꼈던 것과 동일한 것을 느끼고 있습니다. 나는 나에게서 사람들을 살리는 초자연적인 능력이 나오고 있다는 사실을 성령을 통해 잘 알고 있습니다.

방언 통역

첫 번째 것이 아닙니다. 그렇지 않습니다. 하나님께서 첫 번째 것을 멀리 옮기 놓으시고 두 번째 것을 세우셨습니다. 첫 번째 것은 자연인이지만, 두 번째 것은 영의 사람입니다. 당신 속에 있는 영의 사람이 당신에 의해서, 당신을 통해서 나타납니다.

깨어나십시오! 비전과 생명과 능력이 지금 계시되고 있습니다. 깨어나서 그 속으로 들어가십시오. 그래야 왕께서 오실 때에 벌거벗은 사람이 되지 않습니다.

하나님께서는 우리가 왕이신 예수를 맞이할 마음 준비를 다 해 놓기를 원하십니다. 우리는 지금 왕께서 재림하신다는 확실한 사실에 대해 말하고 있습니다. 가능성과 사실은 다릅니다. 가능성과 사실은 실현 정도에 있어서 서로 큰 차이가 납니다. 사실 안에 가능성이 포함되어 있기는 하지만 우리는 가능성을 갖고 일하는 것이 아니라 사실을 갖고 일합니다. 우리는 왕의 오심을 확실한 사실로 믿고, 왕의 오심을 준비하고 있습니다.

생명이 주는 기쁨

요한일서 1장을 계속 살펴보겠는데, 여기에 보면 생명이 나타났다는 말이 있습니다. 그리고 4절에는 이런 말이 나옵니다. "우리는 우리의 기쁨이 차고 넘치게 하려고 이 글을 써 보냅니다."

생명의 말씀은 당신에게 기쁨이 흘러넘치도록 해줍니다. 세상에 없는 것이 바로 이러한 기쁨입니다. 세상에는 참 기쁨이 없습니다. 세상은 앞으로도 기쁨을 절대로 가질 수 없습니다. 육체를 소유한 세상 사람들이 갖고 있는 오감 속에는 참 기쁨이 없습니다. 느낌은 있고, 잠시의 행복감은 있지만, 참 기쁨은 없습니다. 참 기쁨은 세상과 섞이지 않았을 때만 옵니다. 천국에는 세상적인 것이 전혀 섞여 있지 않습니다. 섞여 있다는 것은 혼합되어있다는 말입니다. 세상에는 행복이 있지만 혼합되어 있는 행복일 뿐입니다. 그래서 세상 행복 바로 옆에는 슬픔이 있습니다. 세상 사람들은 축제를 하며 행복감을 느끼지만 행복감을 느끼는 바로 그 사람의 마음 옆에는 무거운 마음이 자리 잡고 있습니다. 그래서 세상 행복은 섞여 있는 행복입니다.

그러나 우리가 가지고 있는 것은 다릅니다. 우리는 혼합되어있지 않은 기쁨을 갖고 있습니다. 이 기쁨은 내면에서 나옵니다. 이 기쁨이 점점 높이 올라가서 거룩한 하나님의 임재까지 도달하게 되면 우리 속에서 찬양의 말이 저절로 솟구쳐 나오게 됩니다.

우리 모두가 성령을 받았으면 좋겠습니다. 왜냐하면 성령으로 인해 우리의 영혼과 심령의 축복된 상태를 제대로 표현할 수 있기 때문입니다. 성령을 통해 영광 안에 계신 주님이 표현됩니다. 성령을 통해 그분의 정결함과 능력 그리고 그분의 축복된 언어들이 표현됩니다. 성령이 여러분에게 그분에 대해 말씀해 주실 때 이 모든 것들이 표현되게 됩니다. 그리고 하나님의 아들이 성령에 의해 우리 심령 안에 나타나실 때마다, 이 땅에서 하늘나라의 영광의 흐름(a stream of heavenly glory)을 현실감 넘치게 경험하게 됩니다. 성령 안에 참 기쁨이 있습니다. 그러나 먹고 마시는 데에는 참 기쁨이 없습니다. 더 높고 더 좋은 곳에 참 기쁨이 있습니다. 인간 모두가 먹고 마십니다. 그러나 우리는 더 높고 더 좋고 더 실제적인 것이 필요합니다. 성령 안에 기쁨이 있습니다! 성령은 우리에게 이러한 기쁨을 자져다 줍니다.

우리는 방금 주님께서 다시 오시는 것을 준비하는 것과 관련하여, 이해의 첫 기초 돌을 놓았습니다. 주님께서 다시 오시는 이유는 주님의 생명을 가진 자들을 위해서입니다. 우리의 육체를 위해 주님께서 다시 오시는 것이 아닙니다. 왜냐하면 우리의 육체는 천국에 들어갈 수 없기 때문입니다. 우리의 육체는 땅에 속해 있습니다. 땅에 속한 모든 것은 땅에서 종결지어집니다.

그렇다면 무엇이 천국에 갈 수 있습니까? 생명입니다. 하나님 아들의 생명, 하나님 아들의 속성, 하나님 아들의 거룩함, 그리고 그분의 정결함이 천국에 들어갈 수 있습니다. 천국에는 하나님의 아들의 생명 및 그 생명과 관련된 모든 것들이 있습니다.

이제 더 공부를 해 나가면, 우리 안에 그분이 계시다는 사실과 우리가 새 몸을 갖게 된다는 사실을 더 잘 알게 될 것입니다. 지금은 이것에 대해서 말씀드릴 충분한 시간이 없지만, 그래도 잠깐 이야기해드리겠습니다. 육적 생명의 법(a law of life in nature)에 대해 말해드리겠습니다. 여러분 안에 여러분의 육체를 이끌어가는 육적 생명의 법이란 것이 있습니다. 그러나 이제 여러분들은 영적 생명의 법칙(a law of a spirit of life)을 소유하셔야합니다. 영적 생명의 법은 육적 생명의 법에 전혀 묶이지 않는 다른 차원의 법입니다(로마서 8:2). 여러분 안에 있는 영적 생명의 법 곧 그리스도의 생명의 법으로 인해, 여러분은 이 세상에 그 어떤 일이 일어나도 확실히 천국에 들어간다는 확신을 갖게 됩니다.

내가 여러분에게 "당신은 천국에 가시게 될 것입니다."라고 말하면 여러분은 그 말이 무슨 말인지를 잘 알고 있습니다. 그 이유는 여러분 스스로가 자신이 천국에 들어간다는 사실을 잘 알고 있기 때문입니다. 그러나 여러분이 천국에 들어간다고 해서 여러분의 육체 자체가 천국에 들어가는 것은 아닙니다. 여러분이 천국 들어갈 때 여러분의 육체는 녹아 없어지고, 단지 여러분 안에 있는 하나님의 아들의 속성(nature)을 갖고 있는 새 생명(new life)이 여러분의 새 몸(new body)과 함께 천국에 들어가는 것입니다.

왕이신 예수의 재림과 관련한 기초적 사실을 한 가지 더 말씀드리겠습니다. 요한복음 1장을 펴서 14절을 다시 읽으십시오. 예수님의 제자들은 생명의 말씀을 보았고 생명의 말씀을 들었습니다. 제자들이 보고 들은 그 생명의 말씀을 이제는 우리가 보고 들을 차례입니다.

> 말씀이 육신이 되어 우리 가운데 사셨다. 우리는 그의 영광을 보았다. 그 영광은 아버지께서 주신 독생자의 영광이며, 그 안에는 은혜와 진리가 충만하였다. (요 1:14)

예수의 제자들은 예수의 육체를 육신의 눈으로 보았습니다. 그리고 그들은 예수와 함께 지내는 동안 영의 눈으로는 그분의 영광을 보았습니다. 이제 여러분들은 그분의 충만한 은혜와 진리와 영광을 받아들이셔야만 합니다. 여기서 말하는 영광은 성화에서 그려진 예수님의 머리 뒤에 나타나는 후광이 아닙니다. 예수님이나 성인들을 그린 성화에 보면 그분들의 머리 주위에 환한 색의 빛이 나오는 것이 그려져 있는데, 영광은 그런 것이 아닙니다. 영광은 그림으로 표현할 성질의 것이 아닙니다. 영광은 그저 나타나는 것이며 우리에게 감동을 주는 것입니다. 영광은 말로나 그림으로 표현되기 전에 이미 우리에게 감동을 주는 그 어떤 것입니다. 영광은 눈으로 볼 수 있는 머리를 둘러싼 후광이 아닙니다. 영광은 내적인 개념(inward conception)입니다.

우리가 영광 속에 있을수록 영광을 더 잘 인식하게 됩니다. 영광은 두 가지 강력한 것과 함께 있습니다. 그 두 가지는 바로 은혜와 진리입니다. 영광은 단지 은혜와만 함께 있는 것이 아닙니다. 은혜는 '하나님의 차원 높은 자비'라는 이름을 가진 덮개입니다. 영광에는 은혜가 넘칩니다. 은혜는 덮어주는 것입니다. 은혜는 그분으로 하여금 어떤 것을 하지 않고는 베기지 못하게 합니다. 영광은 진리와도 함께 합니다. 그리스도는 진리이시기에 그분이 말씀하시는 것을 받아들이는 사람의 심령은 진리로 가득 채워지게 됩니다.

우리는 하나님의 영광을 갖고 있어야 합니다. 영광은 하나님의 속성을 나타냅니다. 영광은 나타나는 속성 외에 하늘로 올라가는 속성을 갖고 있습니다. 다시 태어나는 것에는 하나님의 영광이 들어 있습니다. 진리도 하늘로 올라갈까요? 그렇습니다. 그 이유는 진리는 하나님의 아들 속에 담겨 있기 때문입니다. 그 어떤 거룩한 성인이라고 할지라도 영적인 진리를 완벽하게는 표현할 수는 없습니다. 그 이유는 모든 인간 안에는 이 세상의 육적 생명이 항시 흐르고 있기 때문입니다. 그럼에도 불구하고 성도는 하늘의 진리와 생명을 갖고 있기에 그리스도를 표현할 수 있습니다. 우리는 그분을 닮아야합니다. 그분이 영광으로 가득 차셨듯이 우리도 그러해야 합니다. 하나님의 신적 속성들이 우리 속에 채워지고 우리의 삶으로 표현되어져야 합니다. 그렇게 하는 것이 우리의 삶에서 그 어떤 것들보다 중요합니다. 우리는 우리의 마음과 혼을 다해 하나님의 것들을 인식하고, 하늘의 영광 안에서 살고 움직이고 행동해야 합니다.

예수님의 제자들은 그분의 영광을 보았습니다. 여러분들도 오늘 아침에 그분의 영광을 보았습니다. 주님의 영광, 주님의 임재, 주님의 능력, 주님의 생명이 지금 나타나고 있습니다. 여러분들이 어떻게 이런 것들을 감지 할 수 있는지에 대해 말씀드리겠습니다. 내가 여러분들에게 말씀을 전하고 있을 때, 이 말씀을 듣는 여러분들의 가슴이 뜨거워지거나 내면의 영적인 갈급함이 더욱 심해져서 여러분의 영이 목말라 부르짖거나 하는 일들이 일어나면 여러분이 하나님의 영광을 감지하고 있는 것입니다. 왜 그렇습니까? 하나님의 영광이 나타났기에 그래서 여러분이 하나님의 영광으로 채움을 받고 싶어 하는 그런 내적 현상들이 나타나는 것입니다. 영광을 담는 것은 여러분의 육이 아닙니다. 여러분 안에 있는 영적인 존재가 하나님의 영광을 담는 것입니다. 여러분은 영광을 추구하는 영적인 존재로 태초에 지음을 받았기 때문이 영광을 담고 싶어 그토록 목말라 하는 것입니다.

그리스도를 통해 얻는 새 생명

새 생명을 어떻게 받습니까? 새 생명은 살이 아니고 피도 아닙니다. 새 생명은 인간의 생각도 아닙니다. 새 생명은 단지 하나님에 의해서만 받을 수 있습니다(요한복음 1:12-13). 새 생명이 하나님에 의해 이 땅에 왔습니다. 세 가지(살, 피, 생각)는 이 세상에 사는 사람이라면 누구나 이미 갖고 있습니다. 인간은 네 번째 것(새 생명)을 나중에 갖게 될 수 있습니다. 어떻게 해야 새 생명을 받을 수 있습니까? 여러분이 갖고 있던 모든 것을 죽음에 내어줄 때 새 생명을 받을 수 있습니다. 새 생명이 시작되는 순간 모든 것이 달라지고 새로워집니다. 그전에는 결코 하나님을 아버지라고 부르지 않았었습니다. 그러나 새로운 생명을 갖게 되는 순간부터 여러분은 하나님을 "아버지"라고 부르면서 살게 됩니다. 여러분이 하나님을 아버지라고 부르는 이유는 여러분 자신이 하나님의 영원한 가족의 일원이 되었다는 사실과 자신이 세상 소속을 떠나 하늘에 소속하게 되었다는 사실을 알게 되었기 때문입니다. 내가 오늘 아침에 여러분들에게 전달해 줄 수 있는 최대의 메시지는 휴거에 관한 메시지입니다. 나는 그동안 휴거에 대해 사람들에게 전하긴 했지만 자주 전하지는 않았습니다. 이 세상에 있는 단어 중에서 가장 위대한 단어는 "휴거"입니다. 이 세상에 있는 말들 중에서 인간에게 가장 나쁜 단어는 "사망"입니다. 죽는 것을 원하는 사람은 이 세상에 아무도 없습니다. 사람들은 자신이 곧 죽는다는 것을 알게 되면 무서워서 몸이 오싹해 집니다. 죽음에는 인간이 두려워하고 싫어하는 요소가 포함되어있습니다. 사람들은 누구나 죽어야하는 것으로 생각하고 있습니다. 그러나 죽지 않는 방법이 있습니다. 새 생명을 가지면 죽지 않습니다. 새 생명은 영원한 생명이고 내적 능력입니다. 새 생명을 가진 사람은 예수 재림 때에 이 세상에 남아있지 않고 예수와 함께 공중으로 휴거됩니다. 그러므로 여러분들이여, 세상 것들에 집착하여 살지 마시고, 하늘의 것들에 익숙해지면서 사심으로 휴거를 준비하십시오. 인내하며 사심으로 여러분의 영혼을 보전하십시오(누가복음 21:9).

이제 요한복음 3장을 보십시다.

예수께서 대답하셨다. "내가 진정으로 진정으로 너에게 말한다. 누구든지 물과 성령으로 나지 않으면 하나님 나라에 들어갈 수 없다. 육으로 난 것은 육이요, 영으로 난 것은 영이다. 너희가 다시 태어나야 한다고 내가 말한 것을, 너희는 이상히 여기지 말아라. 바람은 불고 싶은 대로 분다. 너

는 그 소리는 듣지만, 어디에서 와서 어디로 가는지는 모른다. 성령으로 태어난 사람은 다 이와 같다." 니고데모가 예수께 묻기를 "어떻게 이런 일이 있을 수 있습니까?" 하니 (요한복음 3:5-9)

육의 사람은 그 어떤 사람도 영의 것들을 이해할 수 없습니다. 위에서 예수님이 말씀하신 가르침은 영적인 가르침입니다. 예수님의 이 가르침을 이해하게 되면 초자연적인 것들이 우리에게 주어져서 육적인 것과 영적인 것을 분별할 수 있게 됩니다. 초자연적인 것들을 다룰 수 있는 사람들이 되기 위해서는 먼저 초자연의 사람이 되어야합니다(고린도전서 2:14를 읽어 보십시오).

예수님은 사람들에게 초자연적인 것들을 보여주셨습니다. 그분은 초자연적인 기적들을 행하셨습니다. 여기에 니고데모라는 사람이 등장합니다. 이 사람은 자연적인 사람입니다. 니고데모는 육의 사람이었기 때문에 예수님께서 그에게 다시 태어나야한다고 말씀하셨을 때, 그는 45년 또는 50년의 전으로 돌아가, 그 어머니 뱃속에 있었을 상태가 다시 되어, 그 상태에서 한 번 더 태어나야 한다는 것으로 밖에는 이해하지 못했습니다.

새로 태어남

나는 오늘 아침 예수님께서 니고데모에게 말한 것을 여러분들에게 전해드립니다. 예수님께서는 니고데모에게 새로 태어나야 한다고 말씀하셨는데, 그것은 육이나 피로 다시 태어나는 것을 말하는 것이 아닙니다. 새로 태어난다는 것은 하나님의 생명으로 태어나는 것입니다. 이 생명은 영적인 생명으로 하나님의 참과 진리를 내포하고 있는 생명이며 우리 속에 잠재해 있는 하나님의 형상이 나타나도록 하는 생명입니다. 하나님은 하나님의 형상을 가지고 계신 분이십니다. 우리는 새로 태어남으로 그 분의 형상을 점차적으로 나타내며 살 수 있는데, 그 이유는 우리는 그분의 형상을 따라 지음 받은 존재이기 때문입니다. 하나님은 영이십니다. 하나님께서는 우리가 예수가 가지셨던 영적 생명을 받음으로, 영이신 하나님 형상을 나타내는 영적 삶을 살 수 있도록 하셨습니다. 우리가 새로 태어나면 성장하게 되고 새로운 능력이 나타나게 되어, 결국은 하나님을 닮게 됩니다. 첫 번째 아담이 만들어 진 후, 우리는 첫 번째 아담이 보는 것을 보았습니다. 새로 태어난 존재는 두 번째 아담(예수)의 형상을 갖고 있기에 예수가 보는 것을 보고 예수가 표현하는 것을 표현합니다. 우리가 땅의 형상을 입고 태어났듯이, 우리는 또한 하늘의 형상을 입고 새로 태어났습니다(고린도전서 15:49).

우리는 우리라는 육체의 그릇 속에 새로운 하늘의 형상을 담고 있습니다. 언젠가는 우리의 육체라는 그릇이 녹아 없어집니다. 그렇게 되면 하늘의 형상, 하늘의 육체는 예수님처럼 변화 받아, 자신의 영적 존재를 확실히 나타내며 영원히 살게 것입니다.

나는 여러분들이 하나님의 말씀을 잘 이해하며 사실 때에 여러분 스스로에게, "나는 정말 믿음으로 사는가?"라는 질문을 자주 던지며 사시기를 원합니다. "니고데모가 던진 질문을 나도 하면서 사는가?"라고 스스로에게 질문해가시며 사시기 바랍니다.

나도 과거에는 니고데모와 같은 고민을 해본 적이 있습니다. 그때 나는 니고데모가 그랬던 것처럼, *"어떻게 이런 일이 있을 수 있을까?"* (요한복음 3:9)라고 질문해 보았습니다. 그러자 믿음에 의해 새로 태어나게 하는 능력(regenerating power)이 나에게 들어와, 하나님에 의해 내가 다시 태어나게 되어나게 되었다는 사실을 깨닫게 되었습니다. 그러한 이해는 나에게 마치 바람같이 다가왔습니다. 나는 그것(다시 태어난 것)을 볼 수는 없었지만 느낄 수는 있었습니다. 이러한 새로 태어나는 경험은 나에게 엄청난 영향력을 행사하였습니다. 나는 내가 새로운 피조물이 되었다는 것을 발견하게 되자, 기도하고 싶어졌고 주님에 대해 사람들에게 말하고 싶어졌습니다. 나는 처음으로 하나님을 향해 "아버지"라고 불렀던 순간을 결코 잊을 수가 없습니다.

여러분이 이 진리를 잡으시면, 여러분의 삶의 상황은 전혀 문제가 되지 않습니다. 여러분이 설사 지금 그 어느 곳에서 피난살이를 하고 있더라도, 아니면 어느 농장에서 중노동을 하고 있더라도, 사람들과 단절되어 홀로 살고 있더라도, 주위에 자신을 위로해 줄 사람 아무도 없다고 하더라도 전혀 문제가 되지 않습니다. 그 새로운 생명이 여러분들에게 들어가기만 하면, 여러분은 재림하실 예수를 만나게 될 것이라는 사실을 확신할 수 있게 됩니다.

나는 여러분들이 바로 이 생명, 몸 안에 있는(있게 될) 새로운 생명을 알게 되기를 원합니다. 새로운 탄생, 새로운 피조물, 새로 살아남, 하나님의 형상을 따라 지음 받은 존재, 하나님이 낳으신 온전한 존재에 대해 생각하면 생각할수록 나에게 기쁨이 밀려옵니다. 만일 여러분이 하나님으로부터 다시 태어난 새로운 존재가 되면, 하나님의 속성이 여러분 안에 들어옵니다. 나는 이것을 영생을 주는 싹(germ)이라고 부르기 보다는 오히려 하나님의 씨(seed)라고 부르고 싶습니다. 그 이유는 우리가 하나님의 말씀으로 잉태되었고, 그분의 능력으로 살아났으며, 그분의 형상을 따라 지음을 받았기 때문입니다. 땅에 있는 존재인 우리에게 하늘 위에 있는 것이 들어왔습니다. 그래서 우리가 살아있는 영을 가지게 되었습니다. 여러분의 옛 사람은 이미 죽었습니다. 옛 사람은 죽었기 때문에 숨을 쉬고 있지 않고 옛 사람이 원하는 것도 없습니다. 우리에게 하늘의 것이 들어오자마자 우리에게 새로운 호흡, 새로운 소망이 생겼습니다. 또한 기도함으로 우리가 점점 더 높이 올라갈 수 있게 되었고 이로 인해 우리는 하늘에 속한 것들에 점점 더 가까이 가서 살 수 있게 되었습니다.

새 피조물은 이 세상의 삶에 만족하여 살 수 없는 존재입니다. 새 피조물은 항상 더 위로 솟구쳐 올라가, 더 거룩한 삶, 더 고결한 삶을 살고 싶어 합니다. 이러한 삶은 거듭 난 여러분들이 살 수 있는 최고의 신적 삶입니다. 이것이 바로 우리가 살아야할 영적인 삶이고 하나님이 우리의 육체에 나타나는 삶입니다. 또한 성령에 의해서만 살아가는 삶이고 하나님의 형상이 우리에게 점점 더 형성되어 나가는 삶입니다. 할렐루야!

지식과 믿음

이제 요한복음으로 다시 돌아가 보겠습니다.

내가 진정으로 진정으로 너희에게 말한다. 나의 말을 듣고 또 나를 보내신 분을 믿는 사람은 영생을 얻었고, 심판을 받지 않는다. 그는 죽음에서 생명으로 옮겨 갔다.
(요한복음 5:24)

그분의 말씀을 듣는다는 것은 무슨 뜻입니까? 귀로 그분이 하시는 말씀이 들어온다는 말입니까? 그렇습니다. 귀로 들어옵니다. 그러나 귀로 들어온 것이 마음에 까지 와 닿아야합니다. 그래서 들은 말씀이 생명이 되어야 하고, 그 결과 하나님의 아들의 성품이 우리 삶에 나타나야합니다.

말씀을 듣고 마음으로 믿고 받아들이면 어떤 일이 일어납니까? 예수님이 말씀하신 약속의 말씀(요한복음 5장 24절의 말씀)을 깰 자는 그 어디에도 없습니다.

인간의 최대 수명에 대해서 사람들 사이에 최근 많은 논란이 있어왔습니다. 여러분은 지금부터 몇 년을 더 살 수 있다고 생각하십니까? 여러분들은 "영생" 할 수 있습니다. 여러분들 중에는 십년, 십오 년 또는 이십년 정도 더 살 수 있다고 생각하시는 분이 많으실 것입니다. 그러나 성경은 뭐라고 말합니까? 영원히 살 수 있다고 말합니다.

여러분이 이 말씀을 믿고 받아들인다면 문제가 될 것이 하나도 없습니다. 그러나 만일 하나님의 이 약속의 말씀에 의심이 간다면 예수님의 재림을 준비하는 데 문제가 생깁니다. 나는 지혜로운 여러분에게 말씀드리는 것입니다. 지혜로운 사람은 짧게 말해도 다 알아 듣습니다. 그 어떤 사람이 이러한 예수님의 약속의 말씀이 틀렸다고 주장한다고 해서, 우리가 영생하지 못하는 것이 아닙니다. 영생한다는 말에 의문을 제기하는 사람이 있다면, 그 사람에게 "나의 말을 듣고 또 나를 보내신 분을 믿는 사람은 영생을 얻었다."라고 말씀하신 예수님의 견해에 대한 당신의 견해가 무엇이냐고 묻고 싶습니다.

내가 그런 질문을 하면, 아마도 "나는 영생한다는 말을 믿을 수 없습니다."라고 대답하시는 분이 계실 것입니다. 그렇게 대답하시는 분은 저주 받게 될 것입니다. 왜냐하면 예수님께서는 믿는 자는 영생을 받고 믿지 않는 자는 저주 받는다고 말씀하셨기 때문입니다. 여러분이 무엇을 믿느냐에 따라 여러분의 존재와 장래가 결정됩니다. 여러분은 영원한 생명이 있음을 믿고 그 영원한 생명을 받아들이시겠습니까? 아니면 여러분의 견해로 인해 영원한 생명을 빼앗기고 저주 쪽으로 가시겠습니까?

말씀(the Word)이 무엇입니까? 말씀은 진리입니다. 진리는 무엇입니까? 예수가 진리입니다. 예수님께서 하신 이 말씀을 꼭 기억하십시오. "나의 말을 듣고 또 나를 보내신 분을 믿는 사람은 영생을 얻었고, 심판을 받지 않는다. 그는 죽음에서 생명으로 옮겨 갔다."

거룩, 거룩, 거룩하신, 만군의 여호와여!
하늘과 땅이 당신을 찬양합니다.
오, 주님, 가장 높으신 분!

이번 집회는 하늘로 점점 높이 올라가는 집회가 될 것입니다.

나는 여러분들이 이 집회를 통해 주님의 재림에 대한 확고한 기초를 확실하게 다진 후, 세상으로 나가 사람들을 섬기게 되기를 원합니다. 이제 새로 얻은 생명을 삶으로 표현하는 것에 대해 말씀드리겠습니다. 그리스도는 우리 속에 이미 계셔서 그분 자신을 나타내고 계십니다. 그 결과 이 세상에 사는 수많은 하나님의 아들들이 하나님의 능력을 나타내게 됩니다. 하나님께서는 우리가 하나님의 말씀과 함께하는 삶을 살 때 생동감 넘치는 영광과 소망을 주시고 우리의 머리에 기쁨의 면류관을 씌워주십니다.

성령 하나님께서는, 우리가 하나님 앞에 서는 그날까지 우리를 거룩하고 흠이 없을 정도로 정결하게 하시기를 간절히 바랍니다. 우리 함께 회개합시다. 하나님께 우리가 거룩하게 되기를 간절히 원하고 있다는 사실을 알려드립시다. 만일 여러분들이 진정으로 영원한 생명을 소유하고 계시다면, 뒤를 돌아다보지 마시고, 하나님이 당신을 위하여 마련하신 삶의 계획을 온전히 이루기 위하여 여러분의 삶의 주인 되신 예수님에게만 눈을 고정하시고 앞으로 달려가십시오. 하나님은 여러분 보다 훨씬 크신 분이시라는 사실을 믿으십시오. 하나님은 여러분이 생각하는 것보다 크신 분이시라는 사실을 믿으십시오. 하나님은 마귀보다 크신 분이시라는 사실을 믿으십시오. 하나님은 여러분을 온전히 지켜 보존해주실 수 있는 분이시라는 사실을 믿으십시오. 그분의 전능하심을 믿으십시오. 여러분이 갖고 계신 하나님에 대한 믿음의 권세가 큼을 믿음으로, 그분이 다시 오실 때까지 승리의 삶을 계속 사십시오.

나를 하나님이 계신 산 정상으로 올려주십시오.
그곳에서 나는 당신과 교제하고 싶습니다!
내가 당신의 빛 안에 거할 때,
내 눈에는 샘물(the Fountain)이 보입니다.
그 샘에서 흘러나오는 피가 나를 깨끗하게 합니다.

질문과 대답

질문 : 당신은 육신은 천국에 갈 수 없다고 하셨습니다. 성경은 예수가 천국에서 하나님의 오른 편에 앉아 계시다고 말하고 있습니다. 그렇다면 천국에서 하나님의 오른 편에 앉아 계신 예수는 육체로 앉아 계신 것입니까 아니면 영으로 앉아 계신 것입니까?

대답 : 우리가 천국에 있게 될 때 몸을 갖고 있게 됩니다. 그러나 그 몸은 영적인 몸이요, 영광의 몸입니다. 나는 예수께서 십자가를 통과하신 분이시기 때문에 천국에서 여느 인간들이 갖게 될 영광과는 확실히 차이나는 영광을 갖고 계시다고 믿습니다. 성경은 육과 피는 천국에 갈 수 없다고 말하고 있습니다. 그러나 우리는 천국에서 손을 갖고 있게 됩니다. 그러나 그 손은 영화로운 손입니다. 우리는 천국에서 몸을 갖고 있습니다. 그러나 그 몸은 영화로운 몸입니다. 천국에서 당신은 당신만의 독특한 성품을 갖고 있고, 당신만의 독특한 면류관을 쓰고 있습니다.

천국 면류관은 어떻게 만들어질까요? 천국에서 우리가 쓰는 면류관은 이렇게 만들어 집니다. 나무나 풀로 된 공력은 태워 없어지고, 금이나 은 또는 보석으로 된 공력만 남습니다. 누구나 자기가 어떤 면류관을 쓰게 될지를 잘 알게 됩니다. 왜냐하면 자신이 이 세상에서 어떤 삶을 살았는지에 따라 공력이 불을 통과한 후 그들 자신들이 살아온 삶을 토대로 한 금과 보석으로 면류관이 만들어지게 될 것이기 때문입니다.

모두가 다 알게 될 것입니다. 천국에서는 우리가 자기 자신을 아는 것처럼 모든 것을 알게 됩니다. 천국에서는 잘못 아는 것이란 없습니다. 단지 천국에서 우리 모두는 밝은 영광만을 나타냅니다. 천국에서 우리는 모든 면에서 참으로 투명합니다. 이로 인한 영광은 정말로 놀라운 것입니다.

잠시 예수를 살펴보십시다. 예수께서 베드로와 요한을 데리고 거룩한 산에 올라가셨을 때 예수님의 모든 것이 투명한 영광으로 변했고, 심지어는 그분의 옷까지 눈처럼 희게 되어 빛이 났으며 그분의 몸은 영광스런 몸으로 변화되었습니다(마태복음 17:1-8을 보십시오).

세상 사람들은 자신의 것을 감추고 속일 수 있지만, 천국에서는 사람 속에 있는 것들이 숨김없이 그대로 표출됩니다. 천국에서는 모세와 엘리야가 영광스런 몸을 입고 있다는 사실을 저절로 알게 됩니다. 천국에서는 예수가 하나님의 아들이요 죽임당한 어린 양이시라는 사실을 모두가 다 압니다. 천국의 영광스런 몸에는 십자가의 표식이 있습니다. 이것은 너무도 멋진 표식입니다. 우리가 그런 천국에 장차 있게 될 것입니다. 그러나 천국에 있는 우리로부터 없어질 것은 죄의 흔적들과 기형의 흔적들과 부패의 흔적들, 범죄함의 흔적들입니다. 우리는 정결하게 되고 더 정결하게 되어, 눈보다 더 희어진 상태로 천국에 있게 될 것입니다.

천국에서는 모든 존재들이 하나님의 어린 양 예수를 압니다. 천국에 있는 그분은 영광스런 몸을 갖고 계십니다. 살(flesh)과 피는 천국에 들어갈 수 없기 때문입니다. 살과 피는 하늘의 영광을 견디어내지 못합니다. 하나님의 강한 임재를 받으면 살과 피는 말라버립니다. 그러므로 천국의 몸은 변화된 몸이어야 합니다. 하나님께서는 고린도전서 15장에서 그런 변화된 몸을 "하늘에 속한 몸"이라고 하셨습니다.(40절)

질문 : 부활 후 예수님의 몸은 피와 살이 없었나요?
대답 : 있었습니다. 천국에 가면 우리는 예수가 이 세상에 계실 때의 예수와 동일한 모습의 예수라는 사실에 한 번 놀라 기뻐하게 될 것이고, 예수님의 몸은 영화로운 몸이라는 사실에 다시 한 번 놀라 기뻐하게 될 것입니다. 천국에서 그분은 살이나 뼈를 갖고 계시지 않으십니다.

질문 : 욥이 "내 피부가 다 썩어도, 내가 아는 단 한 가지 사실은 육체를 갖고 있는 내가 하나님을 볼 것이라는 사실입니다 (After my skin is destroyed, this I know, that in my flesh I shall see God,)"(욥기 19:26)라고 했는데, 그 말의 뜻은 무엇입니까?
대답 : 전체적으로 보면 "육체를 갖고 있는(in my flesh)"이라는 욥의 표현에 나타난 "육체"(몸, flesh)는 천국의 몸과는 다른 몸을 말하고 있는 것이 분명합니다. 나는 천국에서는 모든 사람들이 하나님을 완전하게 볼 수 있다고 믿습니다. 성경은 마음이 정결한 자는 하나님을 볼 것이라고 말하고 있습니다(마태복음

5:8). 이 세상의 육신을 입고 있는 우리가 육신을 입은 상태에서 하나님을 보게 되고 예수님도 보게 될 마지막 때(예수 재림의 때)가 다가오고 있습니다. 그러나 그 시간 후로는 육신을 입고는 절대로 못보고 영의 몸을 입고서만 그분을 볼 수 있습니다.

질문 : 천국의 몸과 땅의 몸이 서로 합쳐지는 것입니까?

대답 : 땅의 몸은 절대로 하나님 앞에 설 수 없습니다. 땅은 세상입니다. 천국의 영광스러운 몸은 땅의 몸을 떠날 것이고, 우리 모두는 천사와 천사장과 함께, 하나님이 계신 그 곳에 온전한 상태로 있게 될 것입니다. 천사는 인간의 완전한 구속(redemption)에 대해 완전한 이해를 할 수가 없는 존재입니다. 그러나 그들도 우리와 완전한 조화를 이루며 우리와 함께 천국에 있습니다. 하나님은 천국에 존재하는 모든 것이 서로 완전한 조화를 이루도록 하십니다. 천국은 놀랍도록 영광스러운 장소입니다. 하나님께서는 우리가 그 곳에 있기 적당하도록 새 하늘과 새 땅을 만드셨습니다.

질문 : 성령 세례를 받지 못한 그리스도인들도 휴거된다는 것이 성경에 나와 있습니까?

대답 : 영생을 얻었는데 휴거 받지 못하는 것이 어떻게 가능할 수 있겠습니까? 이 세상에 사는 사람 가운데 영생을 받았는데 휴거에 참여하지 못하는 사람이 있다는 것을 상상이나 할 수 있겠습니까? 그렇게 된다면 그것은 하나님의 뜻과는 상치되는 것이고 하나님의 가르침과도 어긋나는 것이지요. 영원한 생명을 가졌는

데도 불구하고 천국에 들어가지 못하는 법은 없습니다. 왜냐하면 우리가 영원한 생명을 가졌다는 것은 하나님의 아들의 생명과 속성을 가졌다는 것이기에, 그분이 오시면 반드시 그분과 함께 가게 됩니다. "여러분의 생명이신 그리스도께서 나타나실 때에, 여러분도 그분과 함께 영광 가운데 나타날 것입니다."(골로새서 3:4). 무엇이 우리를 그렇게 되게 합니까? 생명 곧 예수와 함께한 생명이 우리를 그렇게 되게 합니다.

질문 : 우리가 하나님 아버지를 독립된 인격으로 볼 것인지 아니면 하나님 아버지의 형상의 표현으로 예수님을 볼 것인지에 대해 말씀해 주십시오.

대답 : 한 가지 분명한 것은 우리가 영광을 받게 되면, 우리는 하나님의 아들 예수와 함께 하늘로 들려올라간다는 사실입니다. 하나님의 아들 예수는 절대로 아버지의 영광을 빼앗지 않는다는 사실을 기억하십시오. 아니, 오히려 그분은 우리를 하늘로 끌고 올라가서 우리 모두를 자신과 함께 하나님께 드립니다. 나는 하나님 아버지께서 영광 중에 영광스러운 곳에 계신다는 사실을 압니다. 그리고 또한 나는 하나님의 아들도 놀라운 곳에 계시다는 사실을 압니다. 그리고 나는 또한 성령 하나님은 우리 모두를 위로하신다는 사실을 압니다. 위대한 위로자시고 위대한 인도자이시며 또한 말씀하시고 운행하시는 위대하신 그분을 뵈옵게 될 때 우리에게 기쁨이 흘러넘쳐나게 될 것입니다. 우리는 그분에게 영광 가운데 가장 큰 자리를 내어드리게 될 것입니다!

질문 : 진정으로 다시 태어난 사람이 거듭난 후에 주님으로부터 멀리 떠난다면, 그 사람은 이미 얻은 구원을 다시 잃어버리게 되는 겁니까?

대답 : 성경은 "(주를) 믿는 사람에게는 영생이 있다."(요한복음 6:47)고 말하고 있습니다. 하나님의 약속의 말씀은 사람을 차별하지 않습니다. 하나님의 말씀은 마치 양날 선 칼과 같습니다. 그래서 그 칼로 사람의 혼과 영을 서로 갈라놓습니다(히브리서 4:12). 성경은 사람이 말한 것과 하나님이 말한 것을 서로 갈라놓는 칼입니다.

질문 : 당신은 우리의 영의 눈이 열려있으면 우리의 모임 가운데 계신 주님을 볼 수 있다고 하셨습니다. 내가 알기론, 예수께서 승천하실 때 단지 하나의 몸으로 승천하셨습니다(ascended in one body). 그렇다면 신자들이 같은 시간에 여러 군데에서 예배 모임들을 갖는 경우, 한 몸을 가지신 그분이 여러 예배 장소에 어떻게 동시에 존재할 수 있습니까?

대답 : (예수님이 아닌) 성령님이 우리 모임에 함께 계십니다. 그러므로 예수님께서는 여기에 계시지 않습니다. 나의 말을 오해하지 마십시오. 지금으로부터 이천년 전에 그분께서 영광 가운데 하늘로 승천하신 이후 이 땅에 다시 계신 적이 있습니까? 없습니다. 그렇다면 그 분께서 이 지상에 다시 재림하십니까? 아니지요. 그분은 땅이 아닌 공중으로 재림하시지요. 그리고 우리는 오시는 그분을 하늘에서 맞이하지요.

그렇다면 이 땅은 어떻습니까? 성령님이 계십니다. 이 땅에 계신 성령님으로 인해 우리는 예수가 마치 이 땅에 우리와 함께 계신 것같이 느끼며 살 수 있습니다. 성령님은 아버지 하나님과 아들 하나님을 우리에게 계시해 주시는 역할을 담당하고 계십니다. 성령에 의해 예수가 마치 우리와 함께 있는 듯이 느껴지는 것입니다. 성령이 온 세상에 가득 채워지게 되면, 이 세상에 있는 수많은 교회들이 영적인 세계에서 일어나는 모든 것들을 세세하게 볼 수 있게 됩니다. 그러나 그렇게 될 때 우리는 악한 영들을 보는 것을 즐겨하기 보다는, 살아계신 하나님의 성령으로 가득 채움 받기를 더 즐겨해야합니다.

우리를 영원토록 위로하시기 위해, 주님께서는, *"보아라, 내가 세상 끝 날까지 항상 너희와 함께 있을 것이다."* (마태복음 28:20)라고 말씀하셨습니다. 주님은 성령의 능력과 힘으로 현재 우리와 함께 계십니다.

질문 : *"내가 진정으로 진정으로 너희에게 말한다. 믿는 사람에게는 영생이 있다."* (요 6:47)는 말씀에 핵심이 되는 단어는 *"믿는(다)"* 라는 단어입니까? *"믿는다(believes)"* 는 현재 지속 시제 (present continuous tense)입니다. 그렇다면 계속 믿는 것을 유지해야 하고, 믿음이 계속 유지 될 때에만 구원도 유지되는 건가요? 우리가 믿음의 상태를 계속적으로 유지 하지 않는다면 우리가 장차 받게 될 영광과 이미 받은 영생을 잃어버리게 되나요? 요한일서에도 보면, "만일 우리 마음이 우리를 책망할 것이 없으면, 담대함을 얻는다.(If our heart does not condemn us, we have confidence)."(요한일서 3:21)고 적혀 있습니다. 그러므로

나는 우리가 마음으로 우리를 정리하지 않으면 믿음을 잃지 않고 있는 것이라고 생각합니다. 만일 내 마음이 나를 정죄할 일을 하면 어떻게 계속 믿을 수 있을까요?

대답 : 만일 여러분에게 항상 자신에게 믿음이 있나 없나를 점검하고, 한 순간이라도 믿음이 없는 것으로 판명되지 않도록 하기 위해 항상 애쓰며 살라고 한다면, 이곳에 모인 대부분의 사람들은 그렇게 살 자신이 없다고 말할 것입니다. 예수 그리스도의 피가 우리를 정결하게 하는 것은 과거의 시제가 아니라 현재의 시제입니다. 우리가 잠을 자고 있을 때에는 우리가 믿음 있는 지에 대해 스스로를 점검해볼 방법이 없습니다. 그러나 잠자고 있는 밤에도 예수의 피는 우리를 깨끗하게 씻겨줍니다. 지금도 그분께서 당신을 씻겨주고 계십니다. 일단 받은 구원은 당신이 "나는 믿고 있다."고 계속 외치지 않는다고 잃어버리는 구원이 아닙니다.

새로 태어났다는 말은 새 생명을 얻는다는 말이고, 거룩한 존재로 다시 태어났다는 말이며, 신적인 존재로 되었다는 말입니다. 문제는 당신에게 믿음이 있고 그리스도가 있느냐 입니다. 그분은 당신과 항상 함께 계십니다. 그분은 당신과 항상 함께 계셔서 당신을 변화시켜 주시고 당신에게 모험의 삶을 살도록 해주시고 당신이 외부의 억압에도 불구하고 항상 영광 안에서 살 수 있도록 해주십니다. 당신이 이러한 사실을 믿고 있다면 당신은 믿음을 계속 유지하고 있는 것입니다. *"나는 주의 뜻 행하기를 즐거워합니다."* (시편 40:8). 일단 구원받으면, 계속해서 "나는 믿는다."는 말을 외치지 않아도 구원을 잃지 않습니다. 믿음은 삶입니다. 삶은 현재형입니다. 믿음의 삶을 살고 있다면 항상 한 상태의 영광에서 더 높은 상태로 영광으로 변화해 나가게 됩니다.

나의 경우, 내가 계속적으로 내 자신을 하나님께 양보하고 내어드릴 때 나에게 하나님의 은총이 머뭅니다. 내가 받은 구원은 나의 생각과 믿음에 따라 바뀌지 않습니다. 나의 생각보다는 하나님의 생각이 훨씬 크다는 사실을 나는 잘 알고 있습니다. 그러기에 나는 구원을 잃어버리지 않으려 애쓰지 않습니다. 크신 하나님께서 나의 구원을 지키시고 보존하는 것에 나를 그냥 맡겨버립니다.

질문 : 하나님께서 나를 구원의 상태에 계속 머물 수 있도록 하시기 위해 내가 계속해서 노력해야 하나요?

대답 : 당신이 해야 하는 것은 능력 많으신 하나님에게 당신의 연약함을 올려드리는 것입니다. 이러한 사실을 믿고 그대로 하면 당신은 그분에게서 절대로 떨어지지 않습니다. 하나님은 우리에게 주신 믿음을 다시 빼앗아 가시지 않으십니다.

질문 : 나는 과거에는 하나님에게 속하여 심지어는 그분의 영광이 크게 임하기까지도 하였지만 지금은 하나님을 떠나 (과거에 주님을 신실하게 섬겼던 것처럼) 마귀를 섬기는 사람들을 몇 사람 알고 있습니다. 그런 사람들은 구원을 잃어버린 것이 아닌가요?

대답 : 당신이 그런 사람들의 삶에 대해 책임질 필요가 전혀 없습니다. 그들은 한번 빛의 비춤을 맛보았던 사람들입니다. 빛이 세상에 왔지만 사람들이 그 빛을 거절하였습니다. 그들은 지

금 큰 위기와 어두움에 빠져 슬픈 삶을 살고 있는 사람들입니다. 당신보다 훨씬 크신 하나님의 손에 그 사람들을 맡겨 버리십시오. 당신이 그들을 어떻게 해보려고 하다가는 낭패를 당할 것입니다.

질문 : 나는 그런 사람들의 삶에 관여하지 않을 것이므로 나는 그들로 인해 낭패를 당하지 않을 것입니다. 그러나 그들이 지금 구원을 받았는지 아니면 이미 구원을 잃어버렸는지에 대한 의문이 자꾸만 떠오릅니다.

대답 : 나는 그런 사람들이 아직도 구원받은 상태에 있다고 말한 적이 없습니다. 나는 그런 사람들이 복음의 맛을 본 적은 있지만 구원을 받은 적은 없다고 생각합니다. 내가 그렇게 생각하는 이유는, 예수님께서 *"내 양들은 나를 따른다."* (요한복음 10:27)고 말씀하셨기 때문입니다. 그들이 예수를 따르지 않는다면 그 이유는 그들이 예수님의 양이 아니기 때문입니다. 예수님이 그렇다면 그런 것입니다.

만일 어떤 사람이 자신은 구원받았다고 말하면서도 실제로는 마귀를 따라가는 삶을 살고 있다면, 나는 그 사람에게, "당신이 거짓말쟁이가 아니라면 성경 말씀이 거짓을 말하고 있는 것입니다."라고 말할 것입니다. 어떤 사람이 자신이 구원을 받았다고 주장한다고 해서 그 사람이 반드시 구원받은 것이라고 보아서는 안 됩니다. 구원받은 사람이라는 증거는 그 사람이 예수를 따르는지의 여부에 있습니다.

내가 여기에 이렇게 서있는 이유는 여러분들에게 안전하고 영

왕이 오신다　77

원한 생명을 전해드리기 위해서입니다. 성경은 분명하게 다음의 사실들을 말해 주고 있습니다. 하나님의 안전하고 영원한 생명이 여러분의 죽을 육체에 들어갔다면, 여러분은 영원한 삶을 이미 얻은 것입니다. 그러므로 당신은 장차 반드시 휴거됩니다. 당신이 구원받은 사람이라면 당신은 영원한 생명과 영원한 능력을 이미 얻은 사람입니다.

지금까지 살아오면서 하나님께서 나에게 거룩해지고 싶어 하는 마음을 주시지 않으셨던 적은 한 번도 없습니다. 나는 60년 전 구원을 받은 이후로 구원을 상실했던 적이 한 번도 없습니다. 나는 지금까지 구원받았다는 사실을 계속 인지하고 살아 왔습니다. 성경은 *"하나님의 아들을 믿는 사람은 그 증언을 자기 안에 가지고 있다."*(요한일서 5:10)고 적고 있습니다. 단지 몇몇 사람들이 하나님의 선하심을 맛본 후에 세상으로 나갔다는 이유만으로 성경에 기록된 하나님의 말씀을 내 마음대로 바꿀 수는 없습니다. 만일 어떤 사람이 진정으로 하나님으로부터 난 사람이라면 그 사람은 이에 대한 분명한 확신이 있어야만 한다고 나는 생각합니다. 그렇지 않으면 그 사람은 구원받은 사람이 아닙니다.

질문 : 에스겔서 18:24에는, *"의인이 자신의 의를 버리고 돌아서서 죄를 범하고 악인이 저지르는 모든 역겨운 일을 똑같이 하면, 그가 살 수가 있겠느냐? 그가 지킨 모든 의는 전혀 기억되지 않을 것이다. 그는 자신의 불성실과 자신이 지은 죄 때문에 죽을 것이다."* 라는 말씀이 성경에 있는데, 이 말씀을 우리가 이해하기 쉽게 설명해 주시면 감사하겠습니다.

대답 : 하나님께서 우리 믿는 자들에게 주신 하나님의 의 (righteousness)는 믿지 않는 자들이 가지고 있는 누추하고 더러운 의보다는 훨씬 좋은 의입니다. 우리가 의롭게 된 것은 우리가 거룩해서거나 우리가 우리의 힘으로 우리의 더러운 의를 정결하게 해서가 아니라, 하나님께서 인간이 되셔서 우리를 거룩하게 만들어 주셨기 때문입니다.

우리는 진리를 직면할 수 있어야하고 진리를 알고 받아들일 수 있어야합니다. 그렇지 않으면 우리는 어려움을 맞닥뜨리게 됩니다. 세상 마지막 날이 도래하기 전에는 성경에 기록된 닫힌 비밀들이 열리지 않을 것이고, 우리에게 최후 승리의 면류관도 주어지지 않습니다. 그 날이 도래할 때까지 어떤 성도들의 면류관은 점점 아름다운 면류관으로 변해가고 있습니다.

내가 지금 여러분들에게 경고의 말을 하겠습니다. 여러분의 삶이 거룩한 삶인 지를 항상 점검하십시오. 여러분들의 삶에서 마귀에게 문을 열어주고 있는 부분은 혹시 없는지를 항상 체크하십시오. 선한 일을 할 기회가 있으면 그 기회를 잡으십시오. 항상 여러분의 몸을 거룩하게 하시고, 성경이 말하고 있는 것처럼 항상 하나님을 위해 여러분의 몸을 준비시켜놓으십시오. 죄와는 전혀 관련이 없는 삶을 사십시오. 하나님께서 당신이 하나님으로부터 떨어져나가지 못하도록 지켜주시고 계신다는 사실을 믿으십시오. 하나님께서 당신을 거룩하고 흠 없는 자로 받아주셨다는 사실을 믿으십시오. 하나님께서 당신에게 상을 주시는 분이라는 사실을 믿으십시오. 나도 그 상을 받으려고 전진하는 삶을 살아가고 있습니다. 어떤 사람들은 하나님이 주시는 상과 전진하는 삶에 관심이 없을지 몰라도, 나는 이에 전혀 상관하지 않고, 전진하는 삶을 나의 온힘을 다해 살고 있습니다.

제 3 장

영존하는 삶

여러분이 하늘 영광 안으로 들어가면, 그 영광 안에 하나님의 말씀, 생명 및 하나님의 만져주심과 하나님의 감화력이 있다는 사실을 알고 놀라게 될 것입니다. 거기에는 말씀이 정착하고 있습니다. 우리가 하나님이 주시는 감화력으로 만짐 받게 되면 하나님의 말씀이 우리 속에서 살아나게 됩니다. 그 결과 이 땅에 살면서도 천국의 새로운 차원으로 살 수 있게 되어, 다른 사람들과 영으로 하나 되고 다른 사람들과 영적인 지식을 조화롭게 공유하게 됩니다. 영이신 하나님의 말씀의 능력으로 인해 우리는 그분처럼 되어, 소망가득하고 생명가득하고 기쁨 넘치는 영광스러운 삶을 살게 됩니다.

우리에게 은혜를 끼치는 말씀은 다음과 같은 말씀입니다.

우리가 믿음으로 의롭다 하심을 얻었은즉 우리 주 예수 그리스도로 말미암아 하나님으로 더불어 화평을 누리자. 또한 그로 말미암아 우리가 믿음으로 서 있는 이 은혜에 들어감을 얻었으며 하나님의 영광을 바라고 즐거워하느니라.
(개역성경 로마서 5:1-2)

구원은 우리로 하여금 *"하나님의 영광을 바라고 즐거워하게"* 하고 하나님의 크나큰 은혜에 담대히 접근할 수 있도록 합니다.

이제 요한복음 6장으로 가봅시다. 현재까지 우리는 성령님으로 인해 성도들이 어떻게 삶의 기초를 확립할 수 있는지에 대해 말해왔습니다. 살아계신 하나님의 말씀에 기록된 대로, 우리는 지금 구원 받은 자들의 삶의 원칙에 대해 기초를 다지는 공부를 해나가고 있는 중입니다. 이러한 기초가 잘 세워졌을 때 우리는 세상 사람들처럼 취하거나 어두움의 잠을 자지 않고, 말씀대로 항상 깨어있는 삶을 살 수 있게 됩니다(데살로니가 5:5-8을 보십시오).

깨어나라는 말은 육체적인 잠에서 깨어나라는 말이 아닙니다. 여기서 잠잔다는 표현을 문맥상으로 살펴보면 어떤 사람이 정말로 쿨쿨 잠자고 있다는 의미의 잠이 아닙니다. 잠잔다는 표현은 영적인 세계에 대해 민감해 있지 않다는 표현입니다. 그러므로 여기에서 말하는 잠은 육체적인 잠이 아닌 것이 확실합니다. 영적인 잠을 자게 되면 말씀을 듣고 이해하는 능력이 떨어지게 되는데, 그 이유는 영적인 눈꺼풀이 자꾸 감기게 되어, 영적인 빛이 들어와도 영의 눈이 제대로 반응하지 못하게 되기 때문입니다. 그런 이유에서 하나님께서는 우리에게 영적으로 깨어있어서 낮과 같이 움직이라고 촉구하고 있는 것입니다.

여기에 보면, *"너희는 썩을 양식을 얻으려고 일하지 말라."* (요한복음 6:27)는 말씀이 있습니다. 요한복음 6장 앞부분에 보면, 예수님께서 많은 양들을 먹이시는 장면이 나옵니다. 예수님의 능력의 손으로 인해 많은 사람들이 먹게 되었습니다. 그러자 사람들이 예수 주위에 몰려들었습니다. 그들이 예수가 주는 육의 양식을 먹고 배불러보았기 때문에, 육의 양식을 다시 얻어먹기 위해 예수를 찾아온 것입니다. 이에 예수님께서는 그런 사람들을 향해, *"너희는 썩을 양식을 얻으려고 일하지 말라."* 고 말씀하셨습니다.

방언 통역

지금 주 예수님께서 하나님이 주신 사명은 뒷전으로 놓고 곤고한 삶을 살아가고 있는 사람들을 보시고는, 그들을 향해 몸을 돌리셔서, "영적인 잠에서 깨어나게 하는 영적인 물을 마시는 것이 시급하구나. 오늘 이 시간 너희들이 그리스도의 만나를 받아먹는 것이 절대적으로 필요하구나."라고 말씀하고 계십니다. 하나님께서는 그리스도가 그런 일을 하시도록 그리스도를 인치셨습니다. 그리스도는 여러분을 위한 양식이 되셨습니다.

정직하신 주님께서는, *"좁은 문으로 들어가거라. 멸망으로 이끄는 문은 넓고, 그 길이 널찍하여, 그리로 들어가는 사람이 많다."* (마태복음 7:13)는 진리의 말씀을 우리에게 해 주셨습니다.

좁은 문으로 들어가도록 노력하십시오. 여러분의 속사람이 영의 유산을 받도록 하십시오. 주님께서는 우리가 충분히 먹고도 남을 양식을 우리를 위해 준비해 놓으셨습니다.

방언 통역

하나님의 말씀이 중요합니다. 하나님의 말씀은 하나님의 영적인 만지심과 직결됩니다. 이 말씀으로 하나님이 주시는 영적인 호흡을 할 수 있습니다.

하나님의 아들이신 분, 그분이 가지신 생명의 호흡, 그분의 우리를 살리는 능력, 이런 것들이 우리에게 생명을 줍니다. 이런 것들이 우리를 죽음에서 생명으로 옮겨 놓습니다. 이런 것들이 잠자는 인류들로 하여금 하나님의 아들들이 누리는 영광스런 자유함 속으로 들어가게 합니다. 우리를 살리는 것은 성령입니다.

다음의 말씀을 내가 읽겠습니다.

"너희는 썩을 양식을 얻으려고 일하지 말고 영원한 생명에 이르게 하는 양식을 위해 일하여라. 그 양식은 인자가 너희에게 줄 것이다. 그것은 아버지 하나님께서 인자를 인정하셨기 때문이다." (요한복음 6:27).

영존하는 삶은 하나님께서 우리에게 주신 선물입니다. 성령도 우리에게 주신 선물입니다. 그리고 성경은 "하나님의 선물은 우리 주 예수 그리스도 안에서 누리는 영원한 생명" (로마서 6:23)이라고 말하고 있습니다. 우리가 하나님의 아들 예수를 받아들이면 영원한 생명이 우리의 생명이 됩니다(요한일서 5:11). "하나님의 아들을 모시지 않은 사람은 생명을 가지지 못한 사람입니다"(12절). 그러나 아들을 모시고 있는 사람은 "죽음에서 생명으로 옮겨 갔습니다"(요한복음 5:24). 우리는 휴거되어 올라 갈 것입니다. 우리는 순간적으로 변화될 것입니다. 그래서 순식간에 하나님의 임재 앞에 서게 될 것입니다. 왜냐하면 그때에는 우리의 몸이 신적인 몸이 되어 더 이상 세상에 묶이지 않게 되기 때문입니다.

새 생명의 시작

하나님께서 지금 우리를 가지치기하고 계십니다. 하나님의 가지치기를 통해 새 생명의 삶을 살기 시작한 사람들은 자신들이 해왔던 마귀의 일을 더 이상 하지 않고 안식하게 됩니다(히브리서 4:10). 영적으로 깨어있는 사람들은 더 이상 마귀에게 묶이는 삶을 살지 않습니다. 그러한 사람들은 세상 "살림살이에 얽매여서는 안 됩니다."(디모데후서 2:4). 그런 사람들은 하나님의 능력에 대한 새로운 열망을 안고 사는 사람입니다. 이러한 하나님의 능력에 대한 열망은 바로 하나님 아들이신 예수가 가지셨던 열망입니다.

성경은, "좁은 문으로 들어가기를 힘써라"(누가복음 13:24)고 권면하고 있습니다. 그렇습니다. 사랑하는 형제분들이여, 이 말씀은 여러분들이 좁은 문으로 들어가는 삶을 살기 위해 애써야 한다는 말입니다. 인간의 본성은 좁은 문의 삶을 거부합니다. 여러분들의 친구가 여러분들로 하여금 좁은 문의 삶을 사는 데 방해요소가 되기도 합니다. 좁은 문의 삶을 살다보면 때론 이제는 인생의 마지막이구나라고 생각되는 것 같은 상황에 처하게 되기도 합니다.

나는 예수에 대해 가장 잘 이해 할 수 있는 성경 구절은 예수가 직접 말씀하신, "누구든지 내 목숨을 구하고자 하는 사람은 잃을 것이요, 누구든지 나를 위하여 내 목숨을 잃는 사람은 찾을 것이다."(마태복음 16:25)라는 말씀이라고 생각합니다. 자신의 생명을 버리는 사람은 새 생명을 얻게 됩니다. 인간 생명은 한시적입니다. 인간 생명의 종착점은 신적 새 생명의 시작점입니다. 이 새 생명은 하나님의 아들이신 분께서 우리에게 주시는 생명으로, 세상 목숨과는 구별되는 거룩한 생명입니다. 예수 그분은 확증의 봉인을 받으신 구별된 분이시고 기름부음을 특별하게 받으신 분이십니다. 그분은 자신의 삶을 하나님께 넘겨드리셔서 영원히 존재하게 될 새 창조의 과정에서 첫아들이 되심으로, 인간들이 하나님 아들들이 되는 것의 처음 열매가 되셨습니다. 새로운 창조, 새로운 아들 됨, 새로운 양자됨, 새로운 장소, 새로운 능력에 있어서 예수는 우리의 첫 열매가 되셨습니다. 할렐루야! 그렇다면 여기 계신 여러분들도 안으로 들어가셨습니까?

사도 베드로가 이러한 신적인 새로운 위치(직위, divine position)를 얻은 지 얼마 지나지 않아 예수님께서는 베드로를 위시한 제자들을 향해 "누구든지 내 목숨을 구하고자 하는 사람은 잃을 것이요, 누구든지 나를 위하여 내 목숨을 잃는 사람은 찾을 것이다."(마태복음 16;25)라고 말씀을 하셨습니다. 베드로는 방금 새 생명을 취득하였다는 사실을 쉽게 잊어버렸습니다. 그는 조금 전 까지만 해도 신적인 새로움 안으로 들어갔기에 예수님에게, "선생님은 살아 계신 하나님의 아들 그리스도십니다."(16절)

라고 말했던 것입니다. 이러한 베드로의 고백을 들은 예수님께서는 베드로의 사역을 인증해주시는 말씀을 하셨습니다. 그리고 나서 예수님께서는, "인자는 반드시 죄인의 손에 넘어가서 십자가에 처형되고, 사흘째 되는 날에 살아나야 한다."(누가복음 24:7)고 말씀하셨습니다.

이 말을 들은 베드로는 예수님을 향해 "그런 일이 일어나서는 안 됩니다. 내가 막을 것입니다! 나에게 맡겨 주십시오. 만일 그 어떤 자든지, 당신에게 손을 대는 사람이 있으면 내가 가만두지 않을 것입니다. 나는 당신과 같이 있어 당신을 지켜드리겠습니다."라고 말했습니다. 이렇게 말한 베드로를 향해 예수님께서는, "*사탄아, 내 뒤로 물러가라. 너는 나에게 걸림돌이다. 너는 하나님의 일을 생각하지 않고, 사람의 일만 생각하는구나.*"(마태복음 16:23)라며 베드로의 잘못된 생각을 꾸짖으셨습니다.

우리로 하여금 한 알의 씨가 되어 땅에 떨어져서 썩어져 죽지 못하게 하는 것들, 십자가를 지고 가지 못하게 하는 것들, 이기심에 대해 죽지 못하게 하는 것들, 세상과 구별된 삶을 살지 못하게 하는 것들, 좁은 문으로 들어가지 못하게 하는 것들은 모두 사탄의 능력과 관계된 것들입니다. "밀알 하나가 땅에 떨어져서 죽지 않으면 한 알 그대로 있고, 죽으면 열매를 많이 맺습니다."(요한복음 12:24).

새로운 삶으로 들어가십시오. 그러한 삶은 가치 있는 삶입니다. 당신이 죄악 세상의 삶을 등지고 새로운 삶으로 들어가시면 하나님께서 영광을 받으십니다. 새로운 삶을 사는데 방해가 되는 것들, 새 생명 안에서 전진해 나가는 것을 방해하는 것들, 새 생명에 관한 당신의 관점을 흐려놓는 것들 및 당신의 마음을 파괴시키는 것들을 버리십시오. 그런 것들은 세상에 속한 것들이기 때문에 우리를 더럽게 할 뿐 깨끗하게 해주지는 못합니다.

　하나님께서 나를 만나주시기 전에 나는 술집을 무려 13군데나 다니고 있었습니다. 물론 술집의 손님으로 그렇게 많은 곳을 돌아다닌 것이지요. 그러나 하나님께서는 그러한 상황에서 완전히 빠져나올 수 있도록 해 주셨습니다. 나의 예는 하나님께서 우리를 거룩하게 살도록 하기 위해 하실 수 있는 수천가지 일들 중에 단 한가지의 예에 불과합니다.

　하나님께서는 우리가 거룩하고 순결한 삶을 살아나가기를 원하십니다. 하나님께서 우리에게 주시는 유산은 썩어서 없어지는 유산이 아니라, 더렵혀지지 아니하고 낡아서 없어지지도 않는 영원한 유산입니다(베드로전서 1:4). 새로운 삶 안으로 들어간 사람들은 스스로를 살피기 때문에 세상과 함께 심판받는 일이 없습니다(고린도전서 11:32). 많은 사람들이 잠들게(죽게) 되었습니다. 왜 잠들게 되었습니까? 왜냐하면 그 사람들이 주님의 주시는 경계의 말씀을 귀 기울여 듣지 않았기 때문입니다. 그들 중 어떤 사람들은 병들었습니다. 하나님께서는 그런 사람들을 다루십니다. 그래도 듣지 않는 사람들이 있으면 하나님께서는 그런 사람들을 잠들게 하십니다.

　오, 성령 하나님께서 오늘 우리들에게 우리를 살필 기회를 주셔서, 우리로 하여금 세상 사람들과 함께 심판받지 않도록 해 주셨습니다! *"우리가 우리 스스로를 살피면 우리는 심판을 받지 않을 것입니다"* (31절). 우리를 살핀다는 말이 무슨 말입니까? 우리를 살핀다는 말은 주님께서 만일 "버려라"라고 말씀하시면 아무리 귀한 것이라도, 가령 여러분의 오른 쪽 눈이라도 버려야한다는 말입니다. 당신의 오른 발이라도 하나님께서 버리라면 버려야한다는 말입니다. 하나님이 버리라는 것을 버리면 우리에게 유익이 되는 일이 일어납니다.

새 생명 안으로 들어가 살기위해 애쓰십시오.

방언 통역

하나님의 말씀은 결코 헛되지 않습니다. 하나님의 말씀은 언제나 당신을 생명으로 인도합니다. 하나님께서는 당신에게 문을 열어주십니다. 그분은 당신의 심령을 향해 말씀하십니다. 그분은 여러분을 다루고 계십니다. 우리는 지금 주님의 오심에 대해 말하고 있습니다. 만일 여러분이 가진 것들이 다 타버리면 어떻게 주님의 오심을 준비할 수 있겠습니까? 나무나 마른 풀들은 쉽게 타서 없어져버립니다. 그러나 금과 은 및 보석들은 타지 않고 보존 됩니다.

사랑하는 여러분들이여, 하나님께서 여러분을 다루실 것이니 (다룸 받지 않기 위해) 힘써 새 생명의 삶을 사십시오.

생명의 양식(Bread of Life)

성경에 나온 말씀 중에서 우리에게 교훈을 주는 말씀을 한 곳 찾아봅시다.

예수께서 그들에게 대답하셨다. "내가 진정으로 진정으로 너희에게 말한다. 하늘에서부터 너희에게 빵을 내려 주신 이는 모세가 아니다. 하늘에서부터 참된 빵을 너희에게 주시는 분은 나의 아버지시다. (요한복음 6:32).

빵(양식)! 오, 사랑하는 사람들이여, 나는 하나님께서 여러분들에게 특별한 식욕을 주시고, 하나님께서 하나님의 말씀을 실컷 먹을 수 있는 곳으로 여러분들을 인도하시기를 간절히 바랍니다. 그 곳에서 기뻐하며 말씀의 맛을 보고, 은혜로운 말씀을 체험하고, 이를 통해 세상과 구별된 삶을 살게 되기를 바랍니다. 여러분들이 그토록 갈망하던 하늘의 양식인 하나님의 말씀이 여러분에게 도달하면, 하나님 아들의 생명을 섭취하게 되어, 예수 그분이 사셨던 새로운 차원의 삶을 여러분도 살게 되는 일이 일어납니다. 즉 여러분들이 하나님의 계획과 목적대로 살아가게 되는 일이 일어납니다.

"저희가 가로되 주여 이 빵을 항상 우리에게 주소서." (34절). 그들이 예수에게 외친 이러한 요구가 우리의 요구가 되었으면 하는 마음 간절합니다. 하나님은 우리에게 하늘에서 내려오는 양식을 주기를 원하십니다. 이러한 요청에 대해 예수님께서는 다음과 같이 대답하셨습니다.

"내가 곧 생명의 빵이다. 내게 오는 자는 결코 주리지 아니할 터이요 나를 믿는 자는 영원히 목마르지 아니하리라." (요한복음 6:35).

하나님의 말씀은 우리가 세상과 구별된 삶을 살 수 있도록 우리의 마음에 빛을 비추어줍니다. 하나님의 말씀은 우리로 하여금 주님이 주신 생명을 제외한 모든 것을 버릴 수 있도록 해줍니다. 나는 여러분들이 하나님의 심판에서 구원받기를 원합니다. 그렇게 되기 위해서, 여러분들은 하나님에 관한 계시를 받음으로 하나님의 말씀이 주는 진리의 원칙들을 이해해야 합니다.

"내가 곧 생명의 빵이요 내게 오는 자는 결코 주리지 아니할 터이요 나를 믿는 자는 영원히 목마르지 아니하리라."

나는 그 어떤 사람도 그분의 빛을 지나쳐 가길 원하지 않습니다. 하나님의 말씀은 여러분에게 빛을 비쳐줍니다. 여러분에게 두 가지가 필요합니다. 여러분에게 필요한 두 가지는 성령과 말씀입니다. 주의 성령은 빛이고 주의 말씀은 생명입니다. 하나님은 우리가 이 두 신적 자산(two divine properties)을 소유하기를 원하십니다. 하나님은 주의 말씀(하나님의 말씀)으로 우리가 우리 스스로를 살피며 살아가기를 원하십니다. 하나님의 말씀은 우리의 개인적인 의견이나 신실함에 의존하지 않는 영원한 진리입니다. 그러기에 성경은 *"그들 가운데서 얼마가 신실하지 못했으면 어떻습니까? 그들이 신실하지 못했다고 해서, 하나님의 신실하심이 없어지겠습니까?"* (로마서 3:3)라고 말하고 있습니다. 사람들의 생각에 따라 하나님의 말씀이 변화합니까? 그렇지 않습니다. 사람들이 하나님의 말씀을 믿건 안 믿건 상관없이 하나님의 말씀은 항상 동일합니다.

우리가 지금 하고 있는 이와 같은 집회를 통해 하나님께서는 여러분들의 믿음을 이동시키십니다. 이 집회는 여러분의 믿음을 이동시키는 집회입니다. 쓸모없는 것들을 버리십시오. 판단과 불신앙은 쓸모없는 것들입니다. 두려움과 넘어짐도 쓸모없는 것들입니다. 이러한 것들은 믿음이 약한 자들에게 많이 나타납니다. 이런 것들은 생명 양식을 제대로 취하는 데 방해가 됩니다. 하나님께서는 여러분들을 다루셔서 여러분들이 이런 쓸모없는 것들을 버리도록 하십니다. 여러분들이 이런 것들을 버리면 순결한 생명인 영의 양식들을 쉽게 섭취할 수 있게 됩니다. 여러분 안에 있었던 이상한 것들이 없어지면 어느새 말씀을 잘 이해할 수 있게 됩니다.

하나님은 자기 백성을 다루십니다. 하나님께서는 먼저 하나님의 집 사람들을 다루시고, 그 다음에는 세상 사람들을 다루십니다(베드로전서 4:17). 하나님이 집이 올바르다면 거기에 소속된 백성들도 조만간 바르게 됩니다. 이에 대한 원리는 다음과 같습니다. 세상 모든 사람들이 올바라야 합니다. 그러기 위해서는 우리가 그들에게 빛과 소금이 되어 그들을 바른 길로 인도해야 합니다. 그래야 그들이 우리의 행위를 보고 주 하나님께 영광을 돌리게 됩니다.

내가 한번은 이러한 영적 원리에 관해 사람들을 가르치고 있었는데, 집회 중에 한 사람이 불쑥 일어나, "나는 믿지 않을거야! 나는 믿지 않을거야! 그 어떤 사람도 나를 변화시킬 순 없어. 당신이 나를 변화시키려고 하지 말아요. 그 어떤 사람도 나를 변화시킬 순 없어요."라고 말하며 소리를 질렀습니다.

그래서 나는 "나는 믿어요! 나는 믿어요!"라고 소리쳤지요.

그리고 나서, 나는 하나님의 다루심에 대해 계속해서 말씀을 전했습니다. 소리친 그 사람은 유명한 설교가였습니다. 이제 하나님께서는 그 사람을 다루시기 시작하셨습니다. 그래서 하나님께서 그 사람의 닫힌 마음의 문을 여시려고 하셨습니다. 얼마 후 그 사람은 다시 "나는 믿지 않을거야!"라고 다시 소리쳤습니다. 그러나 나는 그 말에 요동도 하지 않고 계속 말씀을 전해나갔습니다. 그 사람은 벌떡 일어나더니 "나는 믿지 않을거야!"라고 말하면서 문을 쾅 닫고 집회 장소 밖으로 나가버렸습니다.

그 다음날 아침에 내가 집회를 인도하고 있던 교회의 담임 목사님이 어떤 사람으로부터 "빨리 와서 도와주세요."라는 전갈을 받았습니다. 그래서 그 목사님은 부리나케 어떤 사람의 집으로 갔습니다. 집에 당도하자, 문 앞에는 한 여자가 심하게 울며 서있었습니다.

"오, 나는 너무 힘들어요!"라고 그 여자가 방금 도착한 목사님에게 말했습니다.

그녀는 목사님을 이끌고 집안으로 들어갔습니다. 들어가 보니 어제 집회에서 "나는 믿지 않을거야!"라며 소리쳤던 사람이 그곳에 있었던 것입니다. 그 사람은 종이 위에 "어제 밤 나에게 믿을 수 있는 기회가 주어졌지만 나는 받아들이지 않고 거절하였습니다. 나는 믿을 수 없습니다. 나는 지금 말을 할 수없는 벙어리가 되었습니다."라고 씌여 있었습니다.

이 사람은 믿지 않았기 때문에 벙어리가 된 것입니다. 어디 이 한 사람만 그렇습니까? 아닙니다. 성경에는 사가랴와 엘리사벳의 이야기가 기록되어있습니다. 사가랴가 제사장으로서 성소에서 하나님께 분향을 드리고 있을 때 하나님께서 그에게 아들을 주겠다고 말씀하셨습니다. 그러나 하나님의 이 말씀을 믿을 수가 없

었습니다. 그래서 그는 불신앙의 말을 했습니다. 그러자 천사 가
브리엘은 그에게 "보아라, 다 이루어질 내 말을 네가 믿지 않았으
므로, 이 일이 이루어지는 날까지, 너는 벙어리가 되어서 말을 못
하게 될 것이다."(누가복음 1:20)라고 하였습니다. 그는 천사의
말대로 성소에서 나오자마자 벙어리가 되었습니다.

우리가 우리 스스로를 살피지 않으면 우리는 결국 심판받게 됩
니다(고린도전서 11:31). 나는 여러분들에게 하나님의 말씀을 있는
그대로 전달해 드리기만 할 뿐입니다. 내가 여러분에게 말씀을 전
할 때에 그 말씀이 불이 되어 여러분을 태움으로 여러분에게 생명
의 빛이 비추어져서 여러분이 그리스도의 형상으로 변화되는 일이
일어나야합니다. 이 집회를 통해 큰 은혜를 받아 휴거를 간절히 사
모하게 되고, 휴거를 잘 준비하는 여러분들이 되었으면 참 좋겠습
니다. 여러분이 생명을 가지고 있다는 사실을 믿음으로 받아들이
시고 종말이 올 때까지 그 생명을 고이 간직하십시오.

여러분이 필요로 하는 것은 생명 양식입니다. 하나님의 말씀이
양식입니다. 지금은 기근의 때가 아닙니다. 지금은 하나님께서
우리에게 생명의 양식을 주시고 계시는 때입니다.

*"나는 생명의 빵이다. 내게로 오는 사람은 결코 주리지 않을 것
이요, 나를 믿는 사람은 다시는 목마르지 않을 것이다."* (요한복
음 6:35). 생명의 빵은 우리에게 영원한 포만감, 내적인 기쁨 및
평강을 가져다줍니다.

*"아버지께서 나에게 주시는 사람은 다 내게로 올 것이요,
또 내게로 오는 사람은, 내가 물리치지 않을 것이다. 그것*

은, 내가 내 뜻을 이루려고 해서가 아니라, 나를 보내신 분의 뜻을 이루려고 하늘로부터 내려왔기 때문이다. 나를 보내신 분의 뜻은 내게 주신 사람을 내가 하나도 잃어버리지 않고, 마지막 날에 모두 살리는 일이다."(37-39절)

예수님께서는 예수를 믿는 사람을 하나도 잃어버리지 않으시겠다고 말씀하셨습니다! 예수님의 이 말씀을 여러분은 믿으십니까? 여러분들 중에 어떤 사람들은 아직도 머뭇거리며 결정을 내리시지 못하고 계시는군요. 그런 사람들은 결국 예수님에 의해 잃어버린바 될 수도 있습니다. 나는 예수님으로부터 잃어버린바 되느니 하나님의 말씀을 믿고 예수님에 의해 찾은바 되는 쪽을 택하겠습니다.

오직 믿기만 하라

자신이 처한 환경만을 바라보는 사람들은 마귀에게 계속적으로 속임을 당합니다. 그런 사람들은 자신의 감정에 의존하는 사람으로, 결국은 모든 것을 다 빼앗긴 삶을 살게 됩니다. 구약 성경에 자신의 기분으로 인하여 무서울 정도로 속임을 당한 한 사람이 등장합니다. 그 사람의 이름은 야곱입니다. 야곱은 자기의 형 에서에 대해 나쁜 감정을 갖고 있었습니다. 이러한 감정으로 인해 야곱은 결국 속임을 당했습니다. 여러분이 만일 감정에 의존적인 삶을 살면 결국 속임을 당합니다.

하나님은 우리가 감정 의존적으로 되는 것을 원하지 않으십니다. 그분은 우리가 한 길 곧 믿음의 길만을 택해서 나아가기를 원하십니다. 여러분이 예수에게로 간 것이 아닙니다. 하나님이 여러분을 데리고 예수님에게 간 것입니다. 하나님은 어디에 있는 여러분들을 발견하셨습니까? 그분은 이 세상에 있는 여러분들을 발견하셨습니다. 하나님은 죄악 된 세상에 살고 있는 여러분을 발견하시고는, 여러분을 데리고 예수에게로 가셨습니다. 그러자 예수께서 여러분들에게 영생을 주셨습니다. 예수님은 자기에게로 오는 모든 사람들을 환영하시고, 그 사람들에게 영생을 주십니다. 왜냐하면 예수님은 그 목적을 이루시기 위해 자신의 생명을 내어놓으셨기 때문입니다. 그래서 예수님은 자기에게로 오는 사람들에게 자신의 생명을 주십니다. 그리고 예수님은 자기에게 온 사람은 한 사람도 놓치지 않으십니다. 그분께서는 모든 사람들을 끝까지 보존하십니다.

"그렇지만 그것은 조건적입니다."라고 말씀하시는 분이 계시는군요.

그렇습니다. 조건적입니다. 당신이 하나님을 믿는 이상, 예수님은 당신을 절대로 놓치지 않으십니다. 나는 그 동안 자기의 판단만을 신뢰하며 살기 때문에, 하나님의 계획 밖에 머물러 있는 사람들을 많이 보아왔습니다.

어떤 사람들이 나에게 자신은 하나님을 믿은 사람이라고 말한다고 해도 나는 그 말을 전적으로 신뢰하지는 않습니다. 예수님의 시대에 일단의 사람들이 예수에게 와서 "우리는 아브라함의 씨입니다. 아브라함이 우리의 조상입니다."고 말했습니다(요한복음 8:39를 보십시오). 그러자 예수님께서는 그들에게 "너희들이 잘못알고 있다. 너희들은 마귀의 씨다."고 말씀하셨습니다(39-44절을 보십시오).

"하나님의 아들을 믿는 사람은 그 증언을 자기 안에 가지고 있습니다."(요한일서 5:10). 하나님을 기쁘시게 하는 사람은 자기가 하나님의 아들이란 사실을 확실히 알고 있습니다. 우리는 우리가 하나님의 계명을 지키기 때문에 하나님의 아들임을 잘 알고 있습니다. "그분의 계명은 무거운 짐이 아닙니다."(요한일서 5:3). 우리는 우리가 이 세상을 이겼기 때문에 우리가 하나님의 아들이란 사실을 익히 잘 알고 있습니다(4절을 보십시오).

예수를 믿으면 하나님의 아들이 됩니다. 하나님의 아들 된 사람들이 해야 할 것은 세상을 이기는 것입니다. 우리가 하나님으로부터 받은 것은 영원히 사는 생명이기 때문에 우리는 썩어 없어지지 않습니다. 하나님께서는 오늘 아침 우리에게 놀라운 약속의 말씀을 먹여주시고 계십니다. 오늘 이 아침에 우리는 성령 안에서 하나님이 주시는 유업을 받았다는 사실을 알게 되었고, 그 결과 하나님께 "주님, 우리는 준비되었습니다."라고 말할 수 있게 되었습니다.

여러분 새로운 삶을 살 준비가 되셨습니까? 나는 여러분을 준비시키려고 이 말씀을 전하고 있는 것입니다. 하나님의 생명 또는 하나님의 생명의 성령의 법이 여러분에 있어야만 여러 가지 일들이 가능합니다. 생명의 성령의 법은 여러분이 살고 있는 세상의 삶 곧 자연적 법칙을 따라가는 삶을 종결시킵니다. 그 대신 여러분의 영적인 삶을 소생시켜 이 세상을 살아나갈 때 세상적인 삶 대신 영적인 삶을 살아가게 합니다.

나는 머리가 희고 얼굴에 주름이 잔뜩 낀 노인들을 보면 '갈 때가 되었구나.'라고 생각합니다. 사람은 늙으면 죽게 됩니다. 이것을 막을 수는 없습니다. 늙으면 죽은 것이 인지상정입니다. 이는 꽃이 만개한 후에는 지기 마련인 것과 마찬가지 이치입니다.

그렇게 되는 것은 세상의 법칙입니다. 그러나 나는 여러분들에게 초자연의 법칙에 대해 말해드리려고 합니다. 우리가 땅의 형상을 입고 태어났듯이, 하늘의 형상을 입게 될 것을 알게 됩니다(고린도전서 15:49). 죽음은 생명에게 삼킨바 됩니다. 하나님의 아들 예수의 형상이 우리 속에 있습니다. 그래서 우리에게 생명과 죽지 아니함과 능력이 있습니다. 살아계신 그리스도의 말씀은 능력 있는 말씀입니다!

하나님의 은혜의 복음은 죽지 아니하는 생명을 우리에게 가져다 줄 능력을 내포하고 있습니다. 복음이란 무엇입니까? 복음은 하나님의 말씀 곧 하나님의 아들의 양식입니다. 그 양식을 섭취하십시오. 여러분의 심령으로 그 양식을 받아먹으십시오. 그 양식은 진리의 말씀이고 우리를 영원히 살게 하는 '죽지 아니함'의 양식이요 생명입니다.

겉으로만 본다면 여러분은 잘 생겼고 영감이 있는 사람으로 보이지만 여러분의 속을 들여다보면 거기에는 많은 상처와 흔적들이 남아 있습니다. 여러분들이 이 세상에서 지친 삶을 살아가며 여러가지 죄와의 싸움으로 인해 많은 어려운 일을 당할 때 여러분 안에 빛이 있다는 것과 여러분의 삶은 지나가는 것이며 여러분은 예수님과 같이 될 것이라는 것을 압니다. 얼굴 생김은 여전히 같지만 성처 자국과 흔적들은 없어질 것입니다.

무엇이 그 상처 자국들을 없어지게 합니까? 양식(bread)입니다. 오, 주님, 우리에게 그 양식을 주십시오. 하나님 아들의 양식을 우리에게 주십시오!

"내가 진정으로 진정으로 너희에게 말한다. 믿는 사람에게는 영생이 있다. 나는 생명의 빵이다." (요한복음 6:47) 영생은 주님이라는 빵입니다. 사람은 밥으로만 살 수 없습니다. 사람은 하나님이 주시는 생명의 말씀을 먹어야 삽니다(마태복음 4:4).

불같은 시련과 은혜로 인한 부요
(Tried by Fire, Enriched by Grace)

내가 요한계시록에서 *"그분의 이름은 하나님의 말씀이라."* (요한계시록 19:13)는 부분을 읽는 순간 내가 마음에 큰 감동을 받았습니다. 이 세상을 위해서 자신의 생명을 주신 그분의 이름이 바로 '하나님의 말씀' 입니다. 우리는 그 분으로부터 그분의 생명, 그분의 성령과 그분의 은혜를 받았습니다. 이 말이 무슨 말입니까? 오, 내가 이런 것들을 사모하자, 하늘에서 말할 수 없이 엄청난 은혜가 내려와 나에게 부어졌습니다. 우리가 약할 때 은혜가 부어집니다. 그래서 난관을 이겨나갈 수 있게 되고 불같은 시련을 통과하게 되며 이런 시련을 다 통과하면 좀 더 주님을 닮은 사람이 됩니다.

이러한 사실들이 나를 감동시킵니다. 왜냐고요? 그건 바로 이 세상에 마지막 날이 있기 때문입니다. 마지막 날에 이 세상에 있는 아름다운 모든 건축물들과 산들과 하늘들을 포함한 이 세상 모든 것들이 없어질 것입니다. 그 날에 하늘은 두루마리 말리듯이 말려질 것입니다(이사야서 34:4). 그리고 이 세상의 모든 "원소들은 불에 녹아 버리게 됩니다." (베드로후서 3:10). 그러나 그 와중에서도 불에 태워버려지지 않는 것이 하나 있습니다. 그것은 변화되지 않는 것이고 불을 견디고 홍수도 견디고 환란도 견디는 것입니다. 그것이 무엇입니까? 그것은 바로 하나님 아들의 생명입니다. 인간의 육신은 불에 타 없어질지라도 하나님 아들의 생명은 불에 의해서 아무런 해를 입지 않습니다.

사드락, 메삭 그리고 아벳느고가 불속에 던져졌지만 그들은 아무런 해를 입지 않았습니다. 그들이 불 속에서 걷고 있는 것을 본 왕은 매우 놀라서 신하들에게 "우리가 묶어서 화덕 속에 던진 사람은, 셋이 아니더냐?" (다니엘 3:24)라고 물었습니다.

그러자 신하들은 "그러합니다. 임금님."(24절)이라고 대답하였습니다.

왕이 말을 이어 "보아라, 내가 보기에는 네 명이다. 모두 결박이 풀린 채로 화덕 안에서 걷고 있고, 그들에게 아무런 상처도 없다! 더욱이 네 번째 사람의 모습은 신의 아들과 같다!"(25절)고 하였습니다.

그들은 불로 인해 전혀 해를 입지 않았습니다. 하나님의 아들의 생명은 불에 타서 없어지는 생명도 아니고 썩어 없어지는 생명도 아닙니다. 하나님의 아들의 생명은 불도 통과할 수 있고 구름도 통과할 수 있고 마귀의 군대들도 통과할 수 있습니다. 하나님의 아들의 생명은 그 어떤 것도 통과 할 수 있고 없애 버릴 수도 있습니다. 오, 얼마나 대단한 생명인지요! 하나님의 아들의 생명을 갖고 계신 분이 바로 그 생명을 우리에게 주시려고 이 세상에 오셨습니다. 그 생명을 우리에게 풍성히 주려고 오셨습니다. 그 생명은 놀랍도록 풍성한 부활 생명입니다!

그 생명을 여러분들은 소유하고 계십니까? 그 생명이 여러분의 것이 되었습니까? 여러분은 혹시라도 그 생명을 잃어버릴까 두렵습니까? 그분이 여러분을 놓치실 것 같습니까?

나의 이러한 질문에 대해 어떤 분은 나에게 "당신은 어떻게 생각하시기에 우리에게 그런 질문을 하십니까?"라고 묻고 계신 분이 계실 줄 압니다.

나는 그 동안 구원을 놓칠까 의심하는 사람들을 여럿 보아왔습니다. 그래서 그런 의심을 갖고 있는 사람들에게 다음의 성경 구절을 드립니다.

> "내 양들은 내 음성을 듣는다. 나는 내 양들을 알고 내 양들은 나를 따른다. 나는 그들에게 영원한 생명을 준다. 그들은 영원토록 멸망하지 않을 것이다. 또 어느 누구도 그들을 내 손에서 빼앗아 가지 못할 것이다. 그들을 나에게 주신 내 아버지께서는 만유보다 위대하시고, 아무도 아버지의 손에서 그들을 빼앗을 수 없다." (요한복음 10:27-29)

주님이 우리에게 주신 놀라운 생명은 하나님의 생명으로 가득 차 있고, 우리에게 확신을 가져다주고, 우리로 하여금 기쁨의 소리를 발하게 합니다. 오늘 이 아침 우리 가운데는 왕이신 그분이 지르시는 기쁨의 소리가 가득 차 있습니다. 여러분들이여, 휴거할 준비가 되어있으십니까? 어떻게 해야 휴거를 준비를 할 수 있습니까? 어떻게 우리가 휴거 준비를 안 하고 가만히 있을 수 있단 말입니까? 우리가 받아들이는 것은 인간의 생명이 아니라 그분의 생명입니다. 여러분이 그분을 찾아 나선 것이 아닙니다. 그분이 여러분을 찾아 내셨습니다. 여러분의 힘으로는 절대로 여러분 자신을 지킬 수 없습니다. 그분이 여러분을 지켜주십니다. 여러분이 예물을 준비한 것이 아닙니다. 예물을 준비하신 분은 하나님이십니다. 그러므로 이 모든 것이 은혜인 것입니다. 이 얼마나 놀라운 은혜인지요!

방언기도

승리의 나팔이 울리고 모든 성도들이 위로 옮겨질 것인데, 이는 하나님께서 그들을 주님과 함께 있도록 하시기 때문입니다. 깨어있는 사람들과 잠자는 사람들 사이에는 엄연한 구별이 있게 될 것입니다. 숨 쉬는 모든 사람들은 위로 올라 갈 것입니다. 무엇이 올라갑니까? 우리의 생명이 주님의 생명을 만나러 올라갑니다. 그래서 우리는 주님과 함께 천국에서 영원히 같이 있게 됩니다.

무엇이 올라갑니까? 생명이 올라갑니다. 그 생명은 영원한 생명이고 절대로 멸해지지 않는 생명입니다.
여러분 믿음을 갖고 계십니까? 여러분의 믿음이 도전받았습니까? 여러분 속에 있는 생명이 살아나고 있습니까? 여러분 안에 있는 진리가 여러분의 내면 안에서 "나는 그 생명을 느끼고 있네. 그 생명을 알고 있네. 그 생명이 나를 움직이고 있네. 나는 생명을 갖고 있네."라고 말하고 있습니까? 여러분은 분명히 천국에 안착하게 될 것입니다. 여러분이 여기에 분명히 계신 것처럼 천국에도 분명히 있게 될 것입니다.

우리가 천국에 있는 체험이 이 땅에서 계속 되어야합니다. 이 생명의 양식을 먹읍시다. 거룩한 분위기 안에서 삽시다. 이러한 천국의 체험은 하나님이 주시는 것으로서 영원히 지속됩니다. 주님, 우리로 하여금 천국 기회를 놓치지 말게 하시고, 우리의 과거는 태워버리고, 우리가 고난을 두려워하지 않고 자기 십자기를 짐으로써 영원한 당신의 소유가 되게 해 주십시오.

질문과 대답

질문 : 성도가 휴거되는 생명과 예수 믿는 사람들이 죽은 후 무덤 속에 안치되는 생명과의 차이에 대해 성경이 뭐라고 말하고 있는지 설명해 주십시오.

대답 : 둘 사이에 차이가 없습니다. 예수를 믿다가 죽은 사람은 영원한 생명을 가지고 있습니다. 단지 그들은 쉬기 위해 잠자고 있는 것뿐입니다. 그러나 그들의 영은 잠자고 있지 않습니다. 영은 절대로 잠자는 법이 없습니다. 솔로몬은 *"나는 자고 있었지만, 나의 마음은 깨어 있었다."* (아가서 5:2)고 하였습니다. 육체가 안식으로 들어가더라도 영은 안식하지 않습니다. 영은 항상 활동하고 있습니다. 영에는 시간 개념이 없습니다.

몸이 살아있던 죽던 상관없이 영은 살아있습니다. 육신이 무덤에 안치되면 어떤 일이 일어납니까? 이 세상에서 우리가 사용하던 육신은 썩어 없어집니다. 흙이 되어버리지요. 예수 믿다가 죽어서 육이 썩어 없어진 사람들에게도 휴거가 있습니다. 하나님의 말씀은 그날이 오면 모든 것이 녹아 없어진다고 말하고 있습니다. 휴거가 되던 안 되던 죽은 육신은 녹아 없어집니다. 왜 그렇습니까? 왜냐하면 혈과 육은 천국에 갈 수 없기 때문입니다. 단지 하나님의 아들의 생명만이 천국에 갑니다. 하나님은 예수의 생명을 가지고 있는 자에게는 육이 죽어있건 살아있건 새 육체를 입혀주십니다. 그래서 영이 성도의 새 육체 속으로 들어가게 됩니다. 오직 믿는 우리 성도들만이 그날에 위로 올라가게 됩니다.

질문 : 요한계시록 3장 5절 말씀으로 볼 때 생명책에 이름이 일단 기록된 사람은 그 이름이 절대로 지워지지 않는 것 같습니다. 그러나 어떤 사람들은 생명책에 기록된 이름이 지워지는 사람들이 있다는 주장을 펴고 있는 사람들이 있습니다. 이에 대한 당신의 의견을 말해주십시오.

대답 : 나는 근본적으로 한번 얻은 구원은 절대로 잃어버리지 않고 영원히 가지고 있다는 생각을 갖고 있습니다. 사람들이 가진 견해보다 더 나은 견해를 갖고 계신 분은 하나님이십니다. 나는 하나님과 견해를 같이 하고 있습니다. 나는 그 어떤 인간도 하나님 보다는 클 수 없다고 믿고 있습니다. 하나님은 이 세상 모든 것들보다 크십니다. 바로 그런 하나님께서 우리를 영원히 보존해 주십니다. 나는 적지 않은 수의 사람들이 거듭나지도 않았으면서

자신들도 하나님의 자녀라는 주장을 하고 다니는 것을 알고 있습니다.

　새로 태어난 사람은 항상 하나님을 추구합니다. 그들은 하나님에게서 떨어져나갈 시간이 없습니다. 세상으로 나아갈 시간이 없습니다. 그들은 항상 하나님에 대해 배고파합니다. 이러한 진리가 여러분들의 심령 속에 깊이 뿌리 박혀있지 않다면 여러분은 낙오하게 됩니다. 낙오하게 되지 않기 위해, 우리는 거룩한 하나님과 하나가 되어 거룩한 삶을 살아 나가야 합니다. "주의 집이 거룩함은 당연합니다. 주님, 영원무궁토록 그러할 것입니다."(시편 93:5) 어떻게 그분의 생명을 가진 우리가 거룩하지 않은 상태에서 거룩해 지려는 열망이 없이 살아갈 수가 있습니까?

제 4 장

함께 하시는 성령

　나로 하여금 하나님의 말씀에 매혹되도록 하시는 분은 하나님이십니다. 나는 말씀을 읽고 또 읽지만, 읽을 때 마다 새로운 것을 발견하고는 놀라워합니다. 이것이 나에게는 큰 축복입니다. "신부가 신랑의 소리를 듣고 기뻐한다."(요한복음 3:29을 보십시오)고 하였는데 그런 기쁨이 나에게 있습니다. 하나님의 말씀은 그분의 소리입니다. 우리가 예수에게로 다가가면 그분도 우리에게로 다가 오셔서, 우리를 그분의 신부로 맞아 주십니다. 나의 형제들이여, 우리는 단지 구원만 받고 끝나는 것이 아닙니다. 구원 받은 우리에게는 하나님께서 예비하신 너무도 영광스런 삶이 기다리고 있습니다. 나는 하나님께서 여러분들에게 계시를 주셔서, 그분이 이 땅에 사셨을 때 어떻게 사셨고, 어떻게 사람들을 사랑하셨고, 어떤 능력을 받으셨기에 자신의 제자들에게 "너희들 중에 하나님의 나라가 능력으로 임할 때까지 죽지 않을 자들도 있다."(마가복음 9:1을 보십시오)라는 말을 하실 수 있게 되었는지에 대한 확실한 이해를 하게 되기를 바랍니다.

　오, 축복의 그리스도시여! 그리스도는 변화산으로 올라 가셨을 때 용모가 영광으로 가득하게 되셨고 옷이 희어지고 빛이 났습니다. 그분은, "나는 나의 생명을 버릴 권세도 있고 다시 찾을 권세도 있다."고 말씀하셨습니다(요한복음 10:17을 보십시오). 그분은 악한 자들에 의해 십자가에서 죽임을 당하셨습니다. 그분은 모든 천사들을 명하여 자신을 죽음으로부터 구해내도록 하실 수 있는 능력을 갖고 계심에도 불구하고, 그렇게 하지 않으셨고, 오히려 자신의 목숨을 스스로 버리려고 하셨습니다. 오, 복된 그리스도께서 그렇게 하신 것은 우리를 구원하신 후, 우리와 교제하심으로 우리와 하나 되기를 원하셨기 때문입니다. 그분은 죽음으로까지 내려가셔서 하나님과 인간이 서로 화해하도록 하셨습니다.

인간 예수 그리스도는 온 세상을 위하여 속죄물이 되신 하나님의 아들이십니다. 그분은 또한 죄인들의 친구이십니다. "그분이 찔린 것은 우리의 허물 때문입니다." (이사야서 53:5). 복된 그리스도께서는 창세전에 하나님께서 그에게 주신 영광을 제자들에게 주었습니다(요한복음 17:5). 오, 이 얼마나 사랑스러운 일인지요. 하나님께서는 "흠 없이 사는 사람들에게 좋은 것을 아낌없이 내려 주십니다." (시편 84:11). 그분은 건강과, 성령 안에서 누리는 평화와 기쁨 및 그리스도 예수 안에 있는 생명을 포함한 모든 좋은 것들을 우리에게 주십니다.

피의 능력

오, 형제자매들이여, 하나님께서는 예수의 피로 우리에게 구원을 주셨고, 의롭게 새로 태어나게 해주셨고, 어두움의 권세로부터 빛의 나라로 옮겨주셨습니다. 이러한 축복된 구원이 여러분에게 주어진 것은 예수의 피가 여러분을 사탄의 모든 권세로부터 자유하게 하였기 때문입니다. 이로 인해 여러분들은 하나님의 유산을 그리스도와 함께 받을 수 있게 되었습니다. 오, 이 유산은 그리스도 안에 있음으로 받게 된 영광스러운 유산입니다. 하나님께 영광을 돌립니다! 예수 그리스도께서 육신으로 오신 것은 마귀의 일들을 멸하기 위함입니다. 그리스도께서는 우리가 그분의 강력한 능력을 힘입어 우리 속에 있는 죄를 짓고 싶어 하는 마음을 없애주시고, 우리를 짓누르고 있는 죄의 권세를 파멸시킴으로, 우리가 승리자가 되도록 해주십니다. 그분은 우리를 변화시키셔서 우리로 하여금 의를 사랑하고 죄를 미워하는 사람이 되도록 해주십니다. 그분은 또한 우리를 거룩하게 해주십니다. 이런 일들이 가능한 것은, 하나님께서 성령의 능력으로 예수 안에 거하셨듯이, 우리 안에 거하시기 때문입니다.

그리스도의 순종으로 인하여 우리가 하나님의 아들이 되었다는 사실을 여러분들이 알아야합니다. "그리스도는 (하나님의) 아들이지만 고난을 당하심으로써 복종을 배우셨습니다."(시편 84:11) 성경에 자세히 기록되어 있듯이, 사람들은 예수에게 욕설을 퍼부었고 그를 절벽 아래로 떨어뜨려 죽이려고 하였습니다. 그러나 그분은 그러한 군중들로부터 혼자 걸어서 빠져나오셨습니다. 이 일 후에 그분은 눈먼 한 사람을 만나셔서 그 사람의 눈을 고쳐주었습니다. 그분은 이 세상에 계셨지만 이 세상에 속한 분은 아니셨습니다.

예수님께서 우리가 죽어야할 죄로 인한 죽음을 우리 대신 죽으셨다는 사실을 믿을 때에 새로운 피조물로 거듭나게 됩니다. 이

때 새로운 존재로 다시 태어나는 우리는 신적인 영광으로 채워집니다. 다시 태어나는 존재는 그 얼마나 아름답고 영광스러운 존재인지요! 하나님의 영광스런 능력으로 인하여 우리는 예수 그리스도 안에 있을 수 있게 되는 것이지요. 하나님의 영광스런 능력은 우리를 다스리고 채워주고 이 땅에 살면서도 성령의 지배를 받을 수 있도록 해 주는 능력입니다. 이 능력은 세상 능력과는 다른 능력입니다. 오, 성령이 주시는 영광의 아름다움은 말로 표현할 수가 없습니다!

변화시키는 사랑

그리스도의 사랑은 세상에 있는 그 어떤 사랑과도 구별됩니다. 그리스도의 사랑에는 사람을 끄는 힘이 있습니다. 이러한 사랑을 성경은 "꾸밈이 없는 사랑(unfeigned love)"(베드로전서 1:22)이라고 표현하고 있습니다. 이러한 사랑은 신실하며 참된 사랑입니다. 이러한 사랑에는 놀랍도록 깊은 의미가 담겨져 있습니다. 그렇다면 이런 사랑은 대체 어떤 사랑일까요? 사랑하는 여러분들이여, 그분께서는 여러분들이 죄인으로 살아가던 때에 이미 여러분들을 사랑하고 계셨습니다(로마서 5:8). 그토록 우리를 사랑하신 그분이 이제는 우리의 사랑을 받고 싶어 하십니다. 예수님은 조소와 핍박과 비방을 견디면서까지 우리를 사랑하셨기에 그분의 사랑은 정말로 꾸밈이 없는 사랑이라고 말할 수밖에 없습니다. 성령을 통해 이러한 사랑을 받아들이면 들일수록, 우리는 영광에서 더 큰 영광으로 변화하게 됩니다. 그리스도는 왕들의 왕이시고 주들의 주이십니다. "그분의 나라는 무궁할 것입니다."(누가복음 1:33) 그러한 그분에 대해 성경은, *"그분이 자기의 영혼을 속죄 제물로 여기면, 그분은 자손을 볼 것이며, 오래오래 살 것이다. 주께서 세우신 뜻을 그분이 이루어 드릴 것이다."* (이사야서 53:10)라고 기록하고 있습니다.

오, 사랑하는 여러분들이여, 우리가 지금 소유하고 있는 그리스도는 그 얼마나 놀라운 분이신지요! 나는 여러분들이 그분 같은 분은 절대로 없다는 사실을 꼭 알았으면 좋겠습니다. 만일 이 시간 여러분이 그분을 뵙게 된다면 여러분은 반드시 변화됩니다. 여러분이 그분을 바라볼 수 있다면, 그분을 바라보는 순간 여러분들은 자신의 육체가 이미 변화되었음을 알고 깜짝 놀라게 될 것입니다. 그분의 힘이 여러분 안으로 들어오게 되어 여러분이 변화되는 겁니다. 그분은 죄인들의 하나님이십니다. 그분은 힘없는 자들의 하나님이십니다. 그분은 자비가 가득하신 분이십니다. 그분이 자기 자신을 야곱의 하나님이라고 칭하셨는데, 나는 그분의 그런 점이 참 좋습니다. 그분이 자기 자신을 야곱의 하나님이라고 부르셨기 때문에, 우리가 그분에게 들어갈 자리가 있는 것입니다. 내가 여러분들에게 자신 있게 말씀드릴 수 있는 사실은 그분이 과거에 야곱을 만났듯이, 여러분을 만나기 위해 준비하고 계시다는 사실입니다.

야곱은 어떤 사람들을 여러모로 속였습니다. 그는 속임수를 써서 에서가 갖고 있는 장자권을 빼앗았고(창세기 25:29-34), 라반의 가축들을 취했습니다(창세기 30:25-43). 여기에는 마귀가 야곱을 조종한 부분이 분명히 있습니다. 그럼에도 불구하고 야곱은 하나님께서는 자신에게 한 약속을 지키신다는 사실을 확실하게 믿었습니다. 벧엘에서 하나님께서는 야곱에게 사닥다리를 보여주셨습니다. 그 사닥다리는 땅에서 시작하여 하늘에 까지 닿아있는 사닥다리였습니다. 야곱은 천사들이 사닥다리를 오르락내리락하는 것을 보았습니다. 벧엘은 기도하는 장소요, 상황을 변화시키는 장소이며, 하늘로 들어가는 장소입니다. 하나님께서는 야곱이 그 어느 곳에서 살아가더라도 상관없이, 그를 벧엘로 다시 돌아오게 하셨습니다. 야곱은 자기가 가지고 있는 모든 가족과 소유물들을 떠나보내야만 하였습니다. 그는 이제 혼자 남았습니다.

　들에 혼자 남게 된 늙은 야곱은 하나님께서 허락하시는 시간까지 하나님과 씨름을 하였습니다. 이것은 이 세상에 집착하는 것을 뜻합니다. 그는 세상 것을 붙들어보려고 끝까지 애를 썼습니다. 하나님이 야곱의 엉덩이뼈를 쳤습니다. 하나님께서 야곱을 치시자 야곱의 몸 상태가 급격히 나빠졌습니다. 이때 야곱과 씨름하고 있던 천사는 야곱에게 "나를 놓아 달라."고 하였습니다. 그러나 "야곱은 자기에게 축복을 해 주지 않으면 보내지 않겠다고 떼를 썼습니다."(창세기 32:26). 형제들이여, 여러분의 상태가 나빠질 정도로 하나님과 씨름한다면 여러분들은 하나님으로부터 축복을 얻어낼 수 있습니다. 더 이상 어떻게 할 수 없을 정도까지 깨어진 상태가 되어 하나님께 울며 매달리면 하나님께서 만나주십니다. 깨어진 심령으로 하나님께 부르짖으면 하나님께서 오십니다.

그분의 자비는 영원합니다.

하나님의 자비는 결코 실패하는 법이 없다는 사실을 알게 되는 것은 우리에게 큰 기쁨이 됩니다. 예수님께서 변화산에서 내려오시자 십자가를 지시기 위한 발걸음을 내디디셨습니다. 그분이 변화산에서 내려왔을 때 어떤 사람을 만났습니다. 예수가 만난 사람의 아들은 귀신들려 땅에 꼬꾸라져서 거품을 물며 경련을 일으키기도 하고 자신 몸에 상처를 내기도 하였습니다. 그래서 그의 아버지는 예수에게 와서 "주여, 오셔서 나를 도와주십시오. 여기에 나의 아들이 있는데, 귀신이 그가 입에 거품을 물때까지 그를 힘들게 합니다. 내가 내 아들을 당신의 제자들에게 데리고 갔지만 그들은 내 아들에게 아무 도움도 주지 못했습니다."라며 울먹거렸습니다(마가복음 9:17-18을 보십시오).

오, 형제들이여, 하나님께서 우리의 손에 힘을 주시고 우리의 모든 불신을 가져가시기를 간절히 기도합시다. 예수님께서는 이런 말을 들으시자 "아, 믿음이 없는 세대여, 내가 언제까지 너희와 함께 있어야 하겠느냐?…. 아이를 내게 데려오너라."(19절)고 하셨습니다. 그래서 사람들이 그 아이를 예수에게로 데리고 왔고 예수는 그 아이에게서 귀신들을 쫓아내셨습니다. 귀신들이 나가면서 그 소년에게 경련을 일으켰습니다. 조금 지나자 그 소년은 죽은 것처럼 되었습니다. 그러나 예수는 그 소년을 다시 일으켜 세우셨습니다(20-27절을 보십시오).

이제 잠시, 사탄이 가지고 있는 능력에 대해 생각해 보십시다. 마귀는 먹이를 찾는 사자처럼 으르렁거리며 "삼킬 자를 찾아 두루 다닙니다."(베드로전서 5:8). 예수님께서는 우리에게 "나는 생명을 주러 왔다. 풍성한 생명을 주러왔다."(요한복음 10:10을 보십시오)고 말씀하셨습니다. 이제 다 같이 기도하십시다. 하나님께서 우리를 마귀가 힘을 쓸 수 없는 곳으로 옮겨주시고 우리를 보호해 주시도록 기도하십시다. 우리에게서 쫓겨나온 귀신들이 다시 우리에게로 들어오지 않게 해달라고 기도하십시다.

성령으로 채움 받음

오, 예수님의 능력으로 인하여 마귀가 쫓겨나가서, 더 이상 어리석은 삶을 살지 않게 된다는 것이 진정 무슨 뜻인지를 여러분이 다 잘 알게 된다면 참 좋겠습니다! 어떤 사람이 귀신에 들려 몸이 약해졌습니다. 그 사람이 약한 몸을 이끌고 예수에게 왔습니다. 예수님은 그 사람에게 있던 귀신을 쫓아내셨습니다. 그러자 그 사람은 온전하게 되었습니다. 그러나 그 사람은 성령을 따라가는 삶을 사는 대신 다시 세상적인 삶을 살았습니다. 하나님 우리를 도와주소서! 만일 우리의 병든 몸이 고침을 받았다면, 우리는 우리의 몸에 하나님의 치유의 능력이 나타난 것에 대해 하나님께 영광을 돌려야 마땅합니다. 그러나 그 사람은 그렇게 하지 않았습니다. 이 귀신 들렸던 사람은 *"말끔히 청소되어 있었고, 잘 정돈되어 있었습니다."* (마태복음 12:44) 그러나 그 사람은 그리스도를 받아들이지도 않았고 성령의 능력을 인정하지도 않았습니다. 그래서 나갔던 악한 영이 그 사람을 다시 찾아왔습니다. 악한 영은 그 사람 안에 다시 들어가서 살아도 전혀 지장이 없다는 것을 알고는 다른 악한 영들을 데리고 그 사람 속으로 들어갔습니다. 그래서 그 사람의 상태가 전보다 더 나빠지게 되었습니다(43-45절을 보십시오).

하나님의 능력으로 치유받기를 원하신다면 먼저 자신을 하나님으로 채우십시오. 하나님과 그분의 능력이 우리 속에 거할 수 있습니다. 사탄이 당신을 좌지우지는 것을 더 이상 하지 못하도록, 여러분이여, 지금 이 시간 하나님께 항복하고 자신을 하나님께 온전히 내어드리시겠습니까?

제 5 장
천국의 형상으로 변형되기를 소망함

하나님께서는 우리가 성령의 삶을 살 때 우리의 삶에 대한 그분의 계획을 펼쳐 나가십니다. 우리는 세상으로 나가서 "이 생명의 말씀을 남김없이 백성에게 전하여야합니다."(사도행전 5:20). 예수님께서는 우리에게 생명을 주시기 위해 이 세상에 오셨습니다(요한복음 10:10). 사탄은 인간들을 죽이고 멸망시키고 파괴시키기 위해 이 세상에 왔습니다(10절). 하나님은 우리에게 주시되 흔들고 눌러 넘칠 만큼 주시는 분이십니다(누가복음 6:38). 하나님은 우리를 하나님의 성품과 임재로 채워주실 뿐 아니라, 자기 자신을 우리에게 계시해 주심으로 우리가 세상에서 빛과 소금의 역할을 잘 감당하며 살아 나가게 하시고, 이를 통해 우리가 하나님께 영광 돌리는 삶을 살게 주십니다. 하나님은 우리가 그 어떤 상황을 만나건 항상 우리와 함께 계십니다. 우리가 환란과 핍박을 당하더라도, 아무리 혹독한 시련을 당하더라도 우리를 결단코 떠나지 않으십니다. 그리스도께서 우리를 도와주시면 하나님 아버지와 성령 하나님도 우리를 도와주십니다. 우리가 그리스도와 연합하여 생각하고 말하고 행동할 때에, 우리의 실패와 연약함이 달아나 버립니다. 우리 하나님은 능력과 빛과 계시의 하나님이시며 우리에게 천국을 예비해 주시는 하나님이십니다. "여러분의 생명은 그리스도와 함께 하나님 안에 감추어져 있습니다. 여러분의 생명이신 그리스도께서 나타나실 때에, 여러분도 그분과 함께 영광 가운데 나타날 것입니다." (골로새서 3:3-4)

> 땅에 있는 우리의 장막 집이 무너질 때에는, 하나님께서 마련하신 집, 곧 사람의 손으로 지은 것이 아닌, 하늘에 있는 영원한 집이 우리에게 있는 줄을 압니다. 우리는 이 장막 집에서 신음하며, 하늘로부터 오는 우리의 집으로 덧입기를 갈망하고 있습니다. 우리가 이 장막 집을 벗을지라도 벌거벗은 몸으로 드러나지 않을 것입니다. 우리는 이 장막에서 살면서, 무거운 짐에 눌려서 신음하고 있습니다. 우리는 이 장막을 벗어버리기를 바라는 것이 아니라 그 위에 덧입기를 바라는 것입니다. 그것은 죽을 것이 생명에 삼킴을 받게 하려 함입니다. 이런 일을 우리에게 마련해 주시고 그 보증으로 성령을 우리에게 주신 분은 하나님이십니다.
> (고린도후서 5:1-5)

하나님의 말씀은 너무도 대단합니다. 그 말씀은 그 어떤 것들을 생산해내는 능력을 소유하고 있습니다. 말씀에는 우리에게 하나님의 것들이 부어지게 하는 힘이 있습니다. 우리는 하나님의 말씀으로 인하여 천국으로 가게 되었습니다. 우리는 그분의 십자가의 피로 인하여 평화를 얻었습니다. 우리가 말씀을 깨달음으로 그리스도의 구속이 우리의 것이 되었습니다. 하나님의 말씀에 "입으로 예수는 주님이라고 고백하고 하나님께서 그를 죽은 사람들 가운데서 살리신 것을 마음으로 믿는 사람은 구원을 얻을 것입니다."(로마서 10:9)라고 약속되어 있기 우리가 구원받게 된 것입니다.

내가 성령의 세례를 받았다는 것을 확신하는 이유는 예수님께서 "성령이 너희에게 내리시면 너희는 권능을 받게 될 것이다."(사도행전 1:8)라고 말씀하셨기 때문입니다. 여러분이 원하는 단 하나는 오직 성령으로 채움 받고 하나님으로 채움 받는 것이어야 합니다.

방언 통역

죄의 법과 사망의 법에서 우리를 자유하게 하시려고 하나님께서 자신의 말씀을 우리에게 주셨습니다. 우리가 죽지 않으면 살 수 없고, 우리의 죄의 속성이 종결되어 지지 않으면 하나님이 우리를 쓰실 수 없습니다.

믿음의 중요성

성령님께서는 멋진 계획, 천국적인 계획을 갖고 계십니다. 성령님은 우리에게 예수의 왕 되심, 하나님의 성품 및 예수 피에 대해 계시해 주십니다. 내 속에 계신 성령님이 계시해주셔서, 나는 하나님이신 예수가 인간의 몸을 입고 이 땅에 오셨다는 사실을 알게 되었습니다. 예수님은 성령에 의해 움직이셨고 성령의 의해 인도함 받으셨습니다. 어떤 사람들은 성경을 보지만 성경으로부터 아무런 유익을 얻지 못합니다. 그 이유는 믿음이 부족하기 때문입니다(로마서 9:6-8). 우리는 하나님의 말씀에 대한 살아있는 믿음, 성령의 능력이 우리를 소생하게 한다는 살아있는 믿음을 갖고 있어야 합니다.

구원받아도 인간이 본래 갖고 있던 인간의 영(a human spirit)을 버리지 못하고 사는 사람들이 있습니다. 그런 사람들은 구원받을 받아도 자신이 버리지 않고 갖고 있는 인간의 영으로 성령을 대적합니다. 인간의 영은 하나님의 법에 굴복하지 않는데, 그 이유는 인간의 영은 하나님의 영에 굴복할 수가 없기 때문입니다. 예수님의 제자들이 한번은 하늘에서 불이 내려오도록 하려고 시도하였습니다. 그러자 예수님께서는 제자들을 꾸짖으시면서 너희는 *"너희가 어떤 영에 속해 있는 줄을 모르고 있구나."* (누가복음 9:55)라고 말씀하셨습니다. 예수님의 이 말씀은 인간의 영은 하나님의 영에 굴복하지 않는다는 사실을 시사하고 있습니다.

성령님은 오직 한 가지 목적만을 성취하기 위해 우리에게 오셨습니다. 그 목적은 바로 예수님을 우리에게 계시해 주는 것입니다. 예수님께서는 *"자기를 비워서.... 사람과 같이 되셨습니다."* (빌립보서 2:7). 그리고 죽기까지 순종하셨습니다(8절). 그래서 하나님께서는 예수님을 순종과 양보의 표준으로 삼아, 믿는 모든 사람들이 그분을 본받도록 하시기 위해, 그분을 높이 들어 올리셨습니다. 하나님께서는 그분이 찬양받도록 하기 위해, 그분에게 모든 이름들 위에 뛰어난 이름을 주셨습니다. *"이런 일을 우리에게 마련해 주시고 그 보증으로 성령을 우리에게 주신 분은 하나님이십니다."* (고린도후서 5:5) 성령은 인간의 부패함을 가려주시고 하나님의 마음과 대치되는 모든 것들을 없애십니다. 이 세상 마지막 날인 주님의 날에 하나님께서 성령에 의해 준비된 육체들을 맞이하실 것입니다.

여러분, *"우리는 이 장막 집에서 신음하며, 하늘로부터 오는 우리의 집으로 덧입기를 갈망하고 있습니다."* (2절)라는 성경 구절은 바울이 예수님의 다시 오심과 관련된 말을 하고 있는 구절이라고 생각하십니까? 어느 정도는 그렇습니다만 근본적으로 보면 그렇지 않습니다! 성령님이 교회를 예수님의 온전한 신부로 회복시키시기 위해 우리에게 오셨습니다. 성령님은 우리가 우리 자신을 완전히 비우고 오직 우리가 그분에게만 순복하기를 간절히 바라십니다. *"성령으로 감동하지 않고서는 아무도 "예수는 주님이시다"라고 말할 수 없습니다."* (고린도전서 12:3) 성령님은 우리 안에 계신 그리스도를 계시해 주시기 위해 오셨습니다. 그분이 그리스도를 우리에게 계시해 주시면 우리 속에서 하나님의 영광스런 생명의 물이 흘러나와 우리의 메마른 심령이 적셔지게 됩니다.

"그리스도께서 여러분 안에 살아 계시면, 여러분의 몸은 죄 때문에 죽은 것이지만, 영은 의 때문에 생명을 얻습니다." (로마서 8:10)

방언 통역

하나님께서 율법으로부터의 자유를 선포하십니다. 만일 우리가 세상을 사랑하면 하나님 아버지의 사랑은 우리 안에 없게 됩니다.

"세상에 있는 모든 것, 곧 육신의 욕망과 눈의 욕망과 살림살이의 자랑거리는 아버지께로부터 나온 것이 아니라, 세상으로부터 나왔습니다." (요한일서 2:16).

성령님이 우리에게 호흡으로 들어오실 때 우리는 새로운 차원의 새로운 존재가 됩니다. 성령님이 오셔서 우리의 삶에서 예수님이 온전케 되는 생명의 비전을 주셨습니다.

"하나님께서 우리를 구원하여 주시고, 거룩한 부르심으로 불러 주셨습니다. 그것은 우리의 행실을 따라 하신 것이 아니요, 오직 하나님의 계획과 은혜를 따라 하신 것입니다. 이 은혜는 영원 전에 그리스도 예수 안에서 우리에게 주신 것인데, 이제는 우리 구주 그리스도 예수의 나타나심으로 밝히 드러났습니다. 그리스도께서는 죽음을 폐하시고 복음으로 생명과 썩지 않음을 밝히 보이셨습니다." (디모데후서 1:9-10)

구원받은 우리는 거룩한 부름으로 부르심을 받은 성도입니다. 그러므로 우리는 하나님처럼 순결하고 거룩한 자들입니다. 우리는 능력을 소유한 하나님의 자녀들입니다. 이러한 일은 예수가 오래 전에 죽음을 멸함으로 가능하게 되었습니다. 이러한 사실이 복음 전파를 통해 사람들에게 알려졌는데, 그 복음은 우리에게 죽지 않을 수 있는 길을 제시해 주는 복음입니다. 없어져야만 하는 것은 인간의 방해물인 죽음입니다. 이제 죄는 여러분 위에 더 이상 군림할 수 없습니다. 그리스도 안에서 통치하는 자는 바로 여러분입니다. 여러분이 그분이 시작하신 일을 끝마쳐야 합니다. 한 주 내내 신음 소리를 내며 고통 가운데 살지 마십시오. *"믿기만 하십시오."* (마가복음 5:36) 그 어떤 특별한 것을 갖기 위해 금식하지 마시고 단지 *"믿기만 하십시오."* 하나님은 여러분이 일단 작은 믿음이라도 가지시면, 그보다 더 큰 믿음을 주십니다. *"하나님을 믿으십시오."* (마가복음 11:22) 하나님 안에서 자유롭게 되길 원하시면 믿으십시오! 믿으시면 믿는 것을 받게 됩니다(마태복음 9:29).

"잠자는 자여 일어나십시오." (에베소서 5:14) 빛으로 옷 입고 눈을 크게 뜨십시오. *"여러분이 그리스도와 함께 살려 주심을 받았으니 위에 있는 것들을 추구하십시오. 거기에는 그리스도께서 하나님의 오른쪽에 앉아 계십니다."* (골로새서 3:1) 사랑하는 여러분, 여러분 자신을 흔들어 깨워 일어나게 하십시오. 여러분은 현재 어디에 계십니까? 여러분은 예수님과 함께 살아났습니다. "여러분 자신"이라는 씨(seed)는 예수님 안에 심겨졌습니다. 여러분은 현재 예수님과 함께 있습니다. 하나님은 여러분을 신뢰하십니다. 여러분은 그분을 믿습니다. 여러분이 하나님을 의심할 이유는 하나도 없습니다.

방언 통역

왜 여러분은 믿음이 지배할 때 의심하십니까? 하나님은 우리의 믿음을 통해 모든 것을 가능하게 하십니다. 사탄이 성령을 받은 수많은 사람들에게 의심을 집어넣지 않았습니까? 의심하지 말고 믿으십시오! 하나님 안에는 권세와 능력이 있습니다. 누가 담대히 하나님을 믿으시겠습니까?.

의심의 길을 떠나 믿음 승리의 길로 걸어가십시오. 예수님께서 70명의 제자들을 파송하셨습니다. 얼마가 지나자 파송 받은 제자들이 승리를 갖고 예수님에게 돌아왔습니다(누가복음 10:1-17). 하나님이 계셔야 마귀를 이기고 승리할 수 있습니다. 하나님의 능력으로 모든 병자들을 고치고 모든 질병을 없앨 수 있다는 사실을 우리 모두 의심 없이 믿읍시다. 모든 영혼이 예수의 생명의 씨를 받을 수 있다는 사실도 믿읍시다. "의로운 사람들은 그분의 길을 따릅니다.(The righteous will hold to his way.)"(욥기 17:9) 하나님께서는 자신을 위해, 의로운 자를 안전하게 지켜주십니다(시편 4:3). 그러므로 당당하게 고개를 치켜드십시오. 마귀는 생각하기 조차 싫은 과거를 다시 생각나게 해서 여러분들을 주눅 들게 만듭니다. 반면에, 하나님께서는 한번 용서하신 일에 대해서는 절대로 다시 기억해내지 않으십니다. 그분은 잊어버리시는 하나님이십니다.

성령으로 채움 받기

하나님은 우리를 기둥으로 만드시길 원하십니다. 거룩하고 강하고 존경받는 기둥으로 말입니다. 나는 내가 하나님이 쓰시는 기둥이 될 수 있다는 생각에 매료되어있습니다. 하나님께서는 여러분이 구원받았고 깨끗이 씻음 받았고 축사 받았기에 승리의 삶을 살 수 있게 되었다는 사실을 확실하게 알게 되기를 원하십니다. 하나님은 그러한 사실들을 확실하게 믿을 수 있는 믿음을 여러분에게 주셨습니다. 하나님은 여러분에 대해 장래 계획을 갖고 계십니다. *"위에 있는 것들을 생각하십시오."* (골로새서 3:2). 그리스도와 함께 하늘의 곳으로 들어가십시오. *"이 시대의 풍조를 본받지 말고, 마음을 새롭게 함으로 변화를 받으십시오."* (로마서 12:2).

예수라는 이름만을 반복해서 중얼거리지 마십시오. 우리가 기도하면 곧바로 하늘이 열려서 하늘 영광이 내려오고, 불이 하늘에서 내려와서 더러운 것을 살라버리고, 우리의 믿음이 증가하고, 빛이 어두움을 쫓아내는 일들이 일어납니다. 우리가 그런 일들이 일어나도록 할 수 있는 특권은 하나님이 우리에게 주신 놀라운 특권입니다. 죽음이 무엇입니까? 죽음은 방해물입니다. 그러나 예수의 생명이 죽음을 없애버렸습니다.

성경의 사도행전은 성령을 받은 것에 관한 기록을 담고 있습니다. 이와는 달리 성경의 서신서들은 이미 성령 세례를 받은 성도들에게 쓰인 편지들로 구성되어 있습니다. 내가 뉴질랜드에 갔었을 때 믿는 사람들이 나에게 와서 성령 세례에 관해 질문하였습니다. 그들은 서신서를 인용하며 나에게 질문을 던졌습니다. 나는 우리가 사도행전의 사건을 경험하지 않고서는 절대로 서신서의 사건을 경험할 수 없다고 믿는 사람입니다. 그래서 나는 그들에게 고린도전서 14장 2절 말씀을 근거로 그들에게 "여러분들이 성령으로 비밀(방언)을 말하게 된 것이 언제부터입니까?" 라고 물어보았습니다. 나의 질문에 사람들은 대답을 하지 못하였습니다. 알고 보니 그들은 성령 세례를 받지 못한 사람들이었습니다.

예수님은 빛이시고 생명을 갖고 계신 분이십니다. 이 빛을 갖고 있는 사람들은 어두움 가운데 다니지 않습니다. "여러분의 생명이신 그리스도께서 나타나실 때에, 여러분도 그분과 함께 영광 가운데 나타날 것입니다."(골로새서 3:4) 그분의 생명이 있는 곳에서는 병이 존재할 수 없습니다. 우리 속에 계신 분은 다른 어떤 것들보다 크신 분이지 않습니까? 예수는 만유보다 크신 분이십니까? 그렇습니다. 예수는 이 우주 만물을 운행하고 계시는 분이십니다. 만일 우리가 하나님이 허락하고 있지 않은 일을 한다면 우리는 사탄을 대적할 수 있는 힘을 상실하게 됩니다. 우리는 성경 말씀으로 우리 자신을 잘 살핌으로, 예수께서 오실 때에 이 세상 사람들과 함께 심판당하는 일이 없어야 하겠습니다.

우리의 생명이신 예수님은 우리에게 다시 나타나십니다. 내가 그분 없이 어찌 살 수 있고, 그 분 없이 어찌 기뻐할 수 있으며, 그분 없이 어찌 교제할 수 있겠습니까? 예수님께서는 "이 세상 통치자가 가까이 오고 있다. 그는 나를 어떻게 할 아무런 권한이 없다."(요한복음 14:30)고 말씀하셨습니다. 하나님 아들의 생명이 우리 속에 거하심으로 우리 속에 있는 하나님을 대적하는 모든 것들은 말라 죽게 됩니다.

우리는 이 장막에서 살면서, 무거운 짐에 눌려서 신음하고 있습니다. 우리는 이 장막을 벗어버리기를 바라는 것이 아니라 그 위에 덧입기를 바라는 것입니다. 그것은 죽을 것이 생명에 삼킴을 받게 하려 함입니다. (고린도후서 5:4)

여러분 준비되셨습니까? 성령으로 옷 입으셨습니까? 여러분의 죽음이 생명에게 삼킨바 되었습니까? 우리의 생명 되신 그분이 오신다면, 우리는 그분을 따라 가야합니다. 나는 주님을 알고 있습니다. 나는 주님이 나에게 손을 얹으셨다는 사실을 알고 있습니다. 그분은 나를 성령으로 채워주셨습니다.

주님께서 나에게 손을 얹으셨습니다. 그때 마치 온 세상이 천국으로 변화되는 것 같이 느껴졌습니다. 천국이 나에게 임했습니다. 나는 지금 행복하고 자유합니다. 그 이유는 위로자 성령께서 나에게 오셨기 때문입니다. 위로자 성령 하나님은 하나님의 나라를 우리에게 계시해주시는 분이십니다. 그분은 우리에게 부요한 생명을 주시기 위해 오셨습니다. 그분이 우리를 사랑하시면 우리에게는 그 어떤 것도 문제되지 않습니다. 하나님은 우리를 위해 하늘 창고를 준비해 놓으셨습니다. 심령이 가난한 사람은 하나님을 보게 될 것입니다. 성령 안에 있으면 관절염도 없어지고 기침하는 것도 사라지고 통증도 없어집니다. 만일 우리가 성령으로 충만 받으면 그 어떤 것도 우리를 아프게 할 수 없습니다.

"예수를 죽은 사람들 가운데서 살리신 분의 영이 여러분 안에 살고 계시면, 그리스도를 죽은 사람들 가운데서 살리신 분께서 여러분 안에 계신 그분의 영으로 여러분의 죽을 몸도 살리실 것입니다." (로마서 8:11)

세상을 벗하지 않고 하나님께 의존하는 삶을 살면 영광으로 들어가게 됩니다. 죄와 죽음의 법에서 자유함으로 영이 자유하면 매일 매일을 기쁘게 살 수 있습니다. 완전한 성령의 법이 죄의 법을 파괴합니다. 우리 모두가 영의 사람이 되면 이 땅에 하늘이 임해 병이 물러가고 심지어는 우리가 육체를 가지고 있다는 사실조차 잊어버리게 됩니다. 하나님의 생명이 우리를 변화시켜 우리를 하늘의 영역(heavenly realm)으로 인도합니다. 우리는 이 하늘의 영역에서 무한한 권세와 초자연적인 능력으로 모든 악한 세력들을 제어하게 됩니다.

　육신이 멸해질수록 성령은 새롭게 됩니다. 몸과 마음이 하나가 되면 성령의 능력이 증가하여 영광이 내려오게 되어 온 땅을 덮게 됩니다. 그래서 모든 사람들이 신적 생명을 소유하게 됩니다. 현재라도 모든 육체가 성령으로 채움 받으면 오순절 사건이 재현되는 일이 일어납니다. 그래서 우리가 어디를 가던 주님의 생명이 나타납니다. 우리가 버스를 타도 기차를 타도 예수의 생명이 우리에게서 나타납니다. 우리의 육체가 성령으로 채움 받으면 예수의 생명과 소망이 우리 안에 가득차서 우리의 영혼이 하나님의 영광을 바라고 기뻐하게 됩니다(로마서 5:2). 또한 항상 천국의 형상으로 변화 받는 것을 소망하게 됩니다. 마치 자석이 쇠붙이를 끌어당기듯이 우리 안에 있는 주님의 생명이 우리를 끌어당겨 우리의 육적 속성들을 제거하고 우리를 주님의 생명으로 채워주게 됩니다.

　성령이 내 속에서 항상 흘러 넘쳐나는 삶을 살아야 합니다. 그렇게 살지 않는 삶은 하나님이 기뻐하지 않으십니다. 우리가 성령으로 채움 받고 다시 평범한 계획의 일부가 되어버린다면 그것은 치욕입니다. 우리는 이 세상에서 빛과 소금입니다. 우리는 이 세상에서 차지도 덥지도 않은 미지근한 존재가 아닙니다(요한계시록 3:16). 우리는 이 세상에서 하나님 보기를 강력히 소망하고 자유와 능력과 하나님의 부흥을 소원하는 뜨거운 존재가 되어야 합니다. 믿으십시오! 믿으십시오! 아멘.

제 6 장

약속된 시간: 죽음으로 얻는 생명
(The Appointed Hour: Life out of Death)

성만찬은 우리로 하여금 주님의 죽으심을 기억하도록 해주기 때문에 우리에게 매우 축복된 것입니다. 성만찬이 있는 예배가 우리가 주님을 기억해 (또는 축복해) 드리는(render) 예배인 반면, 성만찬이 없는 예배들은 우리가 주님으로부터 축복을 받는 예배입니다. 예수님께서, *"너희는 이것(성만찬)을 행하여 나를 기억하여라."* (누가복음 22:19)고 말씀하셨습니다. 우리는 그분의 죽으심과 승리를 기억하기 위해 그리고 영광스러운 소망을 바라보기 위해 서로 모여 성만찬을 해왔습니다. 여러분이 가지고 있는 모든 종교의 허울을 벗어버리십시오.

그동안 소위 종교라는 것이 예수에 관계된 좋은 것은 항상 다 죽여 버렸습니다. 사탄이 유다에게 들어왔을 때 유다를 통해 마귀가 말할 수 있었던 사람들은 슬프게도 제사장들 뿐이었습니다. 그 결과 제사장들은 그 당시 예수를 죽일 음모를 꾸미는 데 유다를 이용하였고, 마귀는 제사장들의 돈을 예수를 죽이는 데 사용했습니다. 우리는 우리 자신이 바른 영을 갖고 있는지 아닌지를 알고 있어야 합니다. 그리스도의 성령의 사람은 절대로 다른 사람들을 핍박하지 않습니다. 예수의 성령을 진정으로 갖고 있는 사람은 자기의 형제들을 죽이지 않습니다. 예수를 진정으로 따르는 사람은 예수를 배반할 수 없습니다. 만일 여러분이 예수를 제대로 믿는다면, 사람들을 증오하거나 미워할 수 없고, 예수 믿는 사람들을 핍박할 수 없습니다.

우리가 조금이라도 경계를 늦추면 불신을 가져다주는 악한 영이 우리에게 들어오게 됩니다. 우리가 주님의 생명이 우리를 인도하도록 우리를 온전히 내어주지 않으면 우리는 금방 상대방에 대해 적개심을 갖게 됩니다. 예수님께서 예루살렘으로 올라가실 때 어떤 마을을 통과하시려고 계획하셨던 것을 기억해 보십시오. 예수님이 그 마을을 통과만 하려고 한다는 사실을 알게 된 마을 사람들은 예수가 통과하는 것을 거절하였습니다. 이런 사실을 알게 된 예수님의 제자들이 "주님, 불이 하늘에서 내려와 그들을 태워 버리라고 우리가 명령하면 어떻겠습니까?" (누가복음 9:54)라고 예수님에게 물어보았습니다. 이에 예수님께서는 제자들을 향해 "너희는 너희가 어떤 영에 속해 있는 줄을 모르고 있구나."(55절)라고 말씀하시며 제자들을 꾸짖으셨습니다. 예수님께서는 그들 안에 잘못된 영이 있음을 알고 그들을 꾸짖으신 것입니다.

여러분들도 만일 이와 같은 잘못된 영이 있다면 지금 이 시간 잘못된 영들을 다 내어 쫓기를 위해 기도합시다. 여러분의 예수에 관한 이해는 순결한 사랑에서 나온 것이어야 합니다. 예수를 순결한 사랑으로 사랑하고 싶다면 몸과 영과 혼을 다해 죽기까지 예수를 사랑해야 합니다. 만일 우리가 하나님의 뜻에 따라 살기를 원한다면 우리는 그분께서 지시하시는 바에 따라 살아야합니다. 만일 여러분들이 그리스도의 능력 있는 사역에 대해 간절히 알기 원한다면 먼저 예수의 가르침에 따라 살아야합니다. 그래서 그분이 말씀하신 모든 것이 우리의 삶을 통해 이루어져야합니다.

하나님의 마음 알기

예수님께서는 자기의 제자들에게 하나님의 능력이 인간의 한계를 초월하는 것들을 보여주시고 이에 관해 가르쳐주셨습니다. 세금을 바치는 것에 대해 예수님께서는 베드로에게, "우리는 조세를 바치지 않고도 예루살렘에 들어갈 수 있지만 조세를 내겠다."(마태복음 17:24-27을 보십시오)고 말씀하셨습니다. 나는 예수님의 그러한 견해를 좋아합니다. 예수님께서는 어느 상황에 처하시건 항상 옳은 결정을 하셨습니다. 그러한 예수님의 본보기는 내가 살아가는데 많은 도움이 됩니다. 예수님께서는 이러한 말씀을 하신 후 베드로에게 하기 힘든 일을 시키셨습니다. 즉 그분은 베드로에게 "네가 바다로 가서 낚시를 던져, 맨 먼저 올라오는 고기를 잡아 그 입을 벌려 보아라. 그러면 은전 한 닢이 그 속에 있을 것이다. 그것을 가져다가 나와 네 몫의 세금으로 바쳐라."(27절)라고 지시하셨습니다.

이러한 지시에 대한 순종은 베드로가 예수님의 명령대로 순종하였던 여러 순종들 중에서 가장 힘든 순종이었을 것입니다. 베드로는 평생 동안 고기잡이하였던 사람으로 물고기의 입에서 동전을 꺼내본 적은 한 번도 없었을 것입니다. 바다에는 셀 수 없을 만큼 많은 고기들이 있지만 입에 은전을 물고 있는 고기는 한 마리밖에 없었을 것입니다. 그는 바다로 나가면서 '도대체 어떻게 그런 일이 생길 수 있단 말인가?' 하고 누구나 하였을 생각을 하였을 것이 분명합니다. 그러나 예수님께서 말씀하셨으니 그런 일은 일어날 수밖에 없습니다. 그러나 베드로는 '바다에는 수많은 물고기가 있는데, 은전을 입에 물고 있는 물고기를 어떻게 잡지?' 라고 생각하고는 좀 황당했을 것입니다. 믿는 여러분들이여, 하나님이 그렇게 된다고 말씀하시면 그렇게 됩니다. 여러분들이여, 하나님의 마음과 하나님의 말씀을 이해하려면, 하나님이 어떤 지시의 말씀을 여러분들에게 하실 때 의심을 가지고 망설이거나 인상을 쓰지 마십시오. 하나님이 주시는 계시의 능력에 대해 알면 알수록 모든 두려움은 달아나게 됩니다. 하나님을 안다는 것은 승리의 장소에 서는 것과 같은 것입니다. 베드로는 바다로 나가면서 정말 처음으로 잡힌 물고기의 입에서 은전이 나올까 의심을 하였지만 주님의 말씀에 의존하여 낚시를 하였습니다. 낚시로 물고기를 잡았고, 그 물고기 입에서 은전이 나왔습니다. 때론 눈먼 상태에서 하는 순종이 승리를 가져다줍니다. 때때로 우리 마음속에서 당황스러움이 생길 수도 있습니다. 순종이란 하나님이 문제를 해결하시도록 하는 것입니다. 베드로가 낚싯대를 바다에 던졌습니다. 여러분이 바다 속에서 있는 은전을 문 물고기가 다른 물고기를 제치고 베드로가 던진 낚시 밥을 먹기 위해 달려가는 모습을 보게 된다면 꽤나 놀랄 것입니다. 하나님은 그 수많은 물고기들 중에서 한 마리를 원하셨습니다. 하나님께서는 이 세상에 있는 그토록 수많은 사람들 중에서 바로 당신에게 손을 얹기 원하십니다. 하나님께서 여러분에게 개인적으로 어떤 약속의 말씀하셨으면 그 분의 약속의 말씀대로 됨을 믿으십시오.

한번은 예수님께서 베드로에게 어떤 마을로 가면 물동이를 메고 가는 한 남자를 만나게 될 터인데, 그 남자를 만나게 되면 그 남자를 따라가라고 지시하셨습니다(마가복음 14:13). 그 당시 동양에서는 남자는 머리에 무엇을 이고 가지 않는 것이 일반적이었습니다. 그 당시는 대부분의 경우, 여자가 머리에 무엇을 이고 다니던 그런 시대였습니다. 그러나 예수님께서는 머리에 물동이를 이고 가는 한 남자를 만날 것이라고 말씀하신 겁니다.

나는 예수님이 제자들에게 어떤 장소에 가서, 그 곳에 메여있는 당나귀를 가져오라고 지시하시기 전에 미리 그 장소에 가서 당나귀를 메어 놓았다고 주장하는 설교를 들은 적이 있습니다. 나는 또한 어떤 설교가가 예수님께서 빵 다섯 덩어리로 수천 명을 먹인 것은 그렇게 어렵지 않았는데, 그 이유는 그 당시 빵 덩어리는 그 크기가 너무도 컸기 때문이라고 설교하는 것을 들은 적이 있습니다. 그 설교가는 빵 다섯 덩이를 갖고 있던 사람은 나이어린 소년이라는 말은 끝내 하지 않았습니다. 불신은 우리를 장님으로 만듭니다. 그러나 믿음은 벽 너머에 있는 것을 보게 합니다. 믿음을 가진 자는 하나님의 능력을 믿기 때문에 어려움이 닥쳐와도 웃을 수 있습니다.

예수님의 제자들이 예수님이 지시하는 마을로 들어가서, 물동이를 이고 가는 한 남자를 만났습니다. 그래서 그 사람에게 "예수님이 제자들과 함께 유월절 음식을 먹을 사랑방이 어디에 있습니까?"(14절)라고 물어보았습니다. 당신이 만일 이와 동일한 질문을 생전 처음 보는 사람으로부터 받게 된다면, 아마도 당신은 그런 질문을 한 사람에게, "당신이 하는 말이 무슨 말인지 도통 못 알아듣겠습니다."라고 대답하였을 것입니다. 그러나 물동이를 이고 가던 이 남자는 "누가 쓸 수도 있을지 모른다는 생각이 들어 내가 그 방을 준비해 놓았습니다."라고 대답하였습니다. 하나님께서 어떤 일을 준비해 놓으시면, 그 일은 모든 것이 그분의 계획대로 척척 맞아 떨어지도록 진행됩니다. 그 이유는 하나님께서 그런 일들이 우리의 순종을 통해 척척 일어나도록 미리 계획해 놓으셨기 때문입니다. 하나님은 오늘날도 그런 일들이 일어나게 하실 수 있으시다는 사실을 여러분들은 믿을 수 있으십니까? 여러분이 수일 동안 머리를 싸매고 아무리 골똘히 생각해봐도 해결의 실마리가 보이지 않는 일을 하나님께서는 단번에 해결하실 수 있으십니다. 하나님은 여러분이 어두움 속을 헤매고 있을 때에도 여러분을 어두움 속에서 건져주시기 위해 여러분과 함께 계십니다. 하나님께서는 하나님을 사랑하는 자에게 일어나는 모든 어려운 일들이 결국은 선한 것으로 종결되어지도록 해주십니다(로마서 8:28). 그분은 자신의 계획을 어떻게 진행시켜나가야 할지를 확실하게 알고 계십니다. 그런 하나님의 역사가 여러분에게서 매일 일어나도록 하십시오.

오, 그토록 대단한 하나님을 의지하고, 그 하나님 안에서 산다는 것이 얼마나 행복한지요! 하나님 안에서 사는 것과 나의 추측과 막연한 희망 안에서 사는 것은 무척이나 차이가 납니다. 희망과 추측보다 더 나은 삶이 있습니다. "하나님을 아는 백성은 용기 있게 버티어 나갈 것입니다."(다니엘서 11:32). 하나님은 우리가 하나님을 알게 되기를 원하십니다.

약속된 시간 (The Appointed Hour)

"시간이 되어서 예수께서 자리에 앉으시니, 사도들도 그와 함께 앉았습니다."(누가복음 22:14). "시간이 되어"라는 표현에서 말하는 "시간"은 가장 귀한 시간입니다. 인간의 역사를 구성하는 시간 중 이와 같은 귀한 시간은 결코 없었습니다. 그 시간은 무슨 시간입니까? 그 시간은 예수님이 십자가에 달려 죽으시는 시간입니다. 그 시간은 모든 피조물이 예수의 피로 덮이는 시간이고, 이 땅에 존재했던 모든 존재들이 예수의 영광스런 피 덮개 아래에 있게 되는 시간입니다. 그리고 그 시간은 마귀의 권세가 파멸되는 시간입니다. 죽음에서 생명이 나타나는 하나님의 약속된 시간입니다. 모든 세상이 해방을 맞이하는 시간이고 인간의 역사에서 어두움과 혼돈함이 사라지는 시간입니다. 아주 놀랍고도 귀중한 시간입니다. 그런 시간을 주신 하나님을 높여드립니다! 그 시간은 어두움의 시간일까요? 그분에게는 어두움의 시간이지만 우리에게는 놀랍도록 밝은 빛이 동트듯이 밝아오는 시간입니다. 그러나 그 시간은 하나님의 아들에게는 엄청나게 어두운 시간이었습니다. 그분은 이 어두운 세상으로 예수님을 보내주신 하나님을 찬양합니다.

성경에서 나를 크게 감동시키는 것들이 있습니다. 나는 바울이 인간이라는 사실이 기쁩니다. 예수께서 인간이 되셨다는 사실이 기쁩니다. 다니엘이 인간이었다는 사실이 기쁩니다. 그리고 요한도 인간이었다는 사실이 나를 기쁘게 합니다. 지금 여러분이 나의 이런 말들에 대해 나에게 "왜요?"라고 묻고 계시는군요. 대답해 드리겠습니다. 왜냐하면 하나님께서 그런 사람들에게 어떤 큰 일들을 행하셨다면 동일한 일을 나에게도 행하실 수 있기 때문입니다. 나는 하나님께서 그런 사람들에게 행하셨던 놀랍고도 위대한 일을 나에게도 행하시기를 항상 기대하며 살아오고 있습니다. 여러분들도 나와 동일한 생각을 하셨으면 좋겠습니다. 그런 생각을 하는 것이 나에게 많은 유익을 줍니다.

내가 하는 말에 귀를 기울이고 들어보십시오. 예수님께서는 그처럼 힘든 시간에 *"내가 고난을 당하기 전에 너희와 함께 이 유월절 음식을 먹기를 참으로 간절히 바랐다."* (누가복음 22:15)고 말씀하셨습니다. 예수님께서 간절히 원하셨다고 하셨습니다. 예수님께서 뭘 간절히 원하셨습니까? 그분은 세상이 구원받기를 간절히 원하셨습니다. 사탄의 권세가 무너지기를 간절히 원하셨습니다. 그분은 마귀에게 승리하셔서 이 땅의 모든 사람들이 자유하게 되기를 원하셨습니다. 그분의 그러한 원하심과 십자가를 통한 성취 사이에는 무엇이 놓여있습니까? 그 분의 그러한 원하심과 십자가 사이에는 겟세마네가 있습니다.

어떤 분들은 예수가 십자가에서 죽었다고 말합니다. 그 말은 사실입니다. 그러나 그분은 단지 십자가에서만 죽으셨습니까? 예수님은 겟세마네 동산에서도 역시 죽으셨습니다. 주님은 끔찍할 정도로 힘든 시간을 겟세마네에서 보내셨습니다. 겟세마네는 주님께서 빚을 청산하신 곳입니다. 겟세마네는 주님과 십자가 사이에 있는 장소입니다. 그분은 제자들과 함께 유월절 식사를 하기 원하셨습니다. 그분은 자신과 십자가 사이에 고통의 겟세마네가 있는 것을 아셨습니다.

　나는 여러분이 겟세마네에 대해 깊이 묵상하시기를 바랍니다. 주님께서는 홀로 전 인류의 모든 죄와 병의 결과들을 몸에 지시고 겟세마네에서 *"나의 아버지, 하실 수만 있으시면, 이 잔을 내게서 지나가게 해주십시오."* (마태복음 26:39)라며 울부짖으셨습니다. 하나님이신 예수가 인간이 되실 수밖에 없었던 이유는 하나님은 죄를 가질 수 없는 존재이기 때문입니다. 하나님이신 그분은 인간의 죄를 갖기 위해 하나님이 아닌 인간으로 이 세상에 올 수밖에 없었습니다. 겟세마네에서 예수님께서는 어두움과 혼동의 크나큰 무게에 짓눌리셨지만 당당히 그 짓눌림을 이겨내셨습니다. 그분은 *"진리를 증언하려고 세상에 왔다."* (요한복음 18:37)는 본인의 말씀처럼 죽음으로 우리에게 진리를 주시기 위해 오셨고 결국 흑암을 이기셨습니다. 그분은 죽으시기 위해 이 세상에 오신 분이십니다.

　오, 하나님을 믿는 여러분들이여, 여러분은 한번이라도, 한순간이라도 그리스도를 죽기까지 섬기기 원하는 열망을 입에 올리거나 상상해 본 적이 있습니까? 당신은 어떤 상황에서라도 당신의 십자가를 온전히 지고 굴욕의 자리에 있기 위하여, 유월절 음식을 제자들과 함께 먹는 것이 무엇을 뜻하는지 알면서도 그들과 함께 먹길 바랬던 예수님을 위해서 그 무엇도 항복하며 자신을 낮출 수 있겠습니까? 마음 속 깊은 곳으로부터 그분을 진정 사랑하는 마음이 나오지 않고서는 우리는 예수님에게 "주님 내가 당신만을 따르겠습니다."라고 말할 수 없습니다.

영적 계시

　오, 형제자매들이여, 여러분들이 방금 마음속으로 "주님 내가 당신만을 따르겠습니다."라고 결정하신 것에 대해 하나님께서는 매우 기뻐하고 계십니다! 하나님은 여러분의 속마음을 다 알고 계십니다. 여러분은 하나님께 자신의 속마음을 알려드리기 위해 지붕으로 올라가 하늘을 향해 소리칠 필요가 없습니다. 여러분들이 그렇게 하지 않아도 그분은 여러분의 속마음을 다 알고 계십니다. 어떤 분은 "나를 구원하시기 위해서 그토록 큰 고통을 당하신 주님을 위해 나도 주님처럼 고통당해야겠다는 생각이 나에게는 없습니다."라고 속으로 고백했을 수도 있습니다. 그런 분들을 향해서 지금 예수님께서는 *"너희와 함께 이 유월절 음식을 먹기를 참으로 간절히 바란다."* 라고 말씀하고 계십니다(누가복음 22:15).

　나는 내 속에 하나님의 나라가 있다는 것이 무슨 뜻인지에 대해 잘 알고 있습니다. 예수님께서는 하늘나라에서는 아무리 작은 자라도 세례 요한보다는 크다고 말씀하셨습니다(마태복음 11:11). 하늘나라에 있는 자는 예수의 피 아래에 있는 자요, 믿음의 눈으로 주님을 본 자요, 예수의 구속으로 인해 자신이 하나님의 아들이 되었다는 사실을 확실하게 아는 자입니다. 예수님께서는 우리가 예수님과 함께 천국에 같이 있게 될 때까지는 포도주를 마시지 않으시기로 하셨습니다. 예수의 피로 구원받은 수없이 많은 성도들이 함께 천국에 모여서 그분과 함께 대단한 잔치를 벌이기 전까지는 결코 이 땅에서 하나님 나라의 확장이 끝나는 법이 없습니다. 우리는 그날 그곳에서 큰 잔치를 벌일 것입니다. 나는 천국에서 벌어질 큰 잔치에 대해 생각할 때마다 가슴이 뜁니다.

여러분들이여, 하나님과 함께 한 걸음 앞으로 더 전진하십시오. 그리고 그러한 일이 일어날 것이라는 사실을 믿으십시오. 그렇게 하는 것을 우리는 행동하는 믿음이라고 부릅니다. 하나님은 우리가 믿음의 행동을 할 수 있게 되기를 원하십니다. 믿음에 따라 행동할 때에야 사랑이 비로소 온전해 집니다. 그분께서는 하늘 문을 모든 믿는 자들에게 열어주셨고 영원한 생명을 주셨습니다. 전지전능하신 하나님이신 주님께서는 태초부터 세상의 끝에 대해 알고 계신 분이십니다. 그 하나님께서는 어린 양의 피로 모든 인류의 죄를 덮게 함으로 예수로 하여금 모든 믿는 자들을 위한 중보자가 되도록 태초에 이미 계획하셨습니다. 오, 예수의 피 아래에서 안식처를 발견할 수 있다는 것은 그 얼마나 훌륭한 믿음의 유산인지요!

나는 여러분들이 예수님께서 성만찬을 하시면서 제자들에게 "너희는 이것을 행하여 나를 기억하여라."(누가복음 22:19)는 말씀하셨다는 사실을 항상 염두에 두었으면 합니다. 그분은 잔을 드셨고, 빵을 손에 드셨습니다. 그리고 하나님께 감사의 기도를 드렸습니다. 이것은 그분이 자신이 피를 흘릴 것과 몸이 찢기실 것에 대해 하나님께 감사의 기도를 드린 것입니다. 이런 생각을 하면 나에게 감동이 밀려들어 옵니다. 우리의 주님께서 자신이 시뻘건 피 흘리실 것에 대해 하나님께 미리 감사의 기도를 드렸다니요! 주님께서 자신의 몸이 처참하게 찢기실 것에 대해 하나님께 미리 감사 기도를 드렸다니요! 하나님의 계시 없이는 우리는 이러한 숭고한 사랑에 깊은 의미를 온전히 깨달을 수 없습니다.

자연인은 이것에 관한 계시를 받을 수 없습니다. 오직 영적인 사람 곧 믿음으로 그리스도 안에서 새롭게 된 사람만이 이러한 그리스도의 숭고한 기도의 의미를 제대로 깨달을 수 있습니다. 오직 하나님께서 우리를 위해 죽으시기 위해 이 땅에 오셨다는 사실을 믿는 사람만이 진리와 의의 영원한 씨를 갖고 있고 그리스도에 대한 믿음을 갖고 있습니다. 믿음으로 진리를 받아들이는 사람은 누구나 이 진리를 받아들이는 순간 새로운 피조물이 됩니다. 육의 사람이 끝나는 지점은 영의 사람이 시작되는 시점입니다. 육의 옷을 벗어야 영의 옷을 입을 수 있고, 영의 옷을 입어야 하나님 임재 안에 머무를 수 있습니다. 어린아이와 같은 믿음을 갖고 있으면 주님과 함께 안식의 곳에 머무를 수 있고, 그분 앞에 앉아서 천국을 만끽하며 그분과 마주앉아 성령의 언어로 대화할 수 있게 되고 또한 그분은 죄와 사망의 법에 매여 있을 수 없는 분이란 사실도 알 수 있게 됩니다.

예수님이 유월절 날 제자들과의 마지막 식사 자리에서 손에 드셨던 빵 덩이는 그분의 육체를 상징한다는 사실을 여러분들은 알고 계십니까? 예수님은, 공간의 제한으로 인해, 자신의 찢겨져 피 흘리는 육체 가까이로는 많은 사람들이 다 다가 갈 수 없음을 익히 알고 계셨습니다. 그래서 그분께서는 빵으로 자신의 육체를 표현하심으로 성만찬을 통해 육체를 입고 오신 예수에게 많은 사람들이 다가 갈 수 있도록 하셨습니다. 예수님께서 그렇게 하신 이유는 우리 모든 신자들이 다 그분의 육체를 실제적으로 만질 수는 없다는 사실을 잘 아셨기 때문입니다. 그분은 빵 덩이를 찢으시면서 "이 빵은 찢겨진 나의 몸을 대표(표현, represent)한다."(누가복음 22:19을 보십시오)고 말씀하셨습니다. 그렇다면 그 빵이 정말로 그리스도의 몸으로 변한단 말입니까? 아닙니다. 절대로 아닙니다. 그렇게 생각해서는 안 됩니다. 빵이 정말로 예수님의 살이라고 믿는 것은 어리석은 짓입니다. 그러나 성찬식에서 나누는 빵이 예수님의 육체를 상징(emblem)하는 것만은 분명합니다. 내가 그 자연적인 것(the natural, 빵을 말함: 역자 주)을 먹게 될 때, 육체를 가진 나는 초자연 속으로 들어갑니다. 그래서 믿음으로 예수님의 몸을 상징하는 빵을 먹는 순간 나는 초자연적인 분(the supernatural)을 먹게 됩니다. 믿음으로 행할 때 자연적인 것이 나를 초자연적인 것으로 인도하는 것이지요.

예수님께서는 *"받아서 먹어라. 이것은 내 몸이다."* (마태복음 26:26)라고 말씀하셨습니다. 나는 오래 전에 빵을 예수의 몸으로 상징(emblem)하는 것을 이해하게 됨으로 예수에 관한 참다운 이해에 도달할 수 있게 되었습니다. 우리가 그분의 풍성한 식탁으로부터 많은 것들을 취할 수 있었으면 좋겠습니다. 하늘의 부는 우리를 위한 부입니다. 하나님께서는 그분의 거룩한 말씀의 보석이 가득한 하늘 창고의 문을 우리를 위해 여셨으니, 두려워하지 말고 그러한 사실을 단지 믿기 하십시오.

제자들이 예수와 함께 모여 마지막 식사를 하고 있을 때에 예수님께서는 그들을 바라보시며 *"너희 가운데 한 사람이 나를 넘겨줄 것이다."* (21절)라고 말씀하셨습니다. 예수님은 누가 자기를 배반할지 미리 알고 계셨습니다. 그들은 서로 작은 소리로 "그 사람이 누구지?"라며 소곤거렸습니다. 예수님의 제자들 중에 자신은 결코 예수를 배반하지 않을 것에 대한 자신감을 가진 사람은 한 사람도 없었습니다. 이것은 심각한 문제입니다. 그들은 앞으로 어떤 상황이 닥치더라도 결단코 예수를 부인하지 않을 확신이 없었습니다. 그들은 자신들은 결코 예수를 부인하지 않을 것에 대한 자신감이 부족했던 것입니다.

예수님은 알고 계셨습니다. 예수님께서 그동안 유다와 여러 번 개인적으로 대화하였을 것이고 때론 일대일 대화 도중에 유다를 꾸짖으시며 유다의 종말은 좋지 않을 것이라는 사실에 대해 유다에게 말해주었을 것입니다. 그러나 그 외의 제자들에게는, 심지어 "예수님의 가슴에 기대었던" (요한복음 21:20) 요한에게 조차도, 예수님께서는 유다가 하게 될 나쁜 일들에 대해 절대로 말해주지 않았을 것입니다. 상대방의 나쁜 점을 남에게 말해주지 않는 교회는 참으로 정결한 교회가 될 수 있습니다. 그러나 슬프게도 사탄이 자주 장난을 쳐서 교인들이 사실이 아닌 것도 사실로 꾸며 소문을 퍼트리는 경우가 자주 있습니다. 하나님께서 우리를 정말로 구별되게 하시고 정결하게 하셔서 우리가 완전한 사랑을 소유한 자가 되어, 형제들의 잘못을 사람들에 말하고 다니지 않는다면, 형제들을 절대로 비방하지 않는다면 하나님이 무척 기뻐하실 것입니다.

제자들이 한번은 제자들 중에 누가 가장 큰 자인지를 놓고 다툼을 벌였습니다. 이에 대해 예수님은 "너희 가운데서 가장 큰 사람은 가장 어린 사람과 같이 되어야 하고, 또 다스리는 사람은 섬기는 사람과 같이 되어야 한다." (누가복음 22:26)고 말씀하셨습니다. 이 말씀을 하신 후 예수님께서는 곧 이어, "나는 시중드는 사람으로 너희 가운데 와 있다." (27절)고 말씀하셨습니다. 가장 고귀하시고 순결하신 그분께서 우리의 모두의 종이 되셨다니요! 다른 사람 위에 군림하는 태도는 하나님으로부터 온 태도가 아닙니다. 사랑의 교제를 나누고 교제와 참된 의를 펼치며 서로 사랑하고 높여주는 것이 교회에 정착되도록 하는 일에 우리 모두가 심혈을 기울여야만 한다고 나는 생각합니다. 오순절의 역사가 곳곳에서 일어나도록 해야 합니다. 우리가 하고자하면 그런 일이 일어 날 수 있습니다.

온전함으로 나아가기

그러나 우리가 노력하지 않으면 그런 일은 일어나지 않습니다. 이기적인 생각과 애씀만으로 성령 충만을 받고자 한다면 성령 충만 받는 일은 절대로 일어나지 않습니다. 이기심은 우리가 마땅히 버려야할 것입니다. 예수님은 끝까지 온전하셨습니다. 하나님께서는 우리 모두가 온전함에 이르도록 우리를 끝까지 붙들어 주십니다. 그렇게 되기 위해 우리는 하나님께 드릴 것은 하나님께 드릴 줄 알아야하고, 하나님께 받은 은혜를 갚을 줄 알아야 하고, 사람들을 사랑할 줄 알아야 하며 다른 사람들을 위해 자신을 양보할 줄 알아야합니다.

나는 시중드는 사람으로 너희 가운데 와 있다. 너희는 내가 시련을 겪는 동안에 나와 함께 견디어 온 사람들이다. 내 아버지께서 내게 왕권을 주신 것과 같이, 나도 너희에게 왕권을 준다. (누가복음 22:27-29)

나는 장차 그 어떤 다른 날 보다 큰 날이 도래 할 것이라고 믿습니다. 그 날은 그 어떤 사람도 상상할 수 없을 정도로 대단한 날이 될 것입니다. 그날에는 하나님의 날개가 여러분 모두를 덮어서 여러분 자신이 발가벗은 것을 다른 사람들이 볼 수 없게 됩니다. 그날에는 여러분이 마음으로 상상할 수 있는 최고의 것보다 훨씬 더 좋은 일들이 일어납니다. 우리 모두 그날을 위해 우리 자신을 준비시키면서 사십시다. 어떻게 그날을 준비할 수 있냐고요? 먼저는, 예수님의 말씀대로 "나(예수)와 함께 (시련을) 견디는 것입니다."(28절). 예수님은 시련(trials)을 견디어 내신 분이십니다. 그분은 시험(temptation)을 받으신 분이십니다. 우리가 아무리 큰 시험을 받는다고 하더라도 예수가 받으신 시험보다 더 큰 시험을 받지는 않습니다(히브리서 4:15).

만일 어떤 사람이 너무도 순결하기에 시험을 받을 수 없는 사람이라면, 그 사람은 심판하는 사람이 될 수 없습니다. 하나님께서는 더러운 우리를 순결하게 만드심으로 장차 도래할 세상에서 우리가 심판하는 사람이 되도록 계획하셨습니다. 여러분이 시련을 받으셨다면, 여러분이 어느 분야에서건 마귀의 시험을 이겨낸다면, 예수님께서는 그런 여러분들을 향해 *"너희는 내가 시련을 겪는 동안에 나와 함께 견디어 온 사람들이다."* (누가복음 22:28)라는 축복과 격려의 말씀을 해 주실 것입니다. 믿음을 가지십시오. 그러면 하나님께서 시련 중에서 여러분을 순결한 사람으로 지켜주실 것입니다.

우리가 어떻게 그렇게 될 수 있을까요? 마태복음 19장 28절에서 예수님은 다음과 같이 말씀하셨습니다.

내가 진정으로 너희에게 말한다. 새 세상에서 인자가 자기의 영광스러운 보좌에 앉고 만물이 새롭게 될 때에, 나를 따라온 너희도 열두 보좌에 앉아서, 이스라엘의 열두 지파를 심판할 것이다.

여러분 자신을 계속 새롭게 함으로 그분을 따라가십시오. 매일 매일이 새롭게 되는 날입니다. 매일 매일이 전진하는 날이 되게 하십시오. 매일 매일 올바른 선택을 하며 사십시오. 더러워진 자신을 매일 깨끗하게 하십시오. 만일 여러분이 겸손의 자리에 머물면, 하나님께서는 그런 여러분을 새롭게 하는 자리로 옮겨 주십니다.

하나님께서는 지난 수년 동안 나를 수많은 사람들 앞에 세우셔서 사람들이 나를 바보로 생각하는 것을 허락하셨습니다. 나는 그분께서 나를 구원하신 말과 나를 부르신 날을 생생하게 기억하고 있습니다. 아브라함에게 현실로 나타나신 하나님께서는 나와 여러분에게도 똑같이 생생한 현실로 나타나시기를 원하시는 분이십니다. 나는 구원을 받자마자 부흥의 영으로 가득 찬 생동감 넘치는 사람들이 모이는 교회에 다니기 시작하였습니다. 하나님께서 그때 내가 다니고 있는 교회에 부으신 축복은 놀라울 정도였습니다. 그런데 얼마를 지나자 미지근함과 냉랭함이 그 교회에 스며들었습니다. 그렇게 되자 하나님께서는 분명한 소리로, "거기서 나와라."라고 나에게 말씀하셨습니다. 그래서 나는 순종하여 그 교회에서 나왔습니다. 그러자 그 교회 사람들은 나에게 "우리는 당신을 이해 할 수 없군요. 우리는 당신이 필요한데 당신은 우리 곁을 떠나려고 하네요."라고 하였습니다.

플러머스 형제단(The Plymouth Brethren, 미국 교단 중의 하나: 역자 주)은 그 당시 집회들을 계속해서 열고 있었습니다. 하나님의 말씀이 그들 가운데 강력하게 역사했지요. 그 교단에 속한 교회들에게 하나님의 사랑이 풍성하게 부어졌습니다. 그때 나는 물속에 잠기는 침례에 대한 의미가 계시로 임해서 침례의 의미를 깊이 깨달았습니다. 내가 침례 받기 위해 물속으로 들어가는 것을 보고 사람들은 내가 잘못하고 있는 거라며 나를 비난했었지요. 그러나 하나님은 나를 부르셨고 나는 그 부르심에 순종했습니다. 그러나 시간이 지난 어느 날 나는 그 교회의 사람들이 율법과 문자에만 매여서 그들의 영이 점점 메말라 가는 것을 발견하였습니다.

그 당시 구세군에는 사랑과 능력이 넘쳐났고 사람들은 하나님에 대한 열정으로 가득했습니다. 그래서 나는 구세군으로 들어갔습니다. 하나님의 영광이 육년 동안 구세군 교회에 있었습니다. 그러던 어느 날 하나님께서는 다시 나에게 "거기서 나와라."고 말씀하셔서, 나는 기쁜 마음으로 즉각 순종하였습니다. 그들의 모임은 사회 운동으로 변질되었습니다. 하나님은 사회 운동하시는 데에는 계시지 않습니다. 하나님과 함께하는 사람들은 사회 개혁에 시간을 쓸 만큼 시간이 남아돌지 않습니다.

하나님은 계속 움직이셨지만, 그 당시 성령 세례를 받은 사람들에게는 싸인(방언을 말하는 듯함: 역자 주)이 없었습니다. 그 당시를 한 마디로 표현하면 하늘이 땅에 임하는 시기였다고 할 수 있습니다. 그 당시 하나님께서는 사람들에게 하나님께서는 진리를 활짝 열어주셨고, 그리스도의 피의 능력으로 성도들이 성화되는 것을 보여주셨는데, 그 당시 나는 하나님의 생명이 나에게 강하게 흘러들어오는 것을 보았습니다. 나에게 그렇게 해주신 하나님께 감사드립니다.

그러나 하나님은 나에게 또다시 오셔서 "거기서 나와라."고 말씀하셨습니다. 그래서 순종하여 거기서 나온 후 소위 "방언하는 무리들(tongues folks)"로 불리는 사람들과 같이 다니기 시작하였습니다. 그 사람들은 더 깊은 계시의 빛을 받은 것처럼 여겨지는 사람들이었습니다. 하나님께서는 나에게 다른 곳으로 옮기게 하셨을 때 마다, 나의 순종을 귀하게 보시고 나를 보호해 주셨습니다. 내가 나의 육신을 죽이고 참고 기다릴 때마다 하나님은 나에게 오셔서 "거기에서 나오라."고 말씀하셨습니다. 하나님께서는 나에게 항상 더 좋은 것을 마련해놓고 계신 분이시라는 사실을 나는 체험을 통해 확실히 알게 되었습니다.

나는 이 자리에 계신 모든 분들에게, 여러분 하나님께서 나에게 말씀하셨던 동일한 말인 "거기서 나와라"라는 말을 들으시면 여러분도 다시니던 교회에서 나올 수 있으시겠습니까? 여러분들 가운데는 나에게 "그 말이 무슨 뜻입니까?"라고 묻고 계신 분이 계시군요. 여러분 모두는 예외 없이 오순절이라는 말의 뜻을 잘 알고 계실 것입니다. 오순절이라는 뜻은 불이 타고 있다는 뜻입니다. 만일 여러분에게 하나님의 불이 없다면 여러분은 지금 영적 쇄신(regeneration)의 곳에 있다고 말할 수 없습니다. 세상의 어지러움을 태울 수 있는 것은 하나님의 불밖에는 없습니다.

우리가 하나님이 하시는 새 일에 동참하려면 성령을 통해 말씀하시는 하나님의 음성을 들을 수 있어야 하고, 전적으로 겸손해져서 자신을 위해서는 아무 것도 남겨 놓지 않을 정도로 깨끗해져야 합니다. 그래서 우리는 *"비어 있고, 말끔히 청소되어 있었고, 잘 정돈되어 있어야합니다."* (마태복음 12:44). 믿는 여러분들이여, 그렇게 하는 것은 단지 시작에 불과합니다. 만일 우리가 하나님의 일에 동참하여 하나님의 긍휼한 마음, 거룩한 열망 그리고 하나님의 능력을 갖고 전진하지 않는다면, 우리는 곧 낙심하여 잘못에 빠져들게 됩니다. 심령이 죽어버리는 것이지요. 심령이 죽어버리거나 시들게 되면 하나님 말씀을 매일 새로운 시각으로 보게 되던 일들이 사라져버립니다. 만일 세상이 여러분들을 싫어하는 일이 없어지게 되거든 여러분들의 심령이 메말라버렸다고 생각하십시오. 그렇게 생각하면 딱 맞습니다. 만일 세상이 여러분을 높이면 여러분은 절대로 하나님의 칭찬을 받을 수 없습니다.

우리를 위하여 예비 된 곳

나는 여러분이 나의 이 말을 받아드릴지 어떨지 잘 모르겠지만, 나는 영적 갱신(소생, regeneration)이라는 것에 대해 생각만 해도 내 심령은 불타기 시작합니다. 영적 갱신은 여러분이 영적으로 새롭게 변화되는 것입니다. 여러분이 영적으로 변화 받으면 여러분은 하나님 나라에 있게 되고 하나님이 주시는 권세를 갖게 됩니다. 하나님 나라는 하나님께서 우리를 위해 예비하신 곳이며, 상상할 수 없을 만큼 대단한 곳입니다. 그곳에서의 영광이 얼마나 대단한지는 요한이 천사를 경배한 사건에서 어느 정도 짐작

할 수 있습니다. 요한이 천사에게 경배하자, 천사는 그에게, "이러지 말아라. 나도 예수의 증언을 간직하고 있는 네 형제자매들 가운데 하나요, 너와 같은 종이다. 경배는 하나님께 드려라."(요한계시록 19:10)고 했습니다. 천사가 요한에게 영광스럽고도 장엄한 천국을 보여주었을 때, 천사에게서 영광스러운 빛이 났으므로 요한은 천사가 주님인 것으로 잘못 생각하여 그에게 경배한 것이지요. 우리도 같은 일을 겪으면 요한과 같은 실수를 하게 될 가능성이 많습니다.

　이제 다음의 성경 구절을 읽으므로 마치겠습니다. "우리가 흙으로 빚은 그 사람의 형상을 입은 것과 같이 또한 하늘에 속한 그분의 형상을 입을 것입니다."(고린도전서 15:49). 이 말 속에는 우리가 하늘의 아름답고 순결한 모습으로 변할 때 우리의 땅의 모습은 더 이상 있지 않게 된다는 뜻이 담겨져 있습니다. 하나님은 사랑으로 가득 차신 분이시고 순결함이 가득하신 분이시며 능력이 흘러넘치는 분이십니다. 그러나 순결 그 자체는 능력은 아닙니다! 하나님과 인간 사이에 죄가 가로막고 있지 않다고 하늘 문이 열리는 것은 아닙니다. 하늘 문은 성령님으로 인해 열립니다. 주님의 성령님으로 인해 우리의 육이 힘을 잃으면 하늘 문이 열립니다. 우리는 성령 안에서 살게 될 것입니다. 하나님이 여러분들을 축복하시고 앞으로 다가올 더 큰 날들을 위해 여러분들을 잘 준비시켜주시기를 간절히 바랍니다.

제 7 장

생명의 빵

하나님께서는 하나님 말씀이 무엇인지에 대해 내가 진일보한 차원에서 이해할 수 있도록 해주셨습니다. 하나님 말씀은 생명의 책입니다. 하나님의 말씀은 생명의 성령(Spirit of Life)입니다. 하나님 말씀은 생명의 아들이고 생명의 말씀이며 예수 피가 뿌려진 새 계약의 성경입니다. 내가 지금 여러분 앞에 성경을 들고 있습니다. 이 성경에 성령이 없다면 이 책은 여느 책과 동일한 책에 불과합니다. 성령의 계시가 없다면 성경은 그저 인쇄된 활자들의 조합에 불과합니다. 성령이 없이 성경을 읽으면 거듭날 수 없고 새로운 피조물이 될 수 없습니다. 성령만이 사람을 새로 태어나게 할 수 있습니다. 성경을 성령 없이 읽는 것은 인쇄된 보통 글을 읽는 것에 불과합니다. 간절한 마음으로 성경을 읽으면 주의 성령이 우리의 위에서 임하고 우리 속에서 역사하게 됩니다. 그 결과 성경은 살아 움직이는 글이 되어 우리에게 하나님의 호흡을 주기 때문에, 새 피조물만이 할 수 있는 생명의 호흡을 할 수 있게 됩니다. 그렇게 될 때 성경은 비로소 생명을 공급해 주는 책이 됩니다. 그렇게 될 때 성경은 전능하신 하나님의 호흡이 되어 하나님 말씀을 읽는 우리를 새로운 차원의 곳으로 인도해주게 됩니다.

방언 통역

　우리는 죽지 않고 살아서 주님의 일을 선포할 것입니다 (시편 118:17). 우리는 죽음에서 생명으로 옮겨졌습니다. 우리는 성령 안에서 새로운 피조물입니다. 우리는 새로운 본성으로 다시 태어났습니다. 우리는 새로운 능력을 받아 살아났습니다. 우리는 새로운 모임에 속하게 되었습니다. 우리의 시민권은 하늘나라에 있습니다. 그곳에서 우리는 우리의 본성과 생명과 우리의 모든 것을 찾습니다.

　참 아름다운 시간입니다! 지금 성령님께서 이곳에 운행하고 계시고 말씀하고 계시며 우리에게 생명을 부어주시고 계십니다! 여러분, 지금 주님께서 "내가 하는 말은 영이요 생명이다."(요한복음 6:63)라고 우리에게 말씀하시는 소리가 들리십니까? 오직 성령으로만 영적인 것을 이해할 수 있습니다. 우리의 능력으로는 영적인 것을 이해 할 방법이 없습니다. 우리는 영적인 사람이 되어야 영의 것들을 제대로 이해할 수 있습니다. 새 피조물이 되지 않고서는 그 어떤 사람도 하나님의 말씀을 이해할 수 없습니다. 하나님의 말씀은 새로운 피조물이 되게 해줍니다. 하나님의 말씀은 죽을 수밖에 없는 사람에게 새 생명을 공급해 줍니다.
　요한복음에 기록된 아래의 말씀에 주목하십시오.

　내가 진정으로 진정으로 너희에게 말한다. 믿는 사람에게는 영생이 있다. 나는 생명의 빵이다. 너희의 조상은 광야에서 만나를 먹었어도 죽었다. 그러나 하늘로부터 내려오는 빵은 이러하니 누구든지 그것을 먹으면 죽지 않는다.
(요한복음 6:47-50)

나는 영원한 생명으로 인해 새롭게 변화 받는 경험을 오래전에 하였습니다. 나는 여러분들도 나처럼 이 영원한 생명으로 변화되기를 소원합니다. 하나님의 말씀은 음식이 상하듯 상하는 법이 없습니다. 말씀 자체가 생명입니다. 우리 모두가 영적인 사람이 되어서 말씀이 우리에게 생명과 진리로 다가왔으면 좋겠습니다.

그리스도께서는 "나는 하늘로부터 내려온 살아 있는 빵이다."(51절)라고 말씀하셨습니다. 살아있는 빵! 오, 여러분은 살아있는 빵을 느끼실 수 있으십니까? 아니면 빵이란 그저 먹기만 하면 되는 것입니까? 하늘에서부터 내려오는 빵은 아무리 먹어도 이가 아프지도 않고 잇몸이 붓지 않습니다. 이 빵은 먹으면 먹을수록 생명을 얻게 되고 죽을 몸이 소생하게 됩니다(로마서 8:11). 이것이 바로 생명의 빵(Living Bread)입니다. 그 빵을 드십시오. 그 빵을 믿으시고 먹어서 소화시키십시오. 그 빵이 여러분의 몸을 새롭게 살리도록 하십시오.

나는 이 생명의 말씀을 하루 종일 들을 수 있습니다. 나는 이 빵을 하루 종일 먹을 수 있습니다. 살아있는 빵입니다! 영생의 빵입니다! 오, 우리가 이 살아있는 빵을 먹음으로 인해, 얼마나 많이 우리의 얼굴은 밝게 빛나게 되고, 새로운 존재가 된 것에 대해 얼마나 많은 기쁨이 흘러넘치게 되고, 하나님이 주시는 소망으로 얼마나 많이 감격하게 되고, 천국에서 누릴 기쁨으로 얼마나 많이 가슴 설레게 되는지요! 말씀을 통해 부어지는 이러한 영광들은 결코 썩어 없어지는 법이 없습니다.

천국 가는 길

우리는 모든 사람들이 거룩해지고 선해지고 모든 사람들이 예수의 피로 씻음 받는 그 영원한 날을 사모합니다. 그러나 새롭게 되지 않은 죄 많은 죄인들은 그 곳에 있을 수 없습니다. 하늘나라에는 병이 없습니다. 죽음도 없습니다. 하늘나라에서는 장례식이 치러진 적이 여태껏 한 번도 없었습니다. 그 곳에 있는 사람들은 사망이란 단어조차도 모르고 그 곳에 있는 북은 울리지 않은 적이 없습니다. 천국에 있는 사람 가운데 죽은 사람은 아직 한 사람도 없습니다. 그 곳에는 죽음도 병도 없고 슬픔도 없습니다.

여러분들 그곳에 가시렵니까? 그곳에 가실 준비가 다 되셨습니까?

그러시다면 내가 말하려는 것들을 잘 기억해 두십시오. 여러분들은 하나님의 능력으로 인해 지음 받았는데, 그 이유는 단 한가지입니다. 하나님께서 여러분을 창조하신 이유는 여러분이 죽을 수밖에 없는 육신에서 벗어나서, 성령으로 다시 살아나 하나님의 영광 안으로 들어가서, 이제껏 천사라도 해본 적이 없는 새로운 차원으로 하나님을 경배하도록 하기 위해서입니다. 그런 일이 일어나도록 하기 위해 하나님께서는 우리가 육체의 죽음을 이기고 성령으로 다시 살아났을 때, 우리가 하나님의 참 사랑과 은혜와 능력 및 하나님의 뜻을 알 수 있도록 해주셨습니다.

하나님은 참으로 놀라우신 분이십니다. 그분의 예지가 놀랍고, 그분의 계시의 부요함이 놀랍고, 모든 만물들을 운행하시는 솜씨가 놀랍습니다. 그렇게 오랜 세월동안 지구를 향해 엄청난 빛을 발하는 태양 하나만 보더라도 영광스런 그분의 능력이 얼마나 큰지를 잘 나타내 보여주고 있습니다. 그런 엄청난 능력을 갖고 있는 하나님은 의로운 자들만이 거할 수 있는 새 하늘과 새 땅을 만드실 수 있는 능력도 갖고 계신 분이십니다. 우리가 장차 거할 새 하늘과 새 땅에는 죄와 어두움이 거할 곳이 전혀 없으며 천상의 영광만이 빛나게 됩니다.

나는 또 거룩한 도시 새 예루살렘이 남편을 위하여 단장한 신부와 같이 차리고, 하나님께로부터 하늘에서 내려오는 것을 보았습니다. (요한계시록 21:2)

요한은 거룩한 새 예루살렘이라는 도시를 환상 속에서 보았습니다. 요한이 본 새 도시는 단지 상징성만을 내포하고 있는 도시가 아니라, 장차 실제로 존재하게 될 도시입니다. 이 새 예루살렘이라는 도시를 우리도 분명히 보게 될 것이고 실제로 그 도시에서 살게 될 것입니다. 그 도시는 이 세상에 존재하고 있는 그 어떤 도시보다 더 큰 도시입니다. 그날이오면 수백만 수천만 아니 수십억의 사람들이 신부가 되어 어린 양 예수와 결혼하게 됩니다. 우리는 그 거대한 결혼 예식을 위해 준비하고 있습니다. 새 예루살렘에 있는 건축물들은 너무도 아름다워서, 아름다운 돔도 있고 뾰족탑도 있으며, 건물의 벽들은 아름다운 그림들로 조각되어 있습니다. 그 도시는 새로 결혼할 신부들을 맞아드리기 위해 그토록 아름답게 꾸며져 있는 것입니다.

오, 영광스러운 새 예루살렘이여! 나도 그 곳에 있게 될 것입니다. 나는 그 도시에 거주자들 중의 한명이 될 것입니다. 나는 그 도시의 어느 곳에서 살게 될지 모릅니다. 그러나 내가 그 영광스러운 도시에서 살게 될 것이라는 사실 만큼은 확실히 알고 있습니다. 이제껏 살아왔던 수십억의 성도들이 이 땅에서 살면서 억압과 환란을 당했고 영이 깨어졌고 온갖 힘든 일들을 겪었습니다. 여러 가지 어려움을 겪었던 모든 성도들이 예수와 같은 형상으로 다시 살아나서 예수와 함께 영원히 다스리게 될 것입니다.

하나님께서 인간과 모든 만물을 창조하셨을 때 가졌던 생각은 놀랍기만 합니다. 그분은 우리를 만드셨을 때 육신을 입고 있는 우리가 그분의 초자연적인 영인 성령을 받아 그분의 자녀가 되게 하셨습니다. 또한 우리로 하여금 그분의 영광에 거할 수 있게 계획하셨고 그분의 아들과 결혼하게 되도록 계획하셨습니다. 이러한 모든 것을 미리 계획하시고 나서 우리를 창조하신 하나님의 원대하심에 놀라지 않을 수가 없습니다. 하나님께서 계획하신 성령 안에서 우리가 누리게 될 놀라운 삶에 대해 알 수 있게 된 것이 우리에게 그 얼마나 큰 축복인지요! 우리가 장차 거할 곳에서 누리게 되는 삶은 동요가 없는 절대 안전의 삶입니다. 그 곳에서는 우리가 지쳐 쓰러지고 넘어지는 것도 없고, 두려워 떠는 것도 없습니다. 그 곳에서는 모든 것들이 평온합니다. 우리는 그러한 천국의 도시에 가서 살게 될 것입니다.

구원은 우리를 영광으로 인도합니다. 새 생명에는 부활과 승천이 있습니다. 이 생명은 하나님 속에 있는 생명이기에 영광으로 가득 찬 생명이고 천국 외에는 없는 생명입니다.

주님의 성령님이 우리와 함께 계셔서 우리에게 말씀의 뜻을 계시해 주십니다. 우리는 영생을 이미 갖고 있기에, 우리와 함께 계신 성령님이 우리에게 영생을 더 갖고 오는 것은 아닙니다. 우리가 이 땅에서 소망을 갖고 살아갈 수 있는 것은 우리가 성령을 소유하고 있기 때문입니다. 우리 안에 계신 성령님은 우리로 하여금 육체의 소욕을 죽이게 하심으로 천국에서의 삶을 이 땅에서 어느 정도는 경험하며 살 수 있게 해주십니다. 우리가 예수를 믿었을 때 영생은 이미 우리에게 들어왔습니다. 그렇지만 완전한 영생을 누리는 그 날이 될 때 까지는, 이 땅에서 매일의 삶을 통해 영생의 삶을 점진적으로 펼쳐나가게 됩니다. 이 땅에서 진행형의 영생을 점점 더 많이 경험하게 됨을 통해 우리가 하나님의 자녀가 되었다는 사실을 점점 더 깊이 알아갈 수 있게 됩니다.

방언통역

당신의 심령이 응답할 수 있어야합니다. 당신 안에서 부르짖고 계시는 성령님의 부르짖음에 응답할 수 있어야합니다. 성령의 능력과 조화롭게 되는 것을 두려워하지 마십시오. 성령과 조화롭게 되어야 당신 속에 계시는 성령님께서 당신과 하나 되실 수 있습니다. 그렇게 될 때 여러분들은 그분이 원하시는 존재로 빚어져나가는 삶을 살 수 있게 됩니다.

두려움이 여러분 안으로 들어오는 것을 허락하지 마십시오. 우리를 조화롭고 하나 되게 하시는 하나님의 영적 생명의 호흡을 들여 마십시오. 우리가 진정으로 하나 되면 우리에게 있는 서로 간의 차이점들이 얼마나 훌륭한지를 알 수 있게 됩니다. 우리 모두가 마음으로 하나 되어 균형 맞춰질 때 성령님께서 우리에게 부어주시는 계시가 그 얼마나 놀라운지요! 하나님께서는 지금 우리를 이전에는 결코 도달해본 적이 없는 곳으로 데리고 가실 준비가 다 되어 있습니다.

이제 요한복음 6장을 펴십시오. 몇 절들을 더 살펴보겠습니다.

그러자 유대 사람들은 서로 논란을 하며 "이 사람이 어떻게 우리에게 자기 살을 먹으라고 줄 수 있을까?"하고 말하였다. 예수께서 그들에게 말씀하셨다. "내가 진정으로 진정으로 너희에게 말한다. 너희가 인자의 살을 먹지 않고 또 인자의 피를 마시지 않으면 너희 속에는 생명이 없다. 내 살을 먹고 내 피를 마시는 사람에게는 영생이 있을 것이요, 마지막 날에 내가 그를 살릴 것이다. 내 살은 참된 양식이요, 내 피는 참된 음료다. 내 살을 먹고 내 피를 마시는 사람은 내 안에 있고, 나도 그 사람 안에 있다. (요한복음 6:52-56)

이 말씀과 관련되어 요한일서 4장 16절에는 "*우리는 하나님께서 우리에게 주시는 사랑을 알고 믿었습니다. 하나님은 사랑이십니다. 사랑 안에 있는 사람은 하나님 안에 있고, 하나님도 그 사람 안에 계십니다.*" 라는 정말로 아름다운 말씀이 기록되어 있습니다. 여러분이 가지고 있는 신적 성품과 새로 태어난 존재를 서로 분리하지 마십시오. 여러분들이 여러분으로부터 하나님이 주신 그분의 생명과 그분의 성품을 분리하는 순간, 여러분은 삶은 방향성을 잃게 됩니다. 하나님이 주신 새로운 존재가 여러분이라는 것을 결코 망각하지 마십시오.

부활 능력

히브리서 4장 12절을 보면 부활 능력이 어느 정도인지에 대해 대충이나마 짐작할 수 있습니다. 말씀이고 생명이고 하나님의 아들이고 빵이고 영이신 하나님의 말씀이 능력이 되어 여러분 안에 계셔서 여러분에게 있는 혼적인 것들을 밖으로 몰아내고 여러분의 영과 혼을, 관절과 골수를 서로 갈라놓듯이 갈라놓습니다. 이러한 말씀의 능력과 생명의 능력은 우리의 죽을 몸을 살리시는 성령의 능력과 동일한 능력입니다. 이 능력이 부활 능력이요, 모든 것을 운행하시는 하나님의 능력입니다. 살아계신 하나님의 말씀이 부어주는 부활 능력으로 인해 여러분 굳은 다리와 절룩거리는 다리가 펴지고 아픈 허리와 고장 난 근육이 고쳐지고, 여러분 속에 깊이 숨어있는 하나님을 대적하는 생각들이 밖으로 드러나게 됩니다. 우리가 하나님의 신적 생명 속으로 온전히 들어가게 되면, 우리의 갈라진 마음과 생각의 여러 조각들이 하나가 됩니다. 그렇게 될 수 있는 것은 그분의 생명으로 우리가 소생하기 때문입니다.

오, 이것이 바로 부활입니다! 이것이 바로 부활입니다! 부활이 아닌 다른 어떤 것일 수는 절대로 없습니다. 그렇습니다. 우리에게 남겨지는 것은 결국 부활 생명입니다.

우리에게 주어진 부활 생명이 어디까지 영향을 미치는지에 대해 나는 잘 모릅니다. 그러나 나는 성령이 가득한 삶을 사는 사람의 피 속에 있는 백혈구는 매우 활동적이 되어 몸 전체에 영향을 미친다는 말을 들은 적이 있습니다. 그러나 그런 사람에게서 성령이 사라지면 그 사람의 왕성했던 백혈구도 힘을 잃게 된다고 합니다. 우리에게 있는 부활 생명이 우리의 육체에 어디까지 영향을 미치는지를 나는 잘 모르겠습니다. 그러나 살아계신 하나님의 성령이 나의 혈관 곳곳을 타고 다니며 나의 육체 곳곳에서 영향력을 행사하고 있음을 나는 잘 알고 있습니다. 부활 생명이 주는 힘으로 나는 살고 있습니다. 그 힘으로 나는 이 땅에서의 삶을 지속해나가고 있습니다!

방언통역

"힘으로도 안 된다. 그러나 내가 가진 성령으로는 된다." (스가랴서 4:6을 보십시오)고 주님께서 말씀하십니다. 우리를 살게 하는 것은 율법이 아니라 성령님입니다. 그분께서 우리에게 부활을 주셨습니다. "나는 부활이요 생명이다. 나를 믿는 자는 부활 생명을 갖고 있기에 죽더라도 부활할 것이다."(요한복음 11:25를 보십시오)라고 주님께서 말씀하셨습니다.

하나님께서 우리에게 부활 생명을 주시고 우리를 통해 그분의 부활 생명을 나타내시기를 빕니다. 오, 우리에게 주어지는 이 하나님의 영적 생명이 지금 이 시간에 우리에게 부어져서 그분께서 우리의 영을 어떻게 살아나게 하시는지를 우리의 눈으로 확실하게 볼 수 있게 되었으면 참 좋겠습니다!

이제 더 나아가 봅시다. 나는 지금 앞으로 나가고 있습니다. 하나님께서는 우리를 지금 밀고 계시고 우리를 보존해 주시고 우리 위에 손을 얹고 계십니다. 나는 최근에 바울이 디모데에게 영생을 취하라고 한 말의 뜻을 이해할 수 있게 되었습니다. 구원을 받지 못한 세상 사람들 중에서 영생을 취한 사람은 아무도 없습니다. 그러나 예수를 믿어 구원을 받은 사람들은 모두가 영원한 생명을 소유하고 있기 때문에 초자연적인 사람(supernatural human being)입니다. 초자연적이요 신적인 속성을 가진 자만이 영생을 취할 수 있습니다.

아버지와 함께 있었던 영생이 그분의 아들에게 있었는데, 그 아들로 인하여 그 영생이 우리에게 전달되었습니다. 그러기에 예수님께서는 "살아 계신 아버지께서 나를 보내셨고 내가 아버지로 말미암아 사는 것과 같이 나를 먹는 사람도 나로 말미암아 살 것이다."(요한복음 6:57)라고 말씀하셨습니다.

하나님의 신적 원칙(divine principle)은 예수님께서 아버지 하나님으로부터 받은 생명을 인간들에게 주는 원칙입니다. 그렇게 때문에 예수님께서는 우리에게 "내가 아버지로 인하여 사는 것처럼, 내가 나의 아버지로 인하여 내 속에 생명이 있는 것처럼, 너희들도 나로 인하여 살게 되고, 나로 인하여 너희 속에 생명이 있게 된다. 그 이유는 내가 나의 아버지로부터 생명을 받았기 때문이다."고 말씀하셨습니다. 오, 주여, 신적원칙에 대한 것을 바로 깨달을 수 있도록 오늘 이 시간 우리에게 이에 대한 계시를 부어 주십시오!

"이것은 하늘로부터 내려온 빵이다. 이것은 너희의 조상이 먹고서도 죽은 그런 것과는 같지 않다. 이 빵을 먹는 사람은 영원히 살 것이다." (58절) 만나는 훌륭한 빵입니다. 만나는 하나님의 놀라운 공급입니다. 그러나 만나를 먹었던 모든 사람들이 죽었습니다. 하나님의 아들은 생명의 빵이 되셔서 이 세상에 오셨습니다. 우리가 그 생명의 빵을 먹으면 죽지 않고 영원히 살게 됩니다!

방언 통역

생명을 주시는 분은 성령님이십니다. 그분은 우리에게 자신의 생명을 주셨기에 우리가 육체로는 비록 죽지만 영생합니다. 그분은 우리에게 자기의 생명을 주시기 위해 오셨습니다. 이로 인해 우리는 죽지 않고 영원히 살 수 있게 되었습니다.

성령 안에서 살기

우리에게 호흡을 불어넣어주세요.
우리에게 호흡을 불어넣어주세요.
당신의 사랑의 영을 우리 심령에 부어주세요.
우리에게 호흡을 불어넣어주세요.
우리에게 호흡을 불어주세요.
주여, 우리에게 불로 세례를 베풀어주세요.

하나님, 성령을 불어넣어주심으로 우리 안에 새 생명이 약동할 수 있게 해주셔서 감사합니다. 하나님, 우리에게 영적인 계시를 주셔서 감사합니다. 불, 거룩한 불, 태우는 불, 성결하게 하는 불, 불순물과 찌꺼기를 제거하고 우리를 정금과 같이 만들어 주는 불, 불! "그분은 여러분에게 성령과 불로 세례를 주십니다."(마태복음 3:11). 이 불은 여느 불과는 다른 불입니다. 이 불은 죄를 없애는 성령의 불입니다. 이 불은 모든 것을 재로 만드는 자연적인 불과는 다릅니다. 이 성령의 불에서 빛이 납니다. 성령의 불에서 나는 빛은 세상 빛과는 다릅니다. 이 성령의 불에서 나는 빛으로 인해 인간 속에 숨어있던 더러운 것들이 드러나고, 드러난 더러운 것들이 성령의 불로 인해 소멸되어져서, 속사람이 정결하고 거룩하게 됩니다. 육신이 갖고 있는 모든 어두움, 인간의 모든 오염된 생각들은 하나님 나라의 삶을 사는 데에는 적합지 않으므로 성령의 불로 인해 소멸되어야 마땅합니다. 그리스도의 정결함이 우리에게 나타날 때까지 우리의 육은 성령의 불로 태워지고 또 태워져야 합니다.

예수의 육체는 겟세마네 동산과 십자가의 고통스러운 순간들을 통해 찢겨진 후 소멸되어졌음이 분명합니다. 예수님께서 요한복음 12장 24절을 통해 말씀하신 것과 마찬가지로, 그분의 육신은 한 알의 씨앗이 되어 땅에 떨어져 썩어져서 소멸되어졌습니다. 예수님께서는 겟세마네 동산에서 피땀을 흘리시며 고통가운데 "나의 아버지, 하실 수만 있으시면, 이 잔을 내게서 지나가게 해주십시오. 그러나 내 뜻대로 하지 마시고, 아버지의 뜻대로 하십시오." (마태복음 26:39)라고 울부짖으며 기도하셨습니다.

눈으로 보이는 육신의 것들이 다 태워지고 나면, 눈으로 볼 수 없는 영광스러운 것들이 강력하게 역사하기 시작합니다. 눈으로 보이는 것들은 잠시적인 것들입니다. 눈에 보이는 피조물들은 영광스럽고 축복된 하나님의 아들들이 나타는 것의 발판일 뿐입니다.

이것은 예수께서 가버나움 회당에서 가르치실 때에 하신 말씀이다. 예수의 제자들 가운데서 여럿이 이 말씀을 듣고 "말씀이 이렇게 어려우니 누가 알아들을 수 있겠는가?"하고 말하였다. (요한복음 6:59-60)

내가 지금 여러분들에게 말씀드리고 것을 이해하기 힘들어하시는 분들이 여기에 계실 것입니다. 그런 분들에게 말씀드립니다. 이해가 되지 않더라도 비판하지 말고 성령님에게 자신을 열어드리면, 결국 신비한 비밀들을 이해하실 수 있게 되실 것입니다. 모르는 것들을 결국에는 확실하게 알게 되실 것입니다. 영적인 영역 안들로 들어가기를 주저하면서, 영적인 것들에 대해 무조건 비판하는 분들에게 말씀드립니다. 예수님께서도 자신의 제자들이 영적인 것을 이해하지 못하고 서로 수근 거리고 계실 때에 "이 말이 너희의 마음에 걸리느냐?"(61절)고 말씀하셨습니다.

예수님은 사람들의 생각을 읽고 계셨습니다. 만일 우리도 영적인 것을 예수만큼 이해할 수 있게 된다면 사람들이 영적인 것을 받아들이는지 아니면 영적인 것들에 대해 저항하고 있는지를 알 수 있게 됩니다. 나는 어떤 사람이 영적인 것에 대해 부정적인 시각을 갖고 교회나 집회 장소에서 앉아있으면 금방 그러한 사실을 알아차립니다. 예수님도 이와 같은 상황에 직면해서 사람들의 생각을 즉각적으로 아시고 그들에게 다음과 같이 말씀하셨습니다.

"이 말이 너희의 마음에 걸리느냐? 너희가 인자가 전에 있던 곳으로 올라가는 것을 보면 어떻게 하겠느냐? 생명을 주는 것은 영이다. 육은 아무 데도 소용이 없다. 내가 너희에게 한 그 말은 영이요, 생명이다." (요한복음 6:61-63)

우리는 영이요 생명이신 말씀을 갖고 있습니다. 여러분의 육체는 여러분이 영적인 삶을 사는데 도움을 주지 못합니다. 하나님께서 여러분에게 육신을 주신 이유는 하나님의 생명을 담도록 하기 위해서입니다(골로새서 2:9를 보십시오). 하나님께서 여러분에게 육신을 주신 이유는 성령으로 거듭나서, 이 세상을 살 때 이 세상에 대해 빛과 소금의 역할을 잘 감당하고, 세상에서 하나님의 맛을 내고, 세상에 하나님의 빛을 온전하게 비추는 사람이 되도록 하기 위해서입니다. 하나님은 여러분의 영적인 폭이 넓어져서 사탄을 이기고 하나님과 영적으로 긴밀한 관계를 맺고 살기를 간절히 원하십니다. 우리가 그런 삶을 살게 되면 그 결과 우리는 하나님이 우리에게 주신 생명과 성령을 세상의 다른 지역에 단시간 안에 전달할 수 있게 됩니다. 육신이 여러분에게 유익을 주는 일은 결코 없습니다. 우리에게 도움을 주는 것은 오직 성령뿐입니다. 나의 경우에, 육신이 나에게 어떠한 유익을 주었던 경우는 이제껏 한 번도 없었고 앞으로도 없을 것입니다. 육신은 단지 거룩하신 분께서 거하시는 장소일 뿐입니다.

"내가 살아도 그리스도를 위해 삽니다. 내가 죽어도 그리스도를 위해 죽습니다. 내가 살거나 죽거나 나는 주님의 것입니다." (로마서 14:8을 보십시오). 이 말씀은 사도바울이 우리에게 준 놀라운 메시지입니다. 사도바울은 성령이 주시는 부요함을 경험하며 거룩하고도 신적인 삶을 살았던 사람입니다. 바울에 관해 한 마디 첨가한다면, 그는 돌에 맞아 살이 찢어지는 처참한 상황 하에서도, 성령님은 그를 통해 강력하게 역사하였습니다. 그의 육신은 끊임없이 고난당하였지만 성령은 그의 몸을 통해 강하게 운행하셨습니다. 그는 거의 죽을 지경에 이른 적도 있었지만 그때마다 성령은 그를 다시 살리셨습니다. 사람들이 그를 죽은 것으로 알고 갖다 버렸지만 그는 성령에 의해 다시 원기를 회복하였습니다.

바울이 이 놀라운 말을 들어보십시오! *"나는 이미 부어드리는 제물처럼 바쳐질 때가 되었고, 세상을 떠날 때가 되었습니다."* (디모데후서 4:6) 그는 자신의 육신을 하나님의 제단에 희생 제물로 바치길 원했습니다. 그는 자신의 육신이 살 수 있는 삶보다 백만 배나 더 강력한 삶을 살았는데, 그 이유는 그가 성령에 의해 움직이는 삶을 살았기 때문입니다. 바울은 자신이 그런 삶을 살 수 있었던 것은 오로지 하나님의 자비였다고 고백하였습니다. 그가 감옥에 갇혔을 때 그의 몸은 약해질 때로 약해져 있었습니다. 그 당시 그에게는 환란밖에 없었습니다. 그러나 그의 속은 성령으로 채워져 있었기에 그는 *"나는 이미 부어드리는 제물처럼 바쳐질 때가 되었다."* 라고 말할 수 있었습니다. 사도바울이 어떤 방법으로 자신을 바치려 준비하고 있었는지 나는 잘 모르겠습니다. 그러나 그가 그럴 준비를 하였다는 것에 대해 하나님께 감사를 드립니다. 바울이 산 삶은 참으로 놀라운 삶입니다! 거의 완전에 가까운 종말을 맞이한 바울입니다. 인간의 육신은 다른 생명에(the life of Another) 의해 먹힘을 당함으로 종말을 맞습니다. 생명이 죽음을 삼켜버리면, 사람들의 헛된 말들, 가령 "바울, 당신은 그런 일들을 결코 해낼 수 없어."라는 말들은 아무런 효력을 발휘하지 못하게 됩니다. 바울의 종말은 얼마나 고귀한 종말인지요! 그는 거룩한 부르심을 좇아가는 삶을 살았습니다. 그는 세상과 구별되는 삶을 살았습니다. 그는 하나님의 영광의 관점으로 이 어둔 세상을 살았습니다.

당신도 그런 삶을 살 수 있을까요? 물론입니다. 성령을 담을 수 있다는 점에서 당신의 육체는 바울의 육체와 동일합니다. 그러기에 바울에게 역사했던 성령은 당신에게도 동일하게 역사할 수 있습니다. 당신도 바울처럼 자신이 자신의 몸밖에 있는지 아니면 몸 안에 있는지를 모를 정도의 경험을 할 수 있습니다. 그리고 당신 자신의 입으로 이렇게 말할 수 있게 됩니다. "나는 특별한 존재가 아닙니다. 나는 단지 다음 사실 만을 알고 있습니다.

그리스도가 내안에 살고 계십니다!
그리스도가 내안에 살고 계십니다!
오! 참으로 대단한 구원을 내가 받았습니다.
이는 내가 내 안에 그리스도를 모시고 있기 때문입니다."

"너희 가운데는 믿지 않는 사람들이 있다." 처음부터 예수께서는 믿지 않는 사람이 누구이며 자기를 넘겨 줄 사람이 누구인지를 알고 계셨던 것이다. 예수께서 또 말씀하셨다. "그러므로 내가 너희에게 이르기를 아버지께서 허락하여 주신 사람이 아니고는 아무도 나에게로 올 수 없다고 말한 것이다." (요한복음 6:64-65)

신적 생명의 삶을 계속적으로 살아나가기

하나님께서는 영생할 사람들에게만 신적 생명을 주셨는데, 이것은 하나님의 계획이었습니다. 다음 사실을 간과하지 마십시오. 여러분이 영생을 소유하게 된 것은 하나님의 계획이었습니다. 하나님의 아들의 충성스런 순종으로 인해 여러분이 영생을 소유하게 되도록 하는 것은 하나님의 계획입니다. 여러분이 영생을 소유함으로 장자의 총회(the assembly of the firstborn)에 참석하게 되는 것이 하나님의 계획입니다(히브리서 12:23). 여러분이 거듭남으로 하나님의 새로운 아들이요 새로운 피조물이 되도록 하는 것, 그리고 여러분이 영생을 가진 후 이 땅에 살면서 모든 일을 통해서 하늘나라에서 살 거룩한 자로 빚어져가도록 하는 것이 하나님의 계획에서 나왔습니다. 여러분이 지금 그토록 갈구하는 것같이 여러분은 영광 가운데 있습니다. 하나님의 말씀에 대한 믿음을 끝까지 붙들고 있다면, 여러분은 '영원히 보호 받음'의 다리를 건너게 되고, 그 결과 여러분과 영광사이에는 그 어떤 간격도 없게 될 것입니다. 영생의 삶은 신적 삶이요 거룩한 삶이며 하나님의 삶입니다. 그 어떤 존재라도 하나님께서 주신 그 영원한 생명을 여러분에게서 빼앗아갈 수 없습니다.

이 얼마나 놀라운 사실인지요! 그분의 전지전능하심이 놀랍습니다. 그분의 우리를 향한 계획들은 참으로 독특하고 놀랍습니다. 첫 번째로 그것은 가장 중요한 것입니다. 두 번째로 우리가 생산적인 삶을 삽니다. 세 번째로 우리가 변화됩니다. 네 번째로 우리가 그분 옆에 앉게 됩니다. 세상은 그분이 거하실 만큼 충분한 곳이 못됩니다. 영생을 가진 자는 하늘에 있어야 합니다. 그 이유는 영생을 가진 자는 신적 성품을 가지고 있는 자이기 때문이고 영원한 생명과 능력을 소유하고 있는 자이기 때문입니다. 우리는 하늘에 속한 자들입니다. 그러기에 우리가 가진 영원한 생명은 원래 나왔던 하늘로 다시 돌아갑니다.

그 누구라도 "위글스워스 씨는 기껏 영원한 안전에 대해서만 설교하네요."라는 말을 하지 않았으면 합니다. 나는 그런 적이 없습니다. 나는 영원한 안락보다 천배나 더 좋은 설교를 마음에 담고 있습니다. 나는 아무도 나에게서 빼앗아 갈 수 없는 바로 그것에 대해 설교하고 있습니다. *"마리아는 좋은 몫을 택하였다. 그러*

니 그녀는 그것을 빼앗기지 않을 것이다." (누가복음 10:42)라고 말씀하신 주님의 말씀을 기억하십시오.

    나는 지금 하나님의 전능하심과 자비 그리고 그분의 풍성한 사랑 안에 있습니다. 나는 지금 하나님의 측량할 수 없는 능력 안에 거하고 있습니다. 하늘에 있는 것들이나 땅에 있는 모든 것들 그리고 땅 아래 있는 모든 것들이 전능하신 하나님께 순복합니다. 마귀의 능력도 하늘 보좌에 앉아계신 영원하신 왕께 굴복합니다. "모두가 내 앞에서 무릎을 꿇을 것이다." (이사야서 45:23). 모든 마귀들이 그분께 굴복할 것입니다. 하나님께서 미래의 어느 날 우리에게 영원하고도 완전한 천국의 행복의 불길 속으로 우리를 데려가실 것입니다. 그날은 그분의 임재로 인한 밝은 빛으로 인해 더러운 모든 영들과 귀신들이 지옥의 불구덩이로 던져져서 영원토록 거기서 나오지 못하는 되는 날입니다.

방언 통역

    우리가 이 세상에서 당하는 고난은 잠시 잠깐일 뿐인데, 왜 우리가 그 고난을 두려워합니까? 우리의 고난들은 서로 합력하여 결국 우리의 영광을 더 크게 만들어나가지 않습니까(고린도후서 4:17)? 하나님의 위대한 계획대로 우리는 이 세상의 썩어질 것으로부터 건짐을 받은 후, 거룩하신 하나님의 형상으로 변화되어 갑니다. 우리가 죄와 죽음의 법으로부터 자유하게 된 것은 그리스도의 생명이 우리의 죽을 육체에 나타내어지도록 하기 위함입니다(로마서 8:2).

그러므로 우리가 사는 것은 세상과는 다른 생명, 세상 능력과는 다른 능력, 곧 영원하신 하나님의 능력, 부활 영광의 능력으로 사는 것입니다.

　오, 예수님! 이 땅에서 당신과 내가 갖는 교제가 이토록 달콤하거늘, 이 땅에서 영원한 영광을 잠시 만지는 것도 이토록 우리를 소생하게 하거늘, 하늘나라에서의 삶은 그 얼마나 대단할 것인지요!

이 일이 일어난 뒤로 제자 가운데서 많은 사람들이 떠나갔고, 그를 따르지 않았다. 예수께서 열두 제자들에게 물으시기를 "너희도 떠나가려느냐?"하시니, 시몬 베드로가 대답하였다. "주님, 우리가 누구에게로 가겠습니까? 선생님께는 영원한 생명의 말씀이 있습니다." (요한복음 6:66-68)

　여러분, 어디로 가시겠습니까? 만일 여러분들이 주님을 떠난다면, 어디로 가시겠습니까? 우리가 주님을 떠나서 대체 어디로 갈 수 있겠습니까? 우리의 아픈 육체가 만짐 받기위해 우리는 어디로 가야합니까? 우리가 생명을 원한다면 어디로 가야합니까? 이 세상 어디에도 우리가 갈 곳은 없습니다. 이 세상은 크지만 우리가 갈 곳은 한 곳도 없습니다.
　여러분, 스위스에 가서 알프스 산 정상에 올라 발아래 펼쳐진 푸르른 산들을 바라보신 적이 있으십니까? 나는 어느 날 아침 알프스 정상에 올라서서, 햇빛을 받아 다이아몬드처럼 반짝이는 열한개의 빙하와 세 개의 호수를 내려다 본 적이 있습니다. 그때 나는 울고 또 울었는데, 내가 운 이유는 그토록 아름다운 광경을 보아도 내게 참 위로함이 없었기 때문이었습니다. 그래서 나는 그 자리에서 무릎을 꿇고 하나님을 바라보았습니다. 그랬더니 나에게 참 위로가 찾아왔습니다.

우리가 대체 어디로 갈 수 있을까요? 이 세상에는 장엄하고도 아름다운 경치 좋은 곳들이 많이 있지만 그 경치들이 우리에게 만족함을 주지 못합니다. 이 세상의 좋은 모든 것들은 하나님의 시간에게 잡아먹히게 될 것입니다. 이 세상의 모든 것들은 그 때가 오면 옷처럼 말라 없어지게 될 것입니다. 그것들은 타는 불의 열에 의해 녹아져 버리게 될 것입니다(베드로후서 3:10).

우리가 이 세상에서 대체 어디로 가야합니까? "주님, 우리가 누구에게로 가겠습니까? 선생님께는 영원한 생명의 말씀이 있습니다." (요한복음 6:68) 예수님, 당신은 하늘에서 내려오는 빵으로 우리를 먹이셨습니다. 예수님, 우리에게 당신의 생명을 주십시오. 오, 당신의 생명을 우리에게 불어넣어 주십시오! 우리가 당신의 생명을 먹고 마시고 숨쉬길 원합니다. 그래서 하나님의 아들이신 당신처럼 살며 생각하게 됨으로, 우리의 성품이 신의 성품으로 변하여, 하나님의 달콤한 영광 안에서 영원토록 살게 되기를 원합니다. 실제로는 우리가 지금 이미 그분의 영광 안에서 살고 있습니다! 그분을 찬양합니다! 여러분은 항상 거룩할 수 있고, 항상 정결할 수 있습니다. 성령님이 도와주실 것이니, 당신이 거룩하고 의로운 존재라는 사실과 휴거 받을 수 있는 존재라는 사실을 잊어버리지 마십시오.

제 8 장

영광에서 영광으로 변화됨

하나님께서 우리에게 새 언약의 일꾼이 되는 자격을 주셨습니다. 이 새 언약은 문자로 된 것이 아니라, 영으로 된 것입니다. 문자는 사람을 죽이지만, 영은 사람을 살립니다. 돌판에다가 문자로 새긴 율법을 선포할 때에도 빛이 났습니다. 그래서 이스라엘 자손은 비록 곧 사라질 광채이기는 하지만, 모세의 얼굴에 나타난 그 광채 때문에, 그의 얼굴을 똑바로 쳐다 볼 수 없었습니다. (고린도후서 3:6-7)

특별히 위의 성경 말씀 중에서 7절을 눈여겨보시면, 모세의 얼굴에 있던 광채(영광, glory)는 잠시 있다 없어질 영광(광채)이라고 하였습니다. 왜 모세의 얼굴에 나타난 영광은 잠시 있다가 사라졌습니까? 모세가 받은 영광은 장차 올 놀라운 영광에 비하면, 비교할 수 없을 정도로 작은 영광이기 때문에 그렇습니다.

정죄를 선고하는 직분에도 영광이 있었으니, 의의 직분은 더욱더 영광이 넘칠 것입니다. 참으로 이 경우에 이제까지 영광으로 빛나던 것이, 이제 훨씬 더 빛나는 영광이 나타났으므로, 그 빛을 잃게 되었다고 하겠습니다. (9-10절)

"성령의 직분(성령의 사역, ministry of the Spirit)"(8절)이 주는 영광의 깊이와 높이가 얼마나 큰지를 가늠할 수 있는 능력이 우리에게 많이 부족합니다. 우리는 거룩함의 직분을 획득함으로 하나님의 성품에 참예하는 자가 되어야합니다(베드로후서 1:4). 율법이 무엇을 의미하는 지에 대한 깨달음이 있자 모세는 크게 기뻐하였습니다. 그러나 성령님이 우리에게 주신 직분(사역)으로 인해 우리는 모세가 가졌던 영광보다 더 큰 영광을 가질 수 있습니다. 우리가 가질 수 있는 영광은 바로 그리스도가 가지셨던 영광입니다. "우리는 하나님 안에서 살고 움직이고 존재하고 있습니다."(사도행전 17:28). 하나님께서는 우주 만물을 통치하고 계십니다. 그리스도를 통해 우리가 하나님의 계획과 목적을 깨닫게 되었습니다. "내가 주의 뜻 행하기를 즐거워합니다."(시편 40:8). 사랑하는 여러분들이여, 우리의 심령 속에는 놀랄만한 영광이 있습니다. 오, 천국을 만질 때 누릴 수 있는 이 놀라운 기쁨이여!

베드로는 변화산 위에서 그 자신이 경험했던 것을 회고하며 "지극히 영광스러운 분께서 그에게 말씀하시기를 '이 사람은 내가 사랑하는 아들이요, 내가 기뻐하는 아들이다' 하실 때에, 우리는 거기에 있었습니다."(베드로후서 1:17)라고 하였습니다. 만일 어떤 사람이 여러분에게 다가가, "당신이 하는 일은 무엇이든지 거룩해야 합니다."라고 말한다면, 그 사람은 중요한 것을 놓치고 있습니다. 그런 식으로 말하는 사람은 하나님의 계획 밖에 있는 사람입니다. 그러나 서신서에 기록되어 있듯이, 성령으로 가득차서 *"내가 거룩하니 여러분들도 거룩하십시오."* (베드로전서 1:16)라는 말은 우리가 얼마든지 할 수 있습니다. 여러분은 성령에 의해서는 거룩해 질 수 있지만 자신의 노력과 힘으로는 절대로 거룩해 질 수 없습니다. 우리의 심령이 깨어질 때 성령 하나님이 우리에게 오셔서 우리의 심령을 장악하십니다. 우리가 모든 희망을 잃어버릴 때 그분이 오셔서 소망을 불어넣어주십니다. 그렇게 될 때에야 우리는 비로소 이 세상 그 어떤 곳에서도 맛볼 수 없는 천국의 희열을 맛보게 됩니다. 하나님께서는 우리 속이 그분을 향한 열정으로만 가득 채워져서 성령으로 인도함 받는 삶을 매일같이 살게 되기를 바라십니다. 성령으로 인도함 받는 삶은 그분으로 인해 안전하게 살아가는 삶이요, 내적 기쁨이 솟아나는 삶이며, 그분을 경외심으로 찬미하는 삶입니다. 성령으로 인도함 받는 삶은 아름답고 멋진 삶입니다.

그리스도의 의로우심

"의의 직분은 더욱더 영광이 넘칠 것입니다." (고린도후서 3:9). 지금 여러분들에게 의에 대해 말씀드리겠습니다. 여러분들이 축복을 받으려면 먼저 그리스도 안에 있는 넘치는 영광에 대해 알아야합니다. 그분 안에만 영광이 흘러넘치도록 있습니다. 그분 안에만 모든 의로움이 있습니다. 거룩함에 관련된 모든 것들, 육체의 죽음을 멸하는 것에 관한 모든 것들, 우리가 영원한

존재로 되는 것에 관한 모든 것들이 그리스도를 부활하게 하신 하나님의 영원하신 능력 속에 항상 존재합니다.

여러분들이 예수를 바라볼 때, 그분의 생명에 관한 수많은 사실들을 알게 됩니다. 내가 예수님께서 승천하시기 전 40일간의 행적을 통해 예수님을 바라보자, 그분의 사역에 관한 부인할 수 없는 놀라운 진리와 증거들을 포착할 수 있게 되었습니다. 그리스도의 사역이란 무엇입니까? 여러분은 그분의 어떤 사역에 주목하십니까? 그분의 핵심 사역을 알려면 그분의 의로우신 계획에 대해 알아야합니다. 그분의 사역에 있어서의 탁월성은 그분을 덮었던 영광과 관련이 있습니다. 그분이 하신 말씀에는 확신이 있었고 변동됨이 없었으며 영원히 인내하시는 하나님의 성품이 묻어났습니다. 그분의 말씀에는 실패가 없었습니다. 그분이 말씀하시면 말씀하신대로 되었습니다. 그분에게는 움직일 수 없는 확고함이 있었습니다. 그분과 그분의 의는 항상 공존하였습니다. 하나님도 우리가 그분과 같은 사람이 되길 원하십니다. 그래서 우리가 하는 말에 신뢰성이 있어서 사람들이 우리가 한 말을 믿게 되는 것은 하나님이 원하시는 것입니다.

예수님의 안과 밖이 모두다 진리입니다. 그분은 *"내가 곧 길이요 진리요 생명이다."* (요한복음 14:6)라고 말씀하셨습니다. 예수 위에 우리의 삶의 기초가 세워져야합니다. 만일 우리가 마음으로 자신을 책망할 것이 없다면(요한일서 3:21), 우리가 산더러 *"바다에 빠져라 하고 말해도, 그렇게 될 것입니다."* (마태복음 21:21). 그러나 만일 우리가 우리를 정죄하면, 기도해도 응답이 없고, 설교를 해도 능력이 없어서, 우리는 그저 "울리는 징이나 요란한 꽹

과리가 될 뿐입니다."(고린도전서 13:1).

그리스도는 어느 쪽에서 살펴보아도 의로운 분이십니다. 그분은 얼마나 사랑스러운 분이신지요! 오, 참으로 그분은 아름다운 분이십니다. 하나님께서는 우리의 마음의 눈을 예수님에게 고정시켜 우리 모두가 성품적인 면에서 그분을 닮아가게 되기를 바라십니다. 하나님께서는 우리의 속사람이 의로워져서, 우리도 모든 면에서 의의 성품이 나타나게 되기를 원하십니다. 성경은 우리에게 모든 것을 정확하게 측량하는 기준선을 제공해 줍니다. 우리가 우리의 삶을 성경의 측량줄로 측량하지 않는다면, 우리는 의에 관한한 실패자가 될 수밖에 없습니다.

"이제까지 영광으로 빛나던 것이, 이제 훨씬 더 빛나는 영광이 나타났으므로, 그 빛을 잃게 되었다고 하겠습니다."(고린도후서 3:10). 성경의 축복된 말씀으로 인해 하나님과의 관계가 바르게 되어야하고, 그렇게 되었을 때 우리는 사람들에게 하나님께서 그렇게 해주셨다고 말할 수 있어야합니다. 이제 율법에 관해 말할 때가 되었습니다. 율법은 우리를 그리스도에게로 인도하는 선생님입니다(갈라디아서 3:24).

하나님의 목적에 따라 거룩하게 사용됨

법(law)이 세상에 처음 세워졌을 때에 법은 좋은 것이었습니다. 각 나라 각 도시에 있는 법들로 인해 질서가 유지되고 도시와 나라가 운영됩니다. 사랑하는 여러분들이여, 우리는 이 세상의 시민이 아닙니다. 우리의 시민권은 더 높고 고귀한 곳에 있습니다. "우리의 시민권은 하늘에 있습니다." (빌립보서 3:20) 만일 자연법이 이 세상의 도시들을 그토록 잘 지켜준다면 하늘의 시민권을 얻은 우리가 하나님과 바른 관계를 맺게 될 때 우리가 받을 영광은 세상 법을 지킬 때 받는 영광보다 훨씬 더 탁월한 영광이 아닐까요? 탁월한 영광이란 큰 빛을 발하는 영광입니다. 이 세상에는 깨어진 심령을 가진 사람들로 가득 차있습니다. 깨어진 심령으로 주님께 나아가는 사람들과 구원받은 사람들에게 탁월한 하늘의 영광이 채워집니다. 구원받은 우리들은 세상에 있는 사람들에게 하나님의 은혜의 영광의 탁월성을 전할 수 있어야합니다.

"우리는 그런 소망을 가지고 있으므로, 아주 대담하게 처신합니다. 우리는 모세가, 자기 얼굴의 광채가 사라져 가는 것을 이스라엘 자손이 보지 못하게 하려고 그 얼굴에 너울을 썼던 것과 같은 일은 하지 않습니다." (고린도후서 3:12-13)

하나님과 함께 거하는 사람은 복잡하게 말하거나, 이 말했다 저 말했다 하지 않습니다. 하나님과 함께 하는 사람은 말을 평범하고 간략하게 말합니다. 그럼에도 불구하고 그 사람의 말에는 하나님의 영광과 성품이 담겨져 있습니다. 하나님과 함께 거하는 사람의 말은 평범하면서도 위대합니다. 그런 사람은 자신이 하는 말의 가치를 충분히 알고 있습니다. 그런 사람은 하나님께서 문자(율법, letter)가 아닌 성령으로 자기 속에 계시다는 사실을 알고 있는 사람입니다. 그런 사람은 하나님의 입이 되어 말함으 하나님께 영광을 돌립니다. 그런 사람은 하나님의 임재 앞에 자주 서있는 사람입니다. 하나님께서는 그런 사람을 사용하시고 그런 사람을 통해 일하십니다.

침울한 곡으로는 절대로 승리의 노래를 부르지 말라고 나는 사람들에게 자주 말해왔습니다. 만일 여러분의 삶이 침울한 것으로 점철되어있다면 여러분은 천국의 벨을 울릴 수 없습니다. 여러분은 하나님과 호흡을 맞추면서 사셔야 합니다. 그래야 감미로운 노래가 당신 입을 통해 흘러나오게 됩니다. 우리의 입은 율법에 의해서가 아니라 성령에 의해서 움직이는 하나님의 입이 되어야 합니다. 우리가 하나님의 뜻에 따라 말하고 움직일 때 하나님은 우리에게 기쁨의 노래를 불러주십니다(스바냐서 3:17). 만일 우리가 성령 안에서 살면, 주님의 생명이 우리 속에서 자유롭게 움직이게 됩니다. *"주님은 영이십니다. 주님의 영이 계신 곳에는 자유함이 있습니다."* (고린도전서 3:17).

간증만큼 사람들을 자유롭게 해주는 것은 흔치않습니다. 어떤 사람들은 간증을 어떻게 해야 되는 지 잘 모르고 있습니다. 우리는 성령님의 이끄심을 따라서 간증해야 합니다. 간증할 때에는 하나님의 영광을 나타내는 말만 해야 하고 자신의 의견을 말해서는 안 됩니다. 많은 사람들이 기도를 너무 오래하고 간증을 너무 오래해서 집회를 엉망으로 만들곤 하였습니다. 만일 성령의 인도하심을 따라서만 말한다면 적시에 말을 끝내기는 어렵지 않습니다. 같은 말을 하고 또 하면 듣는 사람들이 피곤해 하고 지루해 합니다. 그 정도가 되면 말하는 사람에게 있었던 기름부음은 이미 소멸된 것입니다.

기도는 정말로 좋은 것입니다. 성령 안에서 기도(방언 기도)하는 사람의 기도소리를 듣는 것은 정말로 기분 좋은 일입니다. 그러나 성령이 기도하지 않는데도 불구하고 계속 성령으로 기도하는 것처럼 꾸며서 기도하는 사람들이 있습니다. 그런 사람들의 기도소리는 사람들로 하여금 짜증을 불러일으킵니다. 하나님께서 우리에게 주신 자유를 함부로 사용하지 맙시다. 오직 성령이 우리를 이끄실 때에만 성령 안에서 기도하십시오. 그래야 기도를 적당한 때에 끝낼 수 있습니다. 기독교의 모임이 너무도 자유롭다보면 사람들은 감정에 치우쳐서 "오, 집회를 한 시간 더 연장했으면 좋겠네요."라고 말하거나 "그 사람의 간증에 하나님의 계시가 들어있네요."라고 말하는 사람들이 생겨납니다.

고린도후서에서 내가 마지막으로 언급하고 싶은 구절은 우리에게 가장 영광스러운 말씀인 다음과 같은 구절입니다.

"우리는 모두 너울을 벗어 버리고 주님의 영광을 바라봅니다. 이렇게 해서 우리는 주님과 같은 모습으로 변화하여 점점 더 큰 영광에 이르게 됩니다. 이것은 영이신 주께서 하시는 일입니다." (고린도후서 3:18)

현재 우리가 경험하고 있는 영광보다 더 큰 영광이 우리에게 부어질 것입니다. 우리가 갖고 있는 기쁨보다 더 큰 기쁨이 우리에게 부어질 것입니다. 우리에게 부어질 더 큰 영광과 기쁨은 측량할 수 없을 정도가 될 것입니다. 사랑하는 여러분들이여, 우리는 우리 속에 우리의 모든 것을 바꿀 정도로 위대한 하나님의 말씀을 간직하고 있습니다. 하나님의 말씀으로 축제를 여십시오. 진리를 소화시키시고 그리스도를 섭취하십시오. 그래서 매일의 삶이 영광에서 더 큰 영광으로 나아가는 삶이 되게 하십시오. 오직 말씀만이 여러분을 그곳으로 인도합니다. 여러분이 그곳에 있게 되면 더 이상 말씀을 도외시하지 않게 됩니다.

　사랑하는 여러분들이여, 내가 여러분들에게 지금껏 가르쳐드린 진리들을 하나도 놓치지 마십시오. 하나님의 말씀 속에 들어 있는 위대한 진리 자체가 여러분의 간증이 되어야합니다. 여러분의 삶 자체가 진리를 나타내는 간증이 되어야합니다. "*여러분은 분명히 그리스도께서 보내신 편지입니다.*" (고린도후서 3:3)라는 성경 말씀을 지금 하나님께서 당신에게 하시는 말씀으로 받으십시오. 상한 심령과 깨어진 마음으로 겸손하여지십시오. 여러분의 삶에 하나님의 기준에 못 미치는 부분이 있다면 이 부분을 하나님께 포기해 드리십시오. 그래야 하나님의 기준에 도달할 수 있습니다. 우리가 부족함에도 불구하고, 상한 심령과 온전한 마음으로 하나님의 은혜의 보좌로 담대히 나아간다면, 하나님께서는 우리를 맞아주시고 일으켜 세워주시고, 우리를 향한 그분의 영적인 계획을 펼쳐나가실 것입니다.

제 9 장
변화 받는 법

야곱이 조상들이 살고 있는 고향으로 돌아가고 있었습니다. 그러나 형 에서에 대한 생각으로 인해 고향으로 돌아가는 그의 발걸음은 천근만근이었습니다. 아주 오래 전에 야곱과 그의 어머니는 모략을 꾸며 야곱의 아버지 이삭이 큰 아들 에서에게 주려고 했던 축복을 빼앗았던 적이 있었습니다. 야곱이 그런 짓을 한 것은 육적 모략이요 나쁜 짓이었습니다. 에서는 아버지로부터 마땅히 받았어야할 축복을 동생이 빼앗아갔다는 사실을 알게 되자, 야곱을 증오하여 "나의 아버지가 돌아가시고 나면 동생 야곱을 죽여 버려야겠다."고 다짐하였습니다(창세기 27:41을 보십시오). 인간들의 (복수) 계획은 재앙을 불러옵니다.

형 에서가 자기를 죽이려고 계획하고 있다는 사실을 안 야곱은 에서로부터 도망을 치게 되었습니다. 선하신 하나님께서는 도망자 야곱을 도와주셨습니다. 하나님은 형을 피해 도망하고 있는 야곱에게 천사들이 사닥다리를 오르락내리락 하는 환상을 보여 주셨습니다(창세기 28:12). 하나님의 은혜는 얼마나 놀라운지요! 야곱은 육신의 일을 도모하였음에도 하나님께서는 야곱에게 은혜를 베푸셨습니다. 형을 피해 도망하던 야곱이 사닥다리의 환상을 본 날 하나님께서는 야곱에게 나타나셔서 "내가 너와 함께 있어서 네가 어디로 가든지, 너를 지켜 주며, 내가 너를 다시 이 땅으로 데려 오겠다. 내가 너에게 약속한 것을 다 이루기까지, 내가 너를 떠나지 않겠다." (창세기 28:15)는 약속의 말씀을 해 주셨습니다. 하나님의 약속의 말씀을 받고 난 그날 밤 야곱은 아마 자신의 잘못을 깨닫고 회개하였을 것입니다.

자신이 얼마나 죄인인 것을 깨달았을 때 삶에 많은 변화가 일어납니다. 하나님께서 우리의 눈에 낀 비늘들을 벗겨주실 때 영의 눈이 떠져서 우리를 향한 하나님의 자비와 은혜가 얼마나 큰지를 비로소 알게 됩니다. 하나님의 우리를 향한 사랑과 긍휼하심은 항상 변하지 않으십니다.

야곱은 천사가 사닥다리를 오르락내리락 하는 환상을 본 후 무려 이십일 년이라는 세월 동안 각종 시련과 어려움을 당했습니다. 그러나 그 오랜 기간 동안에도, 하나님께서는 야곱에게 하신 약속을 어기시지 않으셨습니다. 야곱은 자신이 믿는 하나님이 약속을 지키시는 신실하신 하나님이시라는 사실을 너무도 잘 알고 있었습니다. 그래서 그는 자신의 아내들에게 "장인께서는 나에게 주실 품삯을 열 번이나 바꾸시면서 지금까지 나를 속이셨소. 그런데 하나님은 장인어른이 나를 해치지는 못하게 하셨소." (창세기 31:7)라고 말할 수 있었습니다. 그리고 그는 또한 장인에게는 다음과 같이 말하였습니다.

나의 조상의 하나님, 곧 아브라함을 보살펴 주신 하나님이시며 이삭을 지켜 주신 두려운 분께서 나와 함께 계시지 않으셨으면 장인께서는 나를 틀림없이 빈손으로 돌려보내셨을 것입니다. 그러나 하나님은 내가 겪은 고난과 내가 한 수고를 몸소 살피시고 어젯밤에 장인어른을 꾸짖으셨습니다. (42절)

야곱은 자신이 도망 나온 고향으로 돌아가고 있었지만 그의 마음은 두려움으로 가득 찼습니다. 지금 이 순간 그에게 가장 필요한 것은 하나님의 도움이었습니다. 그래서 그는 혼자남아 하나님께 간절하게 도움을 요청하기로 작정하였습니다. 이제 그는 자기의 아내들과 자녀들 그리고 양, 소, 낙타와 당나귀들을 앞서 보내고 들에 혼자 남았습니다. "야곱은 뒤에 홀로 남았는데 어떤 분이 나타나 야곱을 붙잡고 동이 틀 때까지 씨름을 하였습니다."(창세기 32:24). 야곱이 곤경에 처한 것을 아시고 그를 만나 도움을 주기위해 하늘에서 하나님께서 내려오신 것입니다. 하나님께서는 꾀쟁이 야곱을 깨어지게 하여 그를 변화시키려고 그와 씨름하셨습니다.

야곱은 자기의 형 에서가 축복을 빼앗겼던 이십 일 년 전의 일로인해 자신에게 복수를 할 것을 잘 알고 무척 두려워하고 있었습니다. 이러한 위기 상황에서 그를 구해줄 존재는 단지 하나님뿐이라는 사실을 그는 잘 알고 있었습니다. 가족들과 가축들을 먼저 보낸 야곱이 들판에 나약하고 힘없이 홀로 남아있을 때 하나님께서 그를 만나주셨습니다. 오, 우리도 야곱처럼 깨어지고 상한 마음을 갖고, 변화받기 위해 홀로 하나님을 기다린다면 하나님이 만나주실 텐데요! 우리가 하나님을 만난다면 그분께서 우리의 위기 상황에 개입하셔서 우리가 고뇌하고 애쓰는 문제들을 해결시켜주십니다. 홀로 하나님과 만나는 시간을 가지십시오. 그래서 그분의 한량없는 은혜를 받으심으로 하나님께서 당신을 통해 이루고자 계획하신 일들을 이루어나가십시오.

하나님의 축복을 받음

야곱이 그날 밤 가족을 먼저 보내고 들에 홀로 남았을 때 그가 무슨 생각과 행동을 하였을까 유추해 봅시다. 그는 아마도 그 곳에서 오래전에 보았던 사닥다리와 천사의 환상을 기억하였을 것입니다. 그가 기도하려고 엎드렸지만 혀가 입천장에 붙어버려 기도 소리가 잘 안 나왔을 것입니다. 그는 자신에게 다가오는 위기들을 극복하지 않으면 안 된다는 사실만은 잘 알고 있었을 것입니다. 지난 며칠 동안 그는 온통 자신의 문제 해결에만 집중하였습니다. 하나님을 만나기 위해 그리고 그분의 도움을 받기 위해 홀로 있는 것은 그 얼마나 중요한 일인지요! 홀로 있을 때 자기 자신이 어떠한 존재인지에 대한 진정한 이해에 이르게 됩니다. 갈보리 십자가를 통해 하나님께서 우리에게 주신 새 생명은 그 얼마나 고귀한지요! 내가 거듭난 후, 깨어진 마음으로 홀로 있으면서 하나님께 부르짖었을 때, 나는 "나"라는 존재가 성령의 능력으로만 살아갈 수 있는 존재라는 사실을 깊이 깨달았습니다.

이제 몇 시간이 흘렀습니다. 오, 우리도 야곱처럼 밤 시간에 홀로 있을 때 하나님을 만나 오랫동안 그분과 같이 있을 수 있다면 참으로 좋을 텐데요! 그런데 불행하게도 많은 그리스도인들이 세상일에 너무 묶여 그런 시간을 내지 못하고 있는 것이 현실입니다. 우리는 정말로 하나님의 임재 안에 있는 시간을 많이 낼 수 있어야합니다. 우리의 시간을 하나님께 내어드릴 때 하나님으로부터 새로운 계시들을 받게 됩니다. 우리가 갖고 있는 여러 가지의 세상의 근심과 걱정을 버리고 하나님을 만나려면 시간이 필요합니다. 하나님과 씨름할 시간이 필요한 것이지요. 하나님은 우리 안의 세상 생각들을 없애시기 위해 하나님과 씨름하는 시간을 허락하십니다. 우리가 진정으로 우리의 문제를 놓고 하나님과 끈질기게 씨름한다면 야곱이 그랬듯이 우리도 하나님의 응답을 받아내게 될 것입니다.

그날 그 밤에 야곱의 눈에 눈물이 고였음이 분명합니다. 호세아는 이에 대해 *"야곱은 천사와 싸워서 이기자, 울면서 은총을 간구하였다."* (호세아 12:4)고 하였습니다. 야곱은 자기가 하나님을 실망시켜드렸다는 사실과 자신이 얼마나 비겁한 자였는지를 잘 알고 있었습니다. 그러나 그는 그날 밤에 받은 계시로 인해 자신이 남을 속이는 자에서 하나님의 왕자로 변화 될 수 있다는 사실을 깨닫게 되었습니다. 동이 서서히 터오자 천사로 대변되고 있는 하나님은 *"날이 새려고 하니 놓아 달라."* (창세기 32:26)고 야곱에게 요청하였습니다. 우리가 자주 실수 하는 부분이 바로 이 부분입니다. 야곱은 만일 하나님께서 자신을 축복해주시지 않고 그냥 가버리시면 형이 자신을 용서해주지 않을 것이란 사실을 잘 알고 있었습니다. 여러분이 하나님의 축복을 받아내기만 한다면, 세상의 극심한 환란이 여러분을 향해 공격해 올 때 그 공격을 피할 수 있게 됩니다.

한번 붙잡은 하나님을 절대로 그냥 가시게 놓아 주지 마십시오. 여러분이 정말로 하나님께 새로운 계시를 달라거나 앞길에 빛을 비추어 달라고 기도할 때, 하나님의 약속을 받아내지 않은 상태에서 하나님을 그냥 가시게 놓아드리지 마십시오. 여러분이 이점을 확실하게 실천한다면 승리는 여러분의 것입니다. 여러분이 만일 흑암과 같은 상황에 처해있어서 하나님의 새로운 계시가 필요할수록, 어려운 문제에 직면해서 문제가 되는 상황에 옴짝달싹 못하고 갇혀있을수록 하나님을 끝까지 붙잡고 계십시오. 그리고 그분께 "나를 축복을 해 주지 않으면 보내지 않겠습니다."(26절)라고 떼를 쓰십시오.

상대방과 씨름할 경우, 몸에 힘을 줄 수 있는 부분은 목, 가슴 그리고 넓적다리 부분입니다. 그 중에서도 가장 크게 힘을 줄 수 있는 부분이 바로 넓적다리입니다. 하나님께서 야곱의 넓적다리 윗부분에 있는 엉덩이뼈를 쳤습니다. 그러자 야곱의 엉덩이뼈가 위골되어 야곱은 힘을 쓸 수 없게 되었습니다. 하나님과의 씨름에서 야곱의 패배는 거의 확실해 졌습니다. 이때 야곱은 어떻게 했습니까? 엉덩이뼈가 위골되었어도 야곱은 계속 하나님을 붙들고 자신을 축복해 달라고 간청하였습니다. 하나님은 깨어지고 부서진 사람을 불쌍히 여기십니다. 인간의 노력이 무위로 돌아가는 지점에서부터 하나님은 역사하기 시작하십니다. 우리가 깨어졌을 때 우리가 해야 할 것은 하나님을 붙잡고 놓지 않는 것입니다. 우리가 하나님을 그냥 가시게 하면 문제해결은 요원해지고 맙니다.

야곱은 "나를 축복을 해 주지 않으면 당신을 절대로 보내지 않겠습니다."며 울부짖었습니다. 그러자 하나님께서는 야곱을 축복하시며 *"네가 하나님과도 겨루어 이겼고, 사람과도 겨루어 이겼으니, 이제 너의 이름은 야곱이 아니라 이스라엘이다."* (창세기 32:28)라고 하셨습니다. 야곱이 하나님으로부터 새로운 이름을 받은 것입니다. 속이는 자요 비굴한 자란 의미의 야곱이란 이름은 없어졌습니다. 야곱은 새로운 존재가 되었습니다. 속이는 자 야곱이 변화되어 왕자 이스라엘이 된 것입니다.

당신이 필요한 분은 하나님 한분 뿐

하나님께서 우리의 삶에 들어오신 후에 우리에게 필요한 것은 그분 한분 뿐입니다. 야곱이 이스라엘이란 이름을 받자 아침 해가 떠올랐습니다. 이제 야곱은 에서를 포함한 이 세상 그 어느 것도 이길 수 있는 이스라엘이라는 새로운 존재가 되었습니다. 이후 그는 곧 에서를 만났습니다. 야곱과 에서는 만나자 마자 서로 용서의 포옹을 나누었고 화해의 키스를 하였습니다. *"사람의 행실이 주님을 기쁘시게 하면, 그의 원수라도 그와 화목하게 하여 주신다."* (잠언 16:7)라는 말씀은 참으로 진리입니다. 에서는 야곱에게 "야곱아, 왜 이렇게 많은 소들을 갖고 왔니?"라고 물었습니다. 그러자 야곱은 형 에서에게 "이 모든 가축들은 형님에게 내가 드리는 선물입니다."라고 답했습니다. 그러자 에서는 동생에게 "내가 가진 재산도 이미 상당하지. 나는 너의 소가 필요하지 않다. 너의 얼굴을 다시 본 것으로도 나는 기뻐."(창세기 33장을 보십시오)라고 하였습니다. 이 얼마나 놀라운 상황의 변화인지요! 야곱이 들에서 하나님을 만난 그날 밤 이후 에서와 야곱사이에 재물은 아무 문제도 되지 않았습니다. 누가 우리의 마음과 상황을 변화시켜줄 수 있습니까? 하나님만이 그렇게 해주실 수 있습니다.

여러분은 야곱처럼 하나님께 매달릴 수 있으시겠습니까? 만일 여러분이 마음이 깨어져서 하나님을 향해 마음을 열어 놓고, 하나님만을 바라보고 하나님께 계속적으로 신실하다면, 하나님이 야곱에게 해주신 것처럼 여러분에게도 해 주실 수 있습니다. 여러분이 현재 약해져있다면 지금이 바로 강해질 수 있는 가장 좋은 때입니다(고린도후서 12:10). 그러나 만약 여러분이 스스로를 의롭다고 생각하고 있고, 마음이 교만하여져서 자신이 꽤 괜찮은 사람이라고 생각하고 있다면 당신은 하나님으로부터 받을 수 있는 것은 아무것도 없게 됩니다. 만일 당신이 하나님을 향해 뜨거움이 없이 미지근한 상태라면 하나님은 당신의 상태를 보시고 실망하실 것입니다. 하나님께서는 그런 당신을 향해 *"네가 이렇게 미지근하여 뜨겁지도 않고 차갑지도 않으니, 나는 너를 내 입에서 뱉어 버리겠다."* (요한계시록 3:16)고 말씀하실 것입니다.

마음이 깨어지고 겸손한 사람 만이 믿음의 곳, 거룩한 곳, 겸손의 곳의 나아가 하나님을 향해, 하나님께서 *"나를 축복을 해 주지 않으면 보내지 않겠습니다."* (창세기 32:26)라며 매달리는 기도를 할 수 있습니다. 여러분의 처절한 기도에 대해 하나님께서는 여러분이 생각하는 것보다 훨씬 풍성하게 응답하실 것입니다(에베소서 3:20).

우리는 때때로 하나님께서 우리를 버리셨다고 생각합니다. 오,

절대로 그렇지 않습니다. 그분은 우리를 그 어떤 일이 있어도 떠나지 않겠다고 약속하셨습니다(신명기 3:16). 야곱에게 절대로 떠나지 않겠다고 약속하신 하나님께서는 그 약속을 끝까지 지키셨습니다. 이와 마찬가지로, 우리를 떠나지 않겠다고 약속하신 하나님은 끝까지 그 약속을 지키실 것입니다. 야곱이 하나님께 매달려 축복을 받아내었듯이, 우리도 하나님께 매어달려 축복을 받아냅시다.

하나님께서 우리를 도와주시지 않는다면 우리는 이 세상에 아무 유익을 끼칠 수 없습니다. 우리는 더 이상 소금이 될 수 없습니다. 맛을 잃었기 때문입니다. 그러나 우리가 하나님과 둘이서만 보내는 시간을 보내며 하나님께 축복해 달라고 울며 기도하는 동안, 우리는 되살아나게 될 것이고, 이를 통해 세상에서 소금의 역할을 잘 해내면서 살 수 있게 될 것입니다. 그분은 힘이 빠진 우리에게 새 힘을 공급해주시며, 낙담하고 지친 우리를 구해내셔서 그분의 완전한 뜻 안으로 들어가게 해주십니다.

새벽이 밝아오자 야곱은 *"엉덩이뼈가 어긋났으므로 절뚝거리며 걸었습니다."*(창세기 32:31). 여러분들 중에 어떤 분은 "절뚝거리며 걷는 사람이 도대체 무슨 일을 할 수 있을까?"라고 생각하는 분이 계실 줄 압니다. 야곱은 하나님과 씨름하다가 절음발이가 되었습니다. 더군다나 그는 하나님의 얼굴을 보았습니다. 신체가 온전하지 못해도 하나님의 얼굴을 본 사람은 마귀를 이길 수 있고 사탄의 견고한 진을 무너뜨릴 수 있습니다. 그래서 성경은 *"다리를 절룩거리는 자가 (악한 것들이 빼앗아간) 재물을 탈취한다."*(이사야서 33:23을 보십시오.)라고 선포하고 있습니다. 야곱이 상황을 타개 할 수 있었던 것은 그가 그날 밤 하나님만을 의지하고 그분만을 붙들었기 때문입니다.

　오, 성령님의 능력에만 의존하는 삶을 사는 것은 그 얼마나 복된 삶인지요! 우리는 그분의 도움 없이는 아무 것도 할 수 없습니다. 우리는 그분만을 의지하고 살아가야합니다. 나는 성령님의 기름 부으심과 능력 없이는 아무것도 할 수 없다는 사실을 철저하게 깨달았습니다. 오, 하나님께만 절대적으로 의존하며 사는 사람이 받는 축복의 대단함이여! 하나님께 의존하는 삶에 하나님의 능력이 나타납니다. 만일 여러분들이 아직 그 상태까지 이르지 못하셨다면, 하나님께 혼자 나아가십시오. 할 수만 있다면 밤새도록 하나님과 둘이서만 보내십시오. 그리고 그분이 당신을 온전히 변화시킬 수 있도록 당신을 하나님께 맡겨드리십시오. 축복을 받기 전에는 절대로 하나님을 가시게 내버려두지 마십시오. 하나님께서 당신을 하나님과 함께 하는 왕자 이스라엘로 만들어줄때까지 그분을 꼭 붙들고 계십시오.

제 10 장

부활하신 그분

하나님께 기름부음 받으신 예수는 이곳저곳으로 다니시면서 착한 일을 행하셨습니다. 하나님이 예수님과 함께 하셨기 때문입니다. 우리는 예수가 부활하셨다는 것이 사실임을 잘 알고 있습니다. 우리의 왕 되신 그리스도께서 영광 가운데 부활하셨다는 사실과 관련된 진리들을 오늘 아침에 생각해 보십시다. 부활하신 예수 그리스도의 능력이 우리의 심령을 움직이고 태웁니다. 우리는 우리 안에 계신 분이 성령의 능력으로 우리를 위해 영원토록 역사하시는 분이시라는 사실을 잘 알고 있습니다.

오, 사랑하는 여러분들이여, 예수를 아는 것이 영생입니다! 능력으로 가득 찬 우리의 거룩하시고 지고하신 주님과의 교제 안으로 들어가면 어두움의 왕국은 무너질 수밖에 없습니다. 예수님 위에는 하나님의 은혜가 있었습니다. 예수는 하나님께서 우리에게 주시는 축복된 유산입니다. 하나님께서는 우리 한 사람 한 사람이 다 불을 잡기를 원하십니다. 우리는 새로운 차원의 실재를 잡아야합니다. 우리는 수군거리는 것을 중단하고, 승리와 경배의 곳으로 나아가야합니다.

이제 사도행전 4장 31-32절을 살펴봅시다. *"그들이 기도를 마*

치니, 그들이 모여 있는 곳이 흔들리고, 그들 모두가 성령으로 충만해서 하나님의 말씀을 담대히 말하게 되었습니다."(31절). 여러분들 중에는 교회에서 큰 소리를 내면 안 된다고 배운 사람들이 있을 것입니다. 소리 지르지 않는 교회는 성령으로 흔들릴 일이 없는 교회입니다. 여러분들이 그런 교회에 대해 "성령이 떠난 교회다."라고 선포해도 괜찮습니다. 소리 높여 하나님을 찬미하고 능력으로 기도할 때 하나님께서 임하신다는 것이 영적인 비밀입니다. 어떤 사람은 "오, 나는 속으로만 하나님을 높입니다."라고 말하는데 그런 사람에게 성령이 강력하게 임하는 것을 보는 것은 모래사막에서 동전을 찾는 것처럼 힘듭니다.

런던에 사업을 크게 하는 어떤 사람이 있었습니다. 이 사람은 교회를 건성으로만 다니는 사람이었습니다. 그가 다니는 교회는 실내가 아름다운 장식들로 꾸며져 있고 쿠션이 좋은 의자들이 있는 교회였습니다. 그 교회는 너무나 아늑하게 꾸며져 있어서 의자에 한참 앉아 있다 보면 슬그머니 잠이 들 정도였습니다. 그 사업가의 사업은 번창하였고 그는 많은 돈을 벌었습니다. 그러나 그는 밤이면 악몽에 시달려 잠을 이루지 못하였지만 그 이유를 알 수 없었습니다.

어느 날 그는 사무실이 있는 빌딩 주위를 걷기 위해 사무실 문을 나섰습니다. 그가 사무실 문을 나섰을 때 그는 빌딩의 문을 지키는 청년이 기뻐 뛰며 휘파람을 부는 것을 보았습니다. 그 사업가에게 '나도 저 청년처럼 뛰며 휘파람을 불 정도로 내 마음이 기쁘다면 얼마나 좋을까.'라는 생각이 들었습니다. 그가 다시 사무실로 들어갔지만 그 청년이 그토록 기뻐하는 이유를 알고 싶어 견딜 수가 없었습니다. 그래서 그 사업가는 기뻐 뛰며 휘파람을 불고 있는 청년에게 다시 가서 "너, 내 사무실로 좀 와 줄 수 있겠니?"라고 말했습니다.

사업가는 사무실 안으로 들어온 청년에게 "너는 어쩐 일로 그토록 행복해하며 휘파람까지 불고 있니?"라고 물어보았습니다.

그러자 그 청년은 "선생님, 나는 내 속에서 넘쳐나는 기쁨을 감당할 수 없습니다."라고 말해주었습니다.

"그 기쁨은 어디서 나오는 기쁨이야?"

"나의 이 기쁨은 오순절 성령 체험에서 온 것입니다."

"어디서 그런 오순절 성령 체험을 얻을 수 있니?"

이 청년은 자신이 어디에서 그런 기쁨을 얻게 되었는지에 대해 그 사업가에게 말해주었습니다. 그 청년의 이야기를 들은 사업가는 그 청년이 다니는 오순절 교회의 예배에 참석하였고 그 교회의 설교자가 하나님의 능력의 관해 설교하는 것을 경청하였습니다. 그러자 그의 마음이 깨어졌고 하나님께서는 그에게 놀라운 일을 행하셔서 그를 완전히 바꾸어놓으셨습니다. 이런 일이 있고 나서 며칠 후 그 사업가는 자신의 사무실에서 일을 하면서 성령이 주시는 기쁨에 자신도 모르게 콧노래를 불렀습니다. 하나님께서 그를 그렇게 바꾸어 놓은 것입니다.

우리 안에 있는 능력

사랑하는 여러분, 여러분 안에 있지 않는 것은 여러분 밖으로 나올 수가 없습니다. 우리의 심령과 삶을 변화시켜 주시는 분은 하나님이십니다. 하나님께서 우리의 속에 있는 심령을 변화시켜 주셔야 우리의 속에 기쁨이 차게 되고, 그 기쁨이 우리 속에서부터 밖으로 표출되게 됩니다. 오순절의 능력이 사람들에게 처음으로 임했을 때에 사람들이 묶임에서 풀려났습니다. 사람들은 죽은 것과 같은 의미 없는 삶을 다람쥐 쳇바퀴 돌듯이 살아가는 데 지쳐있습니다. 사람들은 거짓이 없는 참 삶을 살기를 간절히 원하고 있습니다. 우리 믿는 사람들은 참된 삶, 하나님이 우리 안에 살아서 역사하시는 삶, 하나님으로 가득 채워진 삶을 살기를 간절히 원하고 있습니다. 성령으로 가득 채워진 삶을 살기를 간절히 원하고 있습니다.

우리는 우리의 주님 되시는 분이 사셨던 삶을 살아가야합니다. 예수님께서 그러셨던 것처럼, 우리가 하는 말에 진리가 가득 담겨있어야 합니다. 우리는 예수의 귀하신 피로 인해 우리가 하나님의 귀한 소유물이 되었다는 확신을 갖고 살아가야 합니다. 우리 안에 하나님이 주신 유산이 있습니다. 예수가 죽었다가 살아났다는 사실을 머리로는 인정하면서도 예수를 자신의 구주로 영접하지 않은 사람들이 있습니다. 그런 사람들은 구원받지 못한 사람들입니다. 사랑하는 여러분들이여, 여러분들은 구원받은 확신을 갖고 있습니다. 여러분은 중생하였다는 확신을 갖고 계신 분들입니다. 우리가 구원에 대한 확신을 갖게 되는 이유는 우리 속에 계신 성령께서 우리에게 구원받았다는 확신을 주시기 때문입니다(로마서 8:16).

성령의 능력으로 예수가 죽었다가 다시 살아나셨습니다. 이 자리에 계신 분들도 성령의 능력에 의해 (영적으로) 죽었다가 다시 살아난 존재들입니다. 나는 지금 여러분들에게 하나님은 부활의 능력을 갖고 계신 분으로 모든 연약함으로부터 여러분을 자유하게 해주시는 분이라는 것에 대해 설교 하고 있는 중입니다. 여러분들이 어떻게 해야 마귀를 이긴 후, 주님에게 "주여, 다 이루었습니다."(요한계시록 21:6을 보십시오)라고 말할 수 있는지에 대해 잘 알고 있었으면 좋겠습니다.

> *동료들은 이 말을 듣고서, 다같이 하나님께 부르짖어 아뢰었다. "하늘과 땅과 바다와 그 안에 있는 모든 것을 지으신 주님...." 그들이 기도를 마치니, 그들이 모여 있는 곳이 흔들리고, 그들 모두가 성령으로 충만해서 하나님의 말씀을 담대히 말하게 되었다. (사도행전 4:24, 31)*

위와 같은 일이 일어난 것은 참으로 놀랍습니다. 이것이 바로 참 부흥입니다. 우리가 모일 때에 이런 일들이 일어나야합니다. 하나님께서는 우리가 생명을 갖고 살도록 계획하셨습니다. 형제자매 여러분들이이여, 오순절 날, 어부들을 변화시켰던 것은 바로 성령님의 놀라운 능력이었습니다. 그것은 성령님이셨습니다. 우리는 성령님이 어떤 단순한 영향력이라고 말하지 말아야 합니다. 성령님은 삼위일체 하나님의 삼위이신 인격체이시며 능력과 임재이기 때문입니다. 우리는 과거 수년 동안 하나님께서 나타나시기를 위해 기도하였고 그 결과 그런 일들이 현재 실제적으로 일어나고 있습니다. 이러한 흐름은 곳곳에서 목격되고 있습니다.

하나님께서는 모든 육체에게 성령을 부어주시겠다고 약속하셨습니다. 이 천 년 전 오순절 날 성령이 부어졌을 때 그랬던 것처럼, 오늘날 많은 성도들이 서로 모여 자신들의 육체에 성령을 부어달라고 간절히 기도하고 있습니다. 오순절 날이 바로 우리 앞에 와 있습니다. 오늘날 하나님께서는 자신이 하신 약속을 이루어주고 계십니다.

오, 우리가 성령으로 인해 사탄의 노예에서 하나님의 자녀로 변화되고, 거듭난 새사람이 되고, 육의 사람에서 은혜의 사람으로 변화된다는 것은 그 얼마나 사랑스런 일인지요! 죽은 우리를 살리기 위해 이 땅에 오신 분이 우리를 만지시면 자연인인 우리는 초 자연적으로 변화됩니다. 성령님은 우리와 함께 있기 위해 우리에게 오셨습니다. 그분은 하나님이 어떤 분이신지를 계시해 주기 위해 우리에게 오셨습니다. 성령님께서는 우리 안에 계셔서 우리의 심령에 하나님의 사랑을 부어주시고(로마서 5:5), 우리를 예수에게로 인도하시고 예수에 관한 것들을 알려주시고 보여주십니다(요한복음 16:14).

나는 구원의 심오한 의미를 깨닫게 될 때의 갖게 되는 기쁨이 너무도 대단해서, 휴거할 때 우리가 갖게 될 기쁨에 견줄 수 있다고 생각해 보았습니다. 여러분, 지금 믿음의 능력 안으로 과감히 들어가시겠습니까? 하나님께서 여러분에게 주신 유산들을 담대하게 받으시겠습니까? 그분의 말씀 위에 단단히 서시겠습니까? 여러분이 진정으로 믿으면 하나님의 영광을 보게 될 것입니다(요한복음 11:40). *"믿는 사람은 모든 것을 할 수 있습니다."* (마가복음 9:23). 여러분들은 사람들에게 하나님께서 여러분들의 몸을 거룩하고 정결하게 해주셨다고 당당하게 말할 수 있겠습니까? 하나님은 여러분들의 몸이 하나님의 제단에 바쳐진 정결하고 거룩하고 구별된 몸이 되기를 원하십니다. 그래서 여러분이 다시는 세상의 더러움에 물들지 않는 그분의 형상으로 새롭게 변화되기를 하나님께서 원하십니다(로마서 12:2).

밀 까부르듯이 되고 금처럼 정련됨

여기 계시는 분들 중에 이제부터는 하나님의 말씀 위에 단단히 서서 살아가야겠다고 작정하신 분들이 계실 것입니다. 그런 분들에게는 앞으로 밀 까부르듯 까불림을 당하는 일이 있게 될 것입니다(누가복음 22:31). 그런 분들은 앞으로 어려운 시험을 당하는 일을 겪게 될 것입니다(베드로전서 4:12). 아주 어려운 상황에 직면해야만 하는 일이 벌어집니다. 즉 주위가 온통 지옥이라고 생각할 정도의 일을 겪게 됩니다. 그러나 하나님께서는 그런 상황 속에 있는 여러분을 지켜주시기 위해 여러분에게 용기를 주심으로 여러분에게는 상황을 이기고도 남을 만큼의 큰 믿음이 생기게 됩니다. "사람이 흔히 겪는 시련 말고는 여러분에게 덮친 시련이 없습니다. 하나님은 신실하십니다. 그분은, 여러분이 감당할 수 있는 능력 이상으로 시련을 겪는 것을 허락하지 않으십니다. 그분은 시련과 함께 벗어날 길도 마련하여 주셔서, 여러분이 그 시련을 견디어 낼 수 있게 하십니다." (고린도전서 10:13)

하나님께서 여러분이 그토록 혹독한 시련을 당하도록 허락하는 것은 시련을 통해 여러분들이 정금처럼 깨끗하게 되도록 하기 위함입니다. 여러분이 당하는 모든 시련들은 단지 여러분이 하나님을 위해 쓰임 받기 위해 준비되는 것에 불과합니다. 하나님의 시련을 통과함으로 믿음이 더욱 굳건하게 됩니다. 굳건한 믿음이 있다면 큰 시련이 닥쳐와도 능히 이길 수 있습니다. 우리는 하나님께서 주시는 불같은 시련을 통과할 수 있는 성도들이 되기 위해, 연약하고 게으르고 힘없고 생명 없이 살아가는 삶을 거부하고, 하나님의 말씀을 저버리고 살아가는 삶도 단호히 거절해야 합니다. 자신이 연약하였을 때 가장 온전하게 될 수 있다는 사실을 깨닫게 되려면 반드시 불같은 시련을 받아야만 합니다. 인간의 힘으론 도저히 이길 수 없을 것처럼 여겨졌던 불같은 시련을 이길 수 있었던 것은 하나님께서 힘을 주셨기 때문이라는 사실을 인정할 때에 여러분은 비로소 겸손한 사람이 됩니다. 우리의 매일 매일의 삶을 인도해주시는 분은 성령님이십니다. 우리가 살면서 받는 시련들은 우리가 장차 받을 영광에 비하면 아무것도 아닙니다(고린도후서 4:17).

오, 사랑하는 여러분들이여, 오늘 하루를 우리가 어떻게 보내야합니까? 오늘 오후는 좋은 시간이 될 것을 기대하십시오. 우리 모두는 성령을 받아야합니다. 아픈 분들은 현재 앉아있는 그 자리에서 고침을 받아야합니다. 우리는 하나님의 임재를 체험해야 합니다. 여러분들 중에는 성령님을 간절히 갈망하고 계신 분들이 계십니다. 하나님은 여러분이 현재 앉아있는 그 곳에서 여러분들에게 (성령)세례를 베풀어 주실 수도 있습니다. 여러분들 중에는 아직껏 하나님의 은혜를 맛보지 못한 분들도 계십니다. 여러분 바로 가까이에 생명수가 있습니다. 형제자매 여러분들이여, 그 생명수를 받아 마시십시오. "목이 마른 사람도 오십시오. 생명의 물을 원하는 사람도 거저 마십시오." (요한계시록 22:17) "지금까지 하나님을 본 사람은 없습니다. 그러나 우리가 서로 사랑하면, 하나님께서 우리 가운데 계시고, 또 하나님의 사랑이 우리 가운데서 완성되는 것입니다." (요한일서 4:12)

제 11 장
천상으로 올라감

  내가 여러분들에게 베드로전서 1장의 말씀에서 몇 구절을 읽어 드리겠습니다. 이를 통해 하나님께서 여러분들에게 믿음과 은혜를 더하여 주시게 될 것입니다. 사랑하는 여러분들이여, 여러분들이 이 집회를 통해 여러분이 기대했던 것 이상의 것들을 받게 될 것입니다. 이 집회에 오신 여러분들 중에 단지 기대했던 것만큼만 받아 가시는 분은 한분도 없으실 것입니다. 왜냐하면 하나님은 항상 우리가 생각했던 것 보다 더 많이 주시는 분이시기 때문입니다. 자기가 드린 기도만큼만 응답받는 사람은 아무도 없습니다. 하나님께서는 우리의 기도한 것이나 생각한 것보다 항상 더 풍성하게 응답해 주시는 분이시기 때문입니다.

  "나는 아무 것도 받지 못했어."라고 말하지 마십시오. 여러분이 기대했던 것보다 더 많이 받으시게 될 것입니다. 그러나 만일 여러분의 마음이 기꺼이 양보하지 않거나 겸손하지 못하고 충분히 깨끗하게 되지 못했다면 여러분이 하나님으로부터 받을 수 있는 것은 그리 많지 않을 것입니다. 이제 읽을 놀라운 말씀들에는 생명이 가득 차 있습니다. 이제 첫 번째와 두 번째 절을 읽어보십시오. 이 절들의 어떤 단어들은 우리가 강조해서 읽어야할 단어들입니다.

예수 그리스도의 사도인 나 베드로는 본도와 갈라디아와 갑바도기아와 아시아와 비두니아에 흩어져서 나그네로 사는 여러분에게 문안합니다. 하나님 아버지께서 당신의 미리 아심을 따라 여러분을 택하여 주시고, 성령으로 거룩하게 해주셨으므로, 여러분은 예수 그리스도께 순종하게 되었으며, 그의 피로 정결함을 얻게 되었습니다. 여러분에게 은혜와 평화가 가득하기를 빕니다. (베드로전서 1:1-2)

성경의 역사와 기독교의 역사를 살펴보면, 하나님의 큰 계시가 있을 때마다 하나님께서 성령의 새로운 역사들을 주셨으며 많은 핍박이 있었음을 알 수 있습니다. 히브리 인들이었던 사드락, 메삭, 아벳느고의 경우가 그랬고 다니엘과 예레미야의 경우도 그랬습니다. 과거의 인물들이었던 이런 사람들의 경우나 오늘날 인물들의 경우 모두의 예에서 볼 수 있듯이, 주님의 성령이 강력하게 역사하였을 때에는 믿는 자들에 대한 환란과 핍박도 증가하였습니다. 왜 환란과 핍박이 증가됩니까? 왜냐하면 하나님의 계시와 성령의 역사가 증가할수록, 이를 무마하려는 악한 세력들의 계획들도 증가하기 때문입니다.

하나님에 의해 선택받음

인간의 육을 위시한 세상의 것들은 모두 하나님을 대항합니다. 어떤 사람이 하나님의 뜻에 자신을 굴복시키려고 하면 악한 영의 세력들은 그런 일이 일어나지 못하도록 하기위해 공격을 가하기 시작합니다. 하나님의 역사를 방해하기위해 악한 영의 세력들이 들고일어나지만, 그들은 절대로 하나님을 이길 수 없습니다. 하나님의 권세가 별로 힘을 못쓰는 것처럼 보일 때도 있습니다. 그러나 하나님의 권세는 항상 악한 영들의 권세보다 강합니다. 내 말이 맞습니까? 맞습니다. 악이 왕성하여 도처에서 그 세력을 뻗칠지라도 주님께서 승리의 깃발을 우리 쪽으로 들어주시면 우리는 반드시 승리하게 됩니다. 하나님이 우리 편이시면 우리가 비록 악의 세력들보다 숫자적으로는 밀릴지라도 우리는 반드시 승리합니다.

방금 읽은 성경 말씀의 첫 절에서 "흩어져 사는(dispersion)"이라는 단어에 주목해봅시다. 베드로의 편지를 받는 성도들은 서로 만나기가 쉽지 않았는데 그 이유는 그들이 핍박을 피해 여기 저기 흩어져서 살았기 때문이었습니다. 스코트랜드의 종교 개혁가 존 녹스(John Knox)가 활동했던 시대에는 로마 교회에서 신교를 믿는 사람들을 잡아서 그 어떤 형태로든 이유를 붙여서 심판을 받도록 하였기 때문에, 하나님을 섬기는 신교의 사람들은 로마 교회의 핍박을 피해서 여기 저기 흩어져서 살았습니다. 핍박받는 사람들은 핍박을 받지 않고 사는 사람들에 비해 소수였습니다. 그러나 그들은 결국 승리하게 되었고, 그 반대로 그 큰 로마 나라는 짓밟힘을 당하여 결국은 무너졌습니다. 오늘날도 상황이 그 옛날과 비슷합니다. 우리는 지금은 다수에 속해 있지 않습니다. 그러나 우리가 숫자적으로 열세더라도 하나님께서는 반드시 우리에게 승리를 가져다주실 것입니다.

성령님께서는 우리가 가지고 있는 특권이 무엇인지에 대해 잘 알고 있기를 원하십니다. 우리는 "하나님 아버지께서 당신을 미리 아심을 따라.... 택하여 주시고, 성령으로 거룩하게 해주신" (베드로전서 1:2) 사람들입니다. 성령으로 거룩하게 되었다는 말은 죄가 사함 받았다는 말이 아닙니다. 성령으로 거룩하게 되었다는 말은 죄에서 구속 되었다는 말과는 다른 차원의 말입니다. 예수의 피는 죄를 깨끗이 씻어내는 충분한 능력을 갖고 있어서 하나님의 능력으로 우리를 강력하게 변화시킵니다. 우리의 모든 죄가 일단 씻겨 나가서 깨끗하게 되면 하나님의 말씀이 이해되기 시작합니다. 하나님의 말씀을 계속 섭취해나가면 성령의 능력이 우리를 승리의 곳으로 데리고 갑니다. 그래서 그곳에서 우리는 성령의 능력으로 예수 그리스도에 관해 많은 것들을 깨닫게 되어, 그 결과 우리는 더 높고 거룩한 차원의 삶을 살 수 있게 됩니다. 우리는 이것을 성령으로 거룩하게 되었다고 말합니다. 우리가 하나님의 미리 내다보시는 지식으로 선택된바 되어 거룩하게 됩니다. 선택(elect)이라는 말의 뜻을 여러분들이 잘 이해했으면 좋겠습니다. 선택이라는 단어는 가장 큰 축복의 단어입니다. 이곳에 계신 분들은 다 하나님의 의해 선택받은 사람들이라고 말할 수 있습니다. 하나님께서는 모든 사람들이 다 구원받도록 설계하셨습니다. 이것이 바로 하나님의 선택입니다. 그러나 우리가 그 선택을 받아들이고 선택 안으로 들어왔는지, 선택받는 자로서 합당한 삶을 살고 있는지, 성령께서 여러분을 강건케 하도록 여러분이 허락하였는지 나는 알지 못합니다. 그러나 선택받는 것과 거룩하게 되는 것은 하나님의 오른쪽에 앉혀지는 것입니다.

"선택(election)"이라는 단어는 나에게는 매우 귀한 단어입니다. 삶이 "미리 결정되어졌다(foreordained)"는 말과 "미리 선택받았다(predestined)"라는 말은 동일한 말로서, 하나님께서 이 세상이 만들어지기 전에 우리가 승리의 삶을 살 수 있도록 하기위해 우리를 그리스도 안으로 이미 불러들이셨다는 뜻을 지니고 있습니다. 이런 단어들을 갖고 장난을 하고 있는 사람들이 있으니 참 안타까운 일입니다. 그런 사람들은 "오, 우리는 하나님의 선택을 받는 사람들이야. 우리는 올바른 사람들이야."라고 말합니다. 그런 사람들은 자신이 선택받는 것을 자랑하고, 자신들은 구원받도록 하나님께 선택받았기 때문에 자신들은 올바르다고 말합니다. 그런 사람들은 자신이 구원받은 것이 하나님의 선택이었다는 사실을 나타내기 위해 그렇게 말하지만, 그들이 그렇게 함으로 실상은 그들이 하나님께서 특정 사람들은 저주하기로 이미 선택(결정)하였다는 것을 강조하고 있는 것입니다. 그들의 주장은 진리가 아닙니다! 하나님께서는 모든 사람들이 다 구원받게 되도록 선택하셨다는 것이 진리입니다. 그러나 선택받은 사람들이 그 선택을 받아들이는지의 문제는 본인에게 달려있습니다.

이 세상의 신이 사람들의 눈을 가려 사람들이 구원을 받지 못하도록 합니다. 이것은 이 세상 신이 사람들로 하여금 "그리스도의 영광을 선포하는 복음의 빛을 보지 못하도록 하기 때문입니다."(고린도후서 4:4). 이 말은 결국 무슨 말입니까? 이 말은 사탄이 사람들의 마음과 귀를 장악하여 사람들이 악한 말들을 받아들이도록 한다는 말입니다. 예수와 관련없는 것들은 받아들이지 않도록 조심하십시오. 예수님과 관련있는 것들만이 가치 있는 것입니다. 나는 가치 있는 것만 전하겠다고 마음속으로 결심하고 또 하였습니다. 내가 그렇게 한 이유는 어떤 것들은 예수와 관련성이 전혀 없는 무가치한 것들이기 때문입니다.

사랑하는 여러분들이여, 나는 내가 말하고 있는 이 "선택"이라는 것에 대해 잘 이해해 주시기 바랍니다. 그래서 천국을 맛보게 되시기 바랍니다. 여러분들이 영적인 것들에 대한 올바로 이해함으로 여러분의 영적인 갈급함이 온전히 채워질 수 있게 되었으면 좋겠습니다.

만일 내가 여러분을 수년 후에 이곳에서 다시 만난다면, 그 때에는 지금보다 훨씬 더 많이 "선택"에 관해 이해를 하게 된 여러분들을 만나고 싶습니다. 여러분을 다시 만난다면, 여러분들에게서 환상으로 그리스도를 보게 되었고 하나님을 아는 지식이 더욱더 증가하게 되었고, 삶에서의 나쁜 일들은 훨씬 줄어들게 되었다는 소식을 듣게 되었으면 좋겠습니다. 우리는 구원받은 것을 만족해하는 삶을 떠나 거룩한 삶으로 나아가야합니다. 우리가 예수 보혈의 피를 우리에게 바른 후 성령에게 순종하는 삶을 살 때 거룩해 집니다. 하나님의 말씀에 순종하는 삶을 살지 않으면서 거룩한 삶을 살고 있다고 말할 수는 없습니다.

하나님의 말씀에 순종하기

만일 우리가 다음에 있는 예수님이 하신 말씀들을 온전히 이해하면서 살 수만 있다면 우리 삶에 많은 문제들이 해결 될 것입

니다: "그들을 위하여 내가 나를 거룩하게 하는 것은, 그들도 진리로 거룩해지게 하려는 것입니다." (요한복음 17:19) "진리로 그들을 거룩하게 하여 주십시오. 아버지의 말씀은 진리입니다." (17절)

우리가 진실로 하나님의 자녀라면 하나님의 말씀을 의심해서는 안 됩니다. 무슨 말이냐구요? 빵을 떼는 것에 관한 성경의 말씀은 너무도 명확합니다. 물세례(침례, water baptism)에 관한 성경의 말씀은 너무도 확실합니다. 하나님의 말씀은 이런 일들에 대해 명확합니다. 순종하며 성령으로 거룩해지는 사람은 아무도 이러한 하나님의 말씀을 미심쩍어하며 기도하지 않습니다. 하나님의 말씀은 먹어야하는 것이지, 기도해야 할 기도제목이 아닙니다.

만일 하나님의 말씀이 당신의 기도의 제목이었다면, 그것은 당신이 말씀에 불순종하는 삶을 사는 것입니다. 여러분이 하나님의 명령의 말씀을 따르지 않았기 때문에 말씀을 놓고 기도하게 됩니다. 만일 여러분이 하나님의 말씀에 순종하고 살았다면, 하나님의 말씀이 물세례(침례)에 대해 무엇을 말하든 그냥 순종하게 됩니다. 하나님의 말씀이 방언에 대해 말했다면 그저 순종해서 방언하면 되는 것입니다. 빵을 떼는 것도 마찬가지입니다. 우리는 성경의 말씀에 순종하여 서로 모여 빵을 떼야 합니다. 그래야 순종의 삶을 사는 것입니다. 성령에 의해 거룩한 자로 선택받았다는 성령의 말씀도 말씀에 계시된대로 그대로 믿고 받아들이면 되는 것입니다. 불순종하는 만큼 성령으로 거룩해지지 못합니다.

작은 일 하나가 전체를 망치게 됩니다(전도서 10:1을 보십시오). 어떤 사람들은 "저 집 아저씨가 좋은 사람이긴 합니다. 그러나..."라고 말하거나 "그 사람이 훌륭하긴 합니다. 그러나..." 또는 "저 젊은이가 많이 좋아지긴 했습니다. 그러나..."등의 말로 꼭 단서를 달려고 합니다.

성령으로 거룩해지라는 하나님의 명령의 말씀에는 "그러나..."라는 단서를 절대로 달지 마십시오. 여러분, 앞으로는 하나님의 명령의 말씀에 대해 "그러나" 또는 "만일에"라고 변명하지 마시고, 그 대신에 "하겠습니다."라고 대답하시거나 "할 수 있습니다."라고 대답하십시오.

사랑하는 여러분들이여, 하나님의 진리의 말씀에 대해 여러분이 취할 태도는 "그러나"가 아닙니다. 성령님께 자신을 내어드리십시오. 나는 지금 성령님께 우리 모두가 거룩하게 되는 것과 관련하여 자신을 성령님께 내어드리는 삶을 살게 해달라고 기도합니다. 나는 또한 지금 "선택"과 관련하여 우리가 하나님의 관점을 갖게 해달라고 기도하고 있습니다. 여러분 모두가 구원받고 거룩하게 살게 되도록 하나님에 의해 선택받은 사람이라는 사실에는 의심의 여지가 전혀 없습니다. 나는 여러분이 이것에 대해 잘 이해하게 되기만을 간절히 원합니다.

여러분 위에 운행하시는 성령님

여러분이 이 집회를 무슨 이유로 참석했는지에 대해 스스로에게 물어보십시오. 나는 여러분들 중에 "위글스워스 씨 때문에 참석했다."라고 말하는 사람이 한사람도 없기를 바랍니다. 그렇게 말한다면 여러분이 실수하신 겁니다. 그러나 만일 여러분의 내면 안에 여러분을 거룩하게 하시는 성령님이 여러분을 이 집회로 이끄셔서 이 집회에 참석하셨거나, 하나님에 대한 열망이 솟아올라 이곳에 오셨다면 잘하신 것입니다. 여러분 안에 그런 생각이 들도록 해 주신 분은 하나님이십니다.

만일 내가 "여러분들 중에 성령의 인도하심과 자신의 생각을 놓고 갈등한 적이 있었던 사람들은 한번 일어나 보세요."라고 한다면, 놀랄 정도로 많은 수의 사람들이 일어나실 겁니다. 하나님은 여러분을 인도하시고 여러분 위에서 운행하시는 분이십니다. 이것이 이상한 일입니까? 매우 이상한 일이지요!

나의 경우를 살펴보면, 나의 어머니 쪽이나 아버지 쪽 모두에 하나님을 믿는 신앙의 사람들은 없었습니다. 그러나 나는 매우 어린 시절부터 성령에 의해 이끌림을 받아 살았습니다. 나는 여덟 살 때 구원을 받았습니다. 그리고 아홉 살이 되자 성령이 나의 위에 임하는 것을 느낄 수가 있었습니다. 그때 느꼈던 느낌은 내가 요즘 방언을 할 때 느끼는 느낌과 비슷한 것이었습니다. 나는 어렸을 때 이미 "하나님 아버지께서 미리 아심을 따라.... 택함"을 받은 것입니다(베드로전서 1:2). 여기에는 내가 한 경험과 비슷한 경험을 하신 분들이 계실 것입니다. 그리고 여러분들 중에는 "내가 죄를 지었더니 힘든 일을 당하게 되더군요."라고 생각하시는 분이 계실 것입니다. 하나님에 의해 선택받은 자는 하나님을 위해 올바르게 살아야 하고 하나님을 위해 깨끗하게 준비된 자로 살아가야 합니다.

하나님은 모든 사람들에 대해 사랑의 하나님이시고, 긍휼과 은혜의 하나님이시기에, 하나님께서는 그 어떤 죄인들도 지옥가게 되는 것을 원하지 아니하십니다. 하나님께서는 자신의 아들 예수를 모든 사람들의 죄를 다 짊어지시고 죽게 하심으로, 모든 사람들이 다 구원받을 수 있는 방법을 마련해 놓으셨습니다. 그분이 우리의 죄를 모두 짊어지셨다는 것은 진리입니다. 그분이 이 세상에서 진 우리의 모든 죄의 빚을 다 청산해주셨다는 것은 진리입니다. 그분께서 자신을 많은 사람들을 위한 속죄 제물로 드리셨다는 것은 진리입니다. 누가 구원을 얻습니까? "목마른 사람들은 누구나 생명의 샘물을 마실 수 있습니다." (요한계시록 22:17) 예수를 목마르게 찾는 사람들은 누구나 구원을 얻을 수 있습니다.

여기에는 "그렇다면 구원받지 않은 사람들은 어떻게 된 것입니까?"라고 묻고 싶은 분이 이 자리에 계실 수도 있습니다. 구원받지 않은 사람들은 예수의 피를 거절한 사람들입니다. 그런 사람들은 예수가 자신을 통치하는 것을 거부한 사람들입니다. 목마른 사람들이 생명수를 찾습니다. 그러나 목마르지 않은 사람들은 생명수를 찾는 사람들과는 반대편에 서게 됩니다. 이 세상에는 구원에 대한 필요성을 느끼지 못하고 사는 사람들이 많이 있지요. 예수에 의해 구원받지 못한 사람들은 왜 복음을 거절합니까? 마귀가 마음의 눈을 어둡게 하기 때문에 그렇습니다. "이 세상의 신이 믿지 않는 자들의 마음을 어둡게 하여서 하나님의 형상이신 그리스도의 영광을 선포하는 복음의 빛을 보지 못하게 합니다." (고린도후서 4:4)

평안과 소망

하나님 아버지께서 당신의 미리 아심을 따라 여러분을 택하여 주시고, 성령으로 거룩하게 해주셨으므로, 여러분은 예수 그리스도께 순종하게 되었으며, 그의 피로 정결함을 얻게 되었습니다. 여러분에게 은혜와 평화가 가득하기를 빕니다. (베드로전서 1:2).

하나님께서 우리를 택하심으로 그리고 성령께서 우리를 거룩하게 하심으로 우리는 평안한 삶을 살 수 있게 됩니다. 성령께서 주시는 거룩함을 통해 평강이 임하게 됩니다. 우리는 하늘의 계시를 풍성히 받아 평화로운 삶을 살게 됩니다. 여러분이 하나님의 택함을 받은 사람들이라면, 하나님께서 오셔서 말씀해 주시고 그 결과 여러분들이 그분에 대해 더 깊이 알게 됩니다. 그리고 여러분들이 그분을 얼굴과 얼굴을 대하고 마주 보는 것처럼 그분을 알게 됩니다.

여러분이 그러한 삶을 살게 되면 "사람의 헤아림을 뛰어넘는 하나님의 평화가 여러분의 마음과 생각을 그리스도 예수 안에서 지켜 줄 것입니다."(빌립보서 4:7). 그러한 삶을 살게 되면 놀랍고 경이로운 경험들을 하게 될 것입니다. 이러한 삶은 참으로 놀라운 삶입니다.

오, 이러한 삶이 나에게는 바로 천국의 삶입니다.
이것이 바로 나에게는 천국입니다.

나는 가나안으로 가기 위해 요단강에 발을 담갔습니다.
이러한 삶은 나에게는 곧 천국입니다.
오, 참으로 경이롭습니다!

우리 주 예수 그리스도의 하나님 아버지께 찬양을 드립시다. 하나님께서는 그 크신 자비로 우리를 거듭나게 하시고, 예수 그리스도를 죽은 사람 가운데서 다시 살리심으로써, 우리에게 산 소망을 안겨 주셨습니다. (베드로전서 1:3).

우리의 힘으로는 그토록 경이롭고 소망 넘치는 삶을 살 수 없습니다. 성령께서 우리를 거룩하게 하시기 때문에 우리는 하나님의 영광으로 가득한 소망의 삶을 살 수 있습니다. 나는 여러분이 산 소망이 넘치는 삶을 사게 되었으면 좋겠습니다.

산 소망이 있고 죽은 소망이 있습니다. 산 소망은 움직이는 소망입니다. 산 소망은 앞으로의 것들을 바라보는 소망입니다. 산 소망의 삶은 세상 것들을 미련 없이 버리는 삶입니다. 산 소망에는 비전이 있습니다. 산 소망을 가진 사람은 앞으로 그분이 오는 것을 봅니다. 산 소망의 삶을 사는 사람은 소망 안에서 살고 소망을 갖고 삽니다. 느끼는 것과 믿는 것이 다르듯이 죽은 소망과 산 소망이 다릅니다. 산 소망은 준비하고 기다리는 소망입니다. 산 소망은 왕이 오실 것을 기뻐하며 기다립니다. 주님을 찬양합니다!

나는 여러분들이 하나님께서 여러분들에 대해 원하시는 바가 무엇인지를 알고 있습니다. 그것이 무엇인지 알고 싶으십니까?

여러분들 속에 하나님으로 인한 기쁨이 너무 커서, 그 기쁨이 밖으로 표출되기를 하나님은 원하시고, 여러분이 가진 놀라운 기쁨을 사람이 알게 되기를 원하십니다. 나는 성령 하나님께 여러분들이 그런 사람들이 되도록 해달라고 기도하곤 합니다.

사랑하는 여러분들이여, 나는 여러분들에게 소망이 넘쳐나고 기쁨이 속에서 샘솟듯이 솟아올라, 여러분들이 이 집회가 끝나고 밖으로 나가면, 너무도 기뻐 걷다 못해 뛰게 되고, 차 안에서라도 뛰게 되었으면 좋겠습니다. 주님 주시는 소망으로 인한 기쁨이 너무도 흘러 넘쳐서 자신도 모르게 가속 페달을 밟아 차를 빨리 몰게 되는 일이 일어났으면 좋겠습니다. 그러나 차사고가 날 정도로 세게 몰지는 마십시오.

하나님과 여러분 사이에 그 어떤 방해물도 존재하지 않을 정도로 하나님과 화해하십시오. 그래서 소망의 삶을 온전하게 살아 나가십시오. 여러분 안에 세상을 사랑하는 것이 조금이라도 남아있다면 버리십시오. 예수님은 여러분에게 세상을 주시려고 오신 분이 아니십니다. 예수님은 우리에게 천국을 주시려고 오신 분이십니다. 천국에 있는 모든 것들이 예수님의 것입니다. 여러분이 진정으로 예수만을 소유하였다면 여러분에게는 기쁨만이 충만하게 됩니다. 이 세상의 자랑을 버리십시오. 이 세상 자랑은 산 소망과 반대됩니다. 여러분 앞에 있는 것은 영원하고도 위대하고도 거대한 영광입니다. 그러한 놀라운 영광을 기대하며 기쁨을 갖고 사십시다.

방언 통역

주님이 주시는 기쁨이 전부입니다. 우리의 영혼은 곳간에 저장되기 위해 모아지는 들에서 무르익고 있는 황금 알곡들입니다. 결국에는 입에서 "주 예수님, 이제 우리는 더 이상 기다릴 수가 없습니다."라는 말이 나오게 될 때까지, 그분이 다시 오시기를 기뻐하며 고대하십시오.

성령님께서 우리 안에 계셔서 그분께서 자신을 천국 언어(방언)로 표현하시고, 그 표현을 우리가 또한 통역할 수 있다는 것이 얼마나 좋은지 모르겠습니다. 그분은 우리를 참으로 사랑하시고, 우리 위에서 운행하시고, 우리 안에서 기뻐하시는 분이십니다! 주님은 우리 안에 계셔서 우리와 함께 하십니다. 그리고 우리의 잔이 흘러넘칩니다(시편 23:5)

"주 앞에서 기뻐하면 힘이 생기는 법입니다." (느헤미아서 8:10). 여러분을 향한 하나님의 뜻은 여러분이 영광스러운 곳에 서게 되는 것입니다. 산 소망을 잊어버리지 마십시오. 내일 일을 염려하지 말고 사십시오. 소망을 갖고 매일의 삶을 사십시오. 오, 그렇게 사는 것은 얼마나 경이로운 삶인지요. 할렐루야!

하나님의 자녀가 받는 유산

"(하나님께서) 여러분을 위하여 썩지 않고, 더러워 지지 않고, 낡아 없어지지 않는 유산을 받게 하셨습니다. 이 유산은 여러분

의 몫으로 하늘에 간직되어 있습니다." (베드로선서 1:4)

여러분들이 하나님으로부터 받는 유산은, 첫째는 썩지 아니 하는 유산입니다. 둘째는 더러워지지 않는 유산입니다. 셋째는 낡아 없어지지 않는 유산입니다. 넷째는 여러분을 위해 하늘에 간직되어 있는 유산입니다. 주님께서는 예수가 사셨던 영광스러운 삶을 여러분들도 동일하게 살게 되기를 바라십니다. 주님이 사셨던 영광스러운 삶을 살기를 사모하십시오. 오, 형제들이여, 주님의 주시는 것은 새 포도주보다 더 좋습니다. 성령님은 새 포도주보다 더 좋습니다. 성령님은 새 피조물의 영광스러움을 나타내시는 분이십니다.

썩지 않는 유산에 대해 말해봅시다. 썩지 않는다는 단어는 하나님이 우리에게 주시는 축복의 말이므로 이 말을 가슴 깊이 간직하십시오. 썩어 없어지는 모든 것은 사라지는 것입니다. 눈에 보이는 것들은 결국은 다 없어집니다. 예수님께서는 "너희 재물을 하늘에 쌓아 두어라. 거기에는 좀이 먹거나 녹이 슬어서 망가지는 일이 없고, 도둑들이 뚫고 들어와서 훔쳐 가지도 못한다." 라고 말씀하셨습니다. 세상의 썩어져 없어질 것들은 썩지 않는 것들과 함께 있을 수 없습니다. 썩어지지 않는 것들은 영원한 것들이고 하나님에게 속한 것들입니다. 그러므로 영적이고 하나님적인 것들만이 하나님이 계신 천국에 있을 수 있습니다. 그분은 영원부터 영원까지 영속하시는 분이십니다. 거룩하고 순결하고 신적인 분이시고 썩지 않으시는 분이십니다.

성령 안에서 우리가 받는 하늘 유산의 썩지 아니하는 특성은 유산이 갖고 있는 여러 좋은 특성들 중 단지 일부분일 뿐입니다. 할렐루야! 우리가 받는 유산은 썩지 않을 뿐 아니라 더러워지지도 않습니다. 오, 이 얼마나 아름다운 유산인지요! 온전하고 영원하고 흠이 없고 주름 잡힌 것이 없고 거룩하고 완전히 순수하고 모든 죄의 흔적이 사라진 유산입니다. 죽는 것은 모두 없어지고 오직 순결하게 정련된 것만 하나님 존전에 있을 수 있습니다. 할렐루야! 요한계시록에 기록된 아름답고 위대한 도성에 대해 생각만 해도 기쁨이 속에서 용솟음쳐 오릅니다. "나 요한은 또 거룩한 도시 새 예루살렘이 남편을 위하여 단장한 신부와 같이 차리고, 하나님께로부터 하늘에서 내려오는 것을 보았습니다." (요한계시록 21:2)

주님과 우리가 결혼하는 것에 대해 생각해 봅시다. 그 결혼은 참으로 영광스럽다 하지 않을 수 없는 결혼입니다. 요한은 남편을 위하여 단장한 신부와 같은 거룩한 도시를 보았습니다. 그 도시는 더러워지지 않고 빛이 나고 순결한 도시입니다. 누가 그 도시에서 그리스도의 신부가 되어 살 수 있을까요? 그 도시에 살 수 있는 사람들은 썩어지고 없어질 세상에 살았던 사람들이지만, 예수의 보혈로 인해 거룩한 영적 존재가 된 사람들입니다. 썩어지는 존재에서 썩지 않는 존재로 변하여 하나님의 임재 안에서 영원히 더럽혀지지 않고 살게 된 존재들입니다. 할렐루야!

오, 사랑하는 여러분들이여, 하나님께서 오늘 우리에게 하시고자 하시는 것은 바로 이것입니다. 이곳에 계신 모든 분들은 반드시 내가 말하려고 하는 이상향(ideal perfection)에 도달해야만 합니다. 여러분 각 사람을 향한 하나님의 생각은 여러분이 자신에 대해

하는 생각의 만 배나 될 정도로 훨씬 그 수가 많습니다. 하나님의 은혜가 여러분에게 임하면 여러분은 더 이상 슬퍼하지 않으면서 살 수 있게 됩니다. 하나님의 은혜가 임하면 기뻐서 웁니다. 그러나 이것은 고통과 외로움에서 우는 울음이 아닙니다.

하나님이 우리에게 주시는 유산은 더럽혀지는 유산도 아니고, 쇠하여 없어지는 유산도 아닙니다. 낡아 없어지는 유산이 아닙니다! 우리는 이 땅에 살면서도 천국의 희열을 맛볼 수 있습니다. 우리는 천국에서 영원히 맛보게 될 기쁨을 이 땅에서 미리 맛보며 살 수 있습니다. 장차 영광스러운 날이 도래하면 세상적인 것들은 모두 사라지게 됩니다. 여러분들이 성령 안으로 들어가면 세상적인 것들은 힘을 잃고 맙니다. 장차 임하실 왕을 생각하면 주님을 위해 일하고 싶은 마음이 절로 생깁니다. 오, 형제들이여, 이제 곧 수많은 성도들이 주님을 만날 생각을 하면 희망이 저절로 솟구칩니다.

여러분들 중에 어떤 분은 "내가 이고 있는 짐은 너무도 무거워서 더 이상 견디기가 힘듭니다."라고 말하고 싶으실 것입니다. 그런 분들에게 말씀드립니다. 지고 계신 짐을 기쁜 마음으로 계속 지고 가십시오. 그러면 머지않아 그 짐을 더 이상 지지 않아도 되는 기쁨의 곳에 다다르게 될 것입니다. 그곳에서는 당신을 유혹할 어떤 악한 죄도 없고, 당신을 무너뜨릴 악한 영도 없습니다. 그날 그곳에 도달하면 당신은 주님과 영원히 함께 거하게 될 것입니다. 그 날 이후로 당신은 영원히 주님과 함께 있게 되고, 여러분이 받은 유산이 낡아 없어지는 일이 절대로 없게 될 것입니다.

이제 좀 더 나아가 봅시다. "하나님 아버지께서 당신의 미리 아심을 따라 여러분을 택하여 주시고, 성령으로 거룩하게 해주셨으므로, 여러분은 예수 그리스도께 순종하게 되었으며, 그의 피로 정결함을 얻게 되었습니다. 여러분에게 은혜와 평화가 가득하기를 빕니다."(베드로전서 1:5). 구원에 대한 것을 좀 더 말씀드리겠습니다. 많은 사람들이 구원을 잘못 이해하고 있습니다. 처음 받는 구원은 짧은 순간에 받습니다. 처음 받는 구원은 단지 구원의 시작에 불과합니다. 구원은 참으로 놀랍고 대단하고 강력한 것입니다. 그러기에 초대교회의 사도들은 "매일 구원을 받는다." 란 표현들을 썼습니다. 매일 매일 구원 받음으로 하나님과 함께하는 삶을 지속해 나갈 수 있습니다(고린도후서 4:16). "형제자매 여러분 나는 아직 그것을 붙들었다고 생각하지 않습니다. 내가 하는 일은 단 한 가지입니다. 곧 뒤에 있는 것을 잊어버리고 앞에 있는 것만을 바라보고 갑니다."(빌립보서 3:13)

구원은 성령에 의해 성화되는 것과 같습니다. 구원이 그리스도인의 삶의 목표는 아닙니다. 구원이 여러분의 삶의 목표가 된다면 여러분이 여러분을 제한하는 것입니다. 우리가 우리의 주님을 바라보고 나가면 우리는 우리 자신을 제한하지 않게 됩니다. 우리는 잠시라도 정지하지 말고 힘차게 하나님을 향해 전진해야 합니다.

깨끗해짐을 기뻐함

"그러므로 지금 잠시 동안 여러분이 여러 가지 시련을 겪으면서 어쩔 수 없이 슬픔에 빠져 있더라도…. 기뻐하십시오." (베드로전서 1:6) 하나님께서 여러분이 시험을 당하고 시련을 겪는 것을 허락하시는 이유는 성령으로 여러분을 깨끗하게 만들기 위해서입니다.

여러분의 믿음이 연단을 받아서 순수하게 되면, 불로 연단하여도 마침내는 없어지고 마는 금보다 더 귀한 것이 됩니다. 그것은 예수 그리스도께서 나타나실 때에 여러분이 칭찬과 명예를 차지하게 하려는 것입니다. (베드로전서 1:7)

영원히 변하지 않을 것처럼 보이는 금도 결국에는 낡아 없어집니다. 그러나 믿음은 절대로 그렇게 되지 않습니다. 불같은 시련으로 얻어진 믿음은 정금보다 귀합니다. 한번은 어떤 분을 만났더니 그 사람이 나에게 "오늘 당신에게 금을 정제하는 것을 보여드릴까요?"라고 물어보았습니다. 그래서 나는 그 사람에게 "네, 보여주세요."라고 하였지요. 그랬더니 그 사람이 작은 용광로에 불을 가하더니 그 속에 소량의 금을 집어넣었습니다. 처음에는 금이 피 색깔로 되더니 시간이 지나자 색깔이 바뀌고 또 바뀌었습니다. 그러자 이 사람은 달구어진 액체 금을 어떤 기구위로 통과 시켰습니다. 그러자 금속에 녹아있던 불순물이 제거되었습니다. 이 사람은 이런 과정을 몇 번 반복하였습니다. 그러고 나서는 나에게 "이제 보십시오."라고 말했습니다. 내가 보니 아주 아름다운 금이었습니다.

귀하신 성도 여러분들이여, 시련을 통해서 여러분의 믿음이 더욱 더 순결해져서 결국 금보다 귀한 믿음을 갖게 됩니다. 시련과 오해와 핍박과 고난을 통해서 하나님은 여러분들을 더 깨끗하게 만들어 가십니다. 여러분들이 시련을 통해 정금과 같은 믿음을 갖게 되면, 사람들이 여러분들에게 정죄하는 말과 비판의 말을 해도 여러분들은 꿈쩍도 하지 않게 됩니다. 하나님께서 여러분에게 주신 지침들을 끝까지 붙들고 계시면 그날에 여러분들은 반드시 기뻐하게 될 것입니다.

사랑하는 여러분들이여, 불같은 시련을 통해 여러분 안에 주님의 형상을 닮아 가는데 방해가 되는 모든 불순물들이 제거된다는 사실을 꼭 기억하십시오. 그분께서는 여러분이 당하는 시련을 통해 악한 세력들이 여러분 속에 가져다 놓았던 갖가지 찌꺼기들을 청소해 주십니다. 그 결과 깨끗하게 되어 여러분들의 삶에 그리스도의 모습이 나타나게 됩니다.

"우리는 언제나 예수의 죽임 당하심을 우리 몸에 짊어지고 다닙니다. 그것은 예수의 생명을 우리 몸에 나타나게 하려고 하는 것입니다." (고린도후서 4:10) 시련을 당하는 것을 기뻐하는 사람은 하나도 없습니다. 왜냐하면 시련은 기쁜 일이 아니기 때문입니다. 육은 성령의 일을 싫어합니다. 우리의 육이 하나님의 능력에 온전히 굴복해야합니다. 그래야 하나님이 우리를 통해 나타나시게 됩니다. 그래야 하나님의 영광이 우리의 속에서부터 우리의 바깥으로 나타나시게 됩니다. 그러므로 우리는 시련을 피하려하지 말고 담대하게 받아들임으로 하나님께 "아멘"이라고 말할 수 있어야합니다. 시련은 견디기 어려운 것이지만 하나님이 여러분을 도와주시니 크게 걱정할 필요가 없습니다.

여러분이 잘못한 것이 없는데도 벌을 받고 오해를 받고 시련을 겪을 때, 아무 말 없이 이러한 시련과 벌을 견디면, 이는 하나님 보시기에 참으로 아름다운 것입니다. 그런 사람을 하나님은 만나주시고 축복을 내려주십니다. "사랑은 오래 참고, 친절합니다."(고린도전서 13:4)라는 성경 말씀은 참으로 감미로운 말씀입니다. 악한 생각을 하지 않고 살고, 그 어떤 어려움을 당해도 화내지 않고 잘 견디며 사는 삶이 그 얼마나 사랑스러운 삶인지요! 주님을 찬양합니다. 오, 시련을 견디며 사는 삶이 가져다주는 영광과 기쁨이여!

나는 기뻐 뛴다는 의미를 잘 알고 있습니다. 나는 지금 이 시간에 뛰고 싶을 정도로 기쁩니다. 왜냐고요? 주님 때문입니다.

나는 주님을 압니다. 나는 주님을 압니다.

주님께서 내 머리 위에 손을 얹으셨다는 사실을 나는 압니다.

"여러분은 그리스도를 본 일이 없으면서도 사랑하며, 지금 그를 볼 수 없으면서도 믿으며, 말로 다 표현할 수 없는 영광과 즐거움을 바라보면서 기뻐하고 있습니다."(베드로전서 1:8). 우리는 예수님을 본 적이 없지만, 그분을 무척 사랑합니다. 주님이 나에게 하시는 말씀 소리는 너무도 감미롭고 부드럽습니다. 그분처럼 나에게 말씀하는 사람은 세상에 없습니다. 그분같이 나를 만져주시는 분은 없습니다. 우리가 한 번도 본적이 없는 존재를 사랑하는 것이 가능할까요? 하나님은 불가능한 것처럼 보이는 것을 가능하게 만들어주십니다. "여러분은 그리스도를 본 일이 없으면서도 사랑하며…. 말로 다 표현할 수 없는 영광과 즐거움을 바라보면서 기뻐하고 있습니다."

주님께 순복함

여러분들 속에 그런 기쁨이 있다고요? 오, 우리가 아무런 가치도 없고 희망이 없는 존재임에도 하나님께서 우리를 구원하셨다니 참으로 놀랍습니다. 제발 부탁드리니, 주님과 화해하십시오. 그래서 여러분과 그분 사이에 그 어떤 나뉨도 없도록 하십시오. 그분이 웃으실 때 여러분도 함께 웃으십시오. 여러분이 울면 하나님은 여러분과 같이 우십니다. 여러분은 그분의 긍휼이 영원토록 필요한 존재들입니다. 여러분, 다른 어떤 것보다 그분을 더 사랑하며 사실 수 있겠습니까? 그 어떤 상황에서라도 그분만을 높이며 사실 수 있겠습니까? 여러분이 그렇게 사실 때, 여러분은 그분의 인도함을 받아 그분이 여러분을 통해 이루고자하시는 계획이 이루어지게 되고, 그 결과 여러분은 그분이 원하는 삶의 목표에 결국 도달 할 수 있게 됩니다.

믿는 여러분들이여, 여러분의 삶의 주도권을 그분에게 내어드리고 살면, 주님이 주시는 복 외에는 그 어떤 복도 받지 않겠다고 다짐하며 살면, 그분만이 여러분의 주요 통치자이심을 인정하고 살면, 여러분은 분명히 천국을 항상 경험하면서 살게 됩니다. 여러분이 "주 예수여, 나는 당신만을 따르겠습니다."라고 하면 주님은 여러분들에게 은혜를 주시고 축복을 내려주십니다.

오늘 이 아침에 주님에게 한 걸음 더 나아가고 싶은 분들에게 내가 권면의 말씀을 드립니다. 주님에게 여러분 자신을 항복해드리십시오. 여러분들 중에, "위글스워스 씨, 나는 어제 이미 그분께 나 자신을 항복해 드렸습니다."라고 말하고 싶은 분이 계실 것입니다. 나도 어제 이미 여러분들께서 그런 다짐을 하셨다는 사실을 잘 알고 있습니다. 그러나 오늘 이 아침에 또 하십시오. 나는 여러분이 어제보다 오늘 주님께 더 가까이 가기를 바라기 때문에, 그런 요청을 드리는 것입니다. 우리 모두 일어나서 몇 분 동안 그분을 바라보는 시간을 가집시다. 그래서 그분께 더 가까이 나아가십시다.

제 12 장
휴거 준비하기

　우리의 심령이 만짐을 받았습니다. 하나님께서 우리를 만져주시는 이유는 우리가 하나님으로부터 받은 은혜를 우리의 삶에 적용하도록 하기 위해서입니다. 여러분의 손을 하나님께로 뻗어 그분이 여러분들에게 쏟아 부어주시는 은혜들을 한량없이 받으십시오. 어제의 은혜로 만족하지 마십시오. 오늘은 어제보다 더 큰 은혜를 받을 줄로 믿으십시오.

　여러분, 준비되셨습니까? 무슨 준비냐고요? 하나님은 어제나 오늘이나 동일하신 분이시라는 것을 믿을 준비가 되었냐는 말입니다. 그분은 여러분의 소원을 만족하게 해주시는 분이라는 사실을 받아드리실 준비가 되셨습니까? 그분은 여러분이 갈망하는 것을 채워주시길 원하십니다. 믿는 분들은 채움을 받게 될 것입니다.

　여러분, 준비되셨습니까? 무슨 준비냐고요? 하나님의 뜻에 여러분의 뜻을 순복할 준비가 되셨습니까? 그분의 목적에 여러분의 목적을 양보할 때, 하나님께서 여러분의 삶을 통해 이루시고자 하셨던 목적들이 이루어지는 일들이 일어납니다.

　여러분, 준비되셨습니까? 무슨 준비냐고요? 예수 그리스도를 닮을 준비가 되셨느냐는 말입니다. 인간적인 욕망을 제거하고, 마귀의 묶임에서 풀려나 자유하게 될 준비가 되셨습니까? 그분에게 가까이 가셔서 그분을 닮으십시오. 그분에게 가까이 가셔서 그분이 주시는 계시와 능력을 받으십시오. 그래서 그분으로 옷 입으십시오.

나는 여러분들이 모두 주님의 재림과 휴거를 믿고 있다고 생각합니다. 나는 지금 여러분들에게 휴거와 관련되어 우리에게 어떤 일이 일어나는 지에 대해 설명을 드리려고 합니다. 고린도후서 5장을 읽어보십시오.

고린도후서 5장에는 하나님의 계획이 들어있습니다. 거기에는 마음을 크게 열어야 이해할 수 있는 말씀들이 적혀있습니다. 거기에 적혀있는 말씀들은 믿음이 있어야 이해 할 수 있는 말씀들입니다. 이 땅에서의 마지막 삶을 끝내고 변화되어 휴거될 때, 우리는 그리스도 안에서 변화되고 그리스도로 채워지고 그리스도로 옷 입게 됩니다.

초자연적인 것들을 이해하는데 여러분의 이성은 별로 도움이 되지 않습니다. 여러분이 자신의 인간적인 잣대로 하나님을 재려고 했던 육적인 태도와 불신앙을 회개하고 버려야만 하나님이 여러분에게 하라고 명하신 일들을 수행할 수 있습니다. 인간의 잣대로 살아온 잘못을 인정해야만 성령 안에서 새로운 존재로 서 있을 수 있습니다. 여러분이 갖고 있던 불신앙을 버리면 하나님을 아는데 장애를 가져다주었던 요소들을 하나님께서 제거하여 주십니다.

그 결과 성령에 의해 여러분은 하나님과 역동적인 관계를 맺으며 살 수 있게 되고, 주님의 재림을 잘 예비하며 살 수 있게 됩니다.

더 높은 곳

우리는 우리의 믿음을 확실하게 고수해야합니다. 바울은 많은 계시를 하나님으로부터 직접 받았습니다. 베드로의 말에 의하면 바울의 글(편지)은 읽고 이해하기가 쉽지 않았습니다. 그럼에도 베드로는 바울의 편지가 하나님으로부터 온 하나님의 말씀이라는 사실을 인정하였습니다(베드로후서 3:15-18을 보십시오). 바울은 보통 사람들이 이해하기 어려운 많은 것들을 영의 눈으로 보았고 깨달았습니다. 만일 우리의 영의 눈이 밝아지지 않는다면 우리는 바울이 이해했던 영적인 것들을 이해할 수가 없습니다.

영적인 것에 대한 우리의 이해력이 증가되었으면 좋겠습니다. 이 세상의 것들에 물들게 되는 것은 영적인 상실입니다. 그러나 세상을 버리고 하늘의 것들을 닮아가는 것은 영적인 소득입니다. 하나님의 강하신 능력으로 인해 우리의 마음이 새롭게 되어야합니다.

하나님의 놀라운 생명이 우리 속에서 계속 역사한다면 우리는 우리의 몸과 혼을 온전하게 보존할 수 있습니다. 우리는 죄에 대하여 죽고 하나님에 대하여는 산 자가 되었습니다. 그리스도께서 육으로 부활하심으로 죄는 멸하여졌고, 병마는 물러갔으며, 죽음은 멸해졌습니다.

여러분이 믿기만 하면, 주의 성령님이 우리에게 계시를 주셔서, 우리가 이 땅에서 살면서도 초자연적인 것들을 경험하는 하늘 영역에서 살 수 있게 됩니다. 지고하신 하나님의 모든 보화들을 풍성히 받아서 기뻐 뛰며 살 수 있게 됩니다.

여러분이 그렇게 되는데 최대의 방해물은 바로 여러분 자신입니다. 그러나 하나님은 여러분의 잘못된 생각을 바로 잡아 주실 수 있으십니다. 그분은 그분의 거룩한 열망과 영적인 호흡으로 여러분을 채워 주실 수 있으십니다. 그분이 여러분의 속을 정결과 거룩을 향한 열망으로 채워주시면 여러분은 이 땅에 살면서도 천국을 경험하며 살게 됩니다.

하나님은 여러분에게 최후의 면류관을 씌워주시기 전에 여러분의 육신이 몇 번에 걸쳐 변환을 겪게 하십니다. 먼저 여러분의 육체가 죽습니다. 그리고 또 죽고, 다시 죽습니다. 여러분 안에 죄가 있다면 영적인 삶에 전진이 없게 됩니다. 하나님은 여러분 안에 죄가 있는 것을 여러분이 볼 수 있게 하시고 하나님으로부터 여러분이 받은 것이 무엇인지를 알게 하십니다. 그분은 또한 여러분이 하나님의 마음을 가지지 않으면 안 된다는 것에 대해 알려주시고, 새 마음과 새 뜻을 가지고 있어야 할 것에 대해 가르쳐주십니다. 그리고 그분은 여러분이 하나님에게 바쳐질 만한 거룩하고 구별되는 온전한 것만을 소유하며 살아야 한다는 사실도 알려주십니다.

그러한 일이 여러분에게 일어나게 된다는 사실을 믿으십시오. 혹시라도 여러분들 중에 '나에게는 절대로 그런 일들이 일어날 수 없어.' 라고 생각하시는 분이 계시다면, 그런 생각은 여러분을 파괴시키는 생각이므로, 그런 생각들을 제거하십시오. 여러분의 마음을 하나님에게만 고정하십시오.

직선자와 다림줄이 없이는 집을 지을 수 없습니다. 하나님의 말씀이 다림줄입니다. 하나님께서는 우리에게 다림줄과 직선자를 주셔서 성령 안에서 초자연적인 영적 건물들을 제대로 세워나갈 수 있도록 해주십니다. 그래서 우리로 하여금 악한 영들을 이길 수 있는 사람들이 되게 하십니다.

방언 통역

약함이 변하여 능력이 됩니다. 연약한 마음이 변하여 그리스도의 마음이 됩니다. 연약한 지체들일지라도 성령 안에서 서로 힘을 합쳐 일어서면, 성령 안에서 큰 건물로 세워질 수 있습니다. 현재를 보면 낙망이 되지만 미래를 보면 소망이 생깁니다. 하나님께서는 우리가 죄와 사망의 법에 대하여 죽게 하심으로 우리를 온전히 자유하게 해주셨습니다. 그분이 우리에게 승리를 가져다주신 것이지요. 그분이 마귀를 이기신 승리자이십니다. 마지막에 멸망당할 원수는 사망입니다(고린도전서 15:26).

그렇습니다. 그분이 우리를 그분의 도장으로 인을 치실 때까지, 더 깊이 들여 마시시고, 더 높이 올라가시고, 더 거룩하게 되시고, 더 정결하게 되십시오. 하나님은 우리를 금과 은보다 값진 그분의 피 값을 지불하시고 우리를 사셨습니다. 그러므로 우리는 하나님의 것입니다.

성령님께서 여러분들을 움직이고, 혹독하게 훈련시키시

려고 하실 때 허락하십시오. 주님께서 여러분을 훈련시키시는 것은 여러분이 거룩의 열매를 맺을 수 있도록 하기 위해서입니다. 이 시간, 여러분이 얼마나 많은 성령의 열매들을 맺고 살고 계시는 지에 대해 스스로 점검해 보기를 성령님께서 원하고 계십니다. 여러분이 죽지 않으면 성령의 열매를 맺을 수 없습니다. 모든 육적 태도들이 죽어야합니다. 그래야 그분이 여러분을 부활시키실 수 있습니다. 여러분이 죽으면 하나님 안에서 다시 살아나게 됩니다. 그렇게 되면 그리스도가 주시는 것만 섭취하게 되고, 여러분의 몸과 마음이 살아나게 되고, 여러분의 영은 하나님의 호흡을 하게 되고, 여러분 안에서 성령이 날개를 치며 날아오르는 새처럼 힘차게 활동하게 됩니다.

미래에 있을 탈출을 준비함
(Getting Ready for the Future Exit)

땅에 있는 우리의 장막 집이 무너질 때에는, 하나님께서 마련하신 집, 곧 사람의 손으로 지은 것이 아닌, 하늘에 있는 영원한 집이 우리에게 있는 줄을 압니다. 우리는 이 장막 집에서 신음하며, 하늘로부터 오는 우리의 집으로 덧입기를 갈망하고 있습니다. (고린도후서 5:1-2)

이 성경 구절은 장차 우리가 육신을 벗어버리는 것에 대비해서 우리가 잘 준비하고 있어야 할 것을 교훈하고 있습니다. 이러한 교훈은 현재를 살아가는 우리에게 적용되어야 할 훌륭한 교훈입니다. 이러한 교훈을 우리의 삶에 적용하지 않고 산다면 이 훌륭한 교훈의 말씀은 무용지물의 말씀이 되고 맙니다. 우리가 이 세상을 떠나는 날까지 우리는 결코 육신의 옷을 벗어버리지 못합니다. 그러므로 "믿는 자들에게 오늘이 중요합니다."

성경은 *"예수 그리스도께서는 어제나 오늘이나 영원히 한결같으신 분"* (히브리서 13:8)이라고 기록하고 있습니다. 하나님은 우리가 오늘이라는 시간에 하나님이 주신 것들을 누리며 살게 되기를 소원하십니다. 그러므로 "내일 세례 받을 거야."라고 말하지 마십시오. "내일이면 나는 더 많은 빛을 받게 될 거야."라고도 말하지 마십시오. 여러분들이 오늘 하나님의 음성을 들으십시오. 그리고 오늘 하나님의 음성을 듣게 된다면, 더 이상 마음을 돌처럼 차갑게 가지지 마십시오. 믿음을 갖고 하나님의 음성을 듣게 된다는 것은 참으로 좋은 것입니다.

우리에게 반드시 두 가지 일이 일어납니다. 이런 일들이 일어날 것에 대비하고 사는 것은 우리가 마땅히 해야 할 우리의 의무요 책임입니다. 오늘부터 우리 중에 죽는 사람이 아무도 없게 된다면 참 좋겠습니다. 성경에서는 죽는 것을 *"비천한 것으로 심는다."* (고린도전서 15:43)고 표현하고 있습니다. 우리의 육체가 죽는다고 하더라도 하나님께서는 그분의 크신 능력으로 우리를 다시 살리실 것입니다.

죄와 질병과 죽음이 모두 파괴된 상태에서 사는 단계가 있습니다. 우리는 죽을 필요가 없고 영원히 살게 될 것이라는 진리를 믿으면 정말로 하나님의 부활의 능력이 강하게 역사하는 곳에서 영원히 죽지 않고 살게 됩니다. 그러나 우리는 때론 이에 대한 믿음이 약하여져서, 만일 그런 일이 일어나지 않으면 어쩌나하는 걱정을 하고 있는 것이 사실입니다.

감당할 수 없을 정도의 기쁨

나는 오늘 여러분들을 도와 드리고 싶습니다. 내가 전하는 하나님의 말씀을 듣고도 아무런 감동이 없는 사람은 하나님이 함께 하는 사람이라고 보기 어렵습니다. 여러분은 내가 전하는 말씀의 깊은 뜻을 이해하게 된 기쁨이 너무도 커서 자리에 가만히 앉아 있을 수 없어야 마땅합니다. 성령 충만한 사람이 말씀을 전했는데도 아무 일 없었던 것처럼 가만히 있기만 한다는 것을 나는 상상 조차 할 수 없습니다. 하나님께서 나를 오늘 여러분 앞에 서서 말씀을 전하도록 하신 이유는 여러분의 갈한 목을 적셔주고, 여러분의 메마른 심령에 기쁨을 부어줌으로 여러분이 멍하니 앉아 있지 못하도록 하게 하기 위함입니다. 말씀을 깨달았을 때 오는 기쁨은 세상이 주는 기쁨과는 비교할 수 없을 정도로 큽니다.

육체는 변화되어야만 한다

육체를 가진 자는 결코 하나님 앞에 설 수 없습니다. 그렇다면 우리가 어떻게 하나님 앞에 설 수 있게 될까요? 여러분이 죽으면 육체의 모든 세포 성분들이 파괴되기 시작합니다. 여러분의 살은 반드시 썩어 없어집니다. 육체가 썩어 없어지면 흙이나 재로 되어 버립니다. 이처럼 썩어 없어지는 유한한 육체는 영원하신 하나님의 존전에 설 수는 없습니다. 그러므로 하나님 앞에 서기 위해 여러분은 육체 대신에 부활 생명을 가져야합니다.

성경은 녹아 없어지는 것에 대해 말하고 있습니다. 만일 배추와 감자를 먹고 옥수수와 밥을 먹고 살던 우리의 육체가 죽어 없어지는 과정을 거치지 않는다면, 세상 지식을 쌓았고 사람들을 만나고 사귀었던 우리의 육체가 부패해서 없어지는 과정을 거치지 않는다면, 우리가 휴거할 때 하나님께서는 우리의 옛 육체를 기체로라도 변화시킨 후에 우리를 하늘로 휴거시킬 것입니다. 하나님 앞에서는 그 어떤 육신이라도 설 수 없습니다. 우리는 순식간에 변화되어 그리스도의 본질 즉 그리스도의 생명을 옷 입게 될 것이고, 그렇게 되고 난 후에 우리는 하나님 앞에 영원토록 있게 됩니다.

그러므로 변화될 준비를 하고 계십시오. 여러분들 중에는 "어떻게 해야 그렇게 될 준비를 제대로 하는 것입니까?"라고 묻고 계신 분들이 계십니다. 내가 설명해 드리겠습니다. 내가 말하는 것을 잘 이해하시기 바랍니다.

"우리는 이 장막 집에서 신음합니다." (고린도후서 5:2). 육체를 가진 우리는 신음할 줄 알아야합니다. 이 땅의 삶에는 결점들이 많고, 아무리 정결하게 되려고 해도 완전히 정결해지지는 않습니다. 우리는 이 세상에 묶여서 사는 것에 대해 애통해 하는 마음을 갖고 살기에 신음할 수밖에 없고, 고통이 없는 더 나은 세상을 사모하기에 신음하며 살 수 밖에 없습니다.

여러분들은 무엇에서부터 벗어나기를 간절히 사모하십니까?

여러분들은 이 세상에서 벗어나기를 신음할 정도로 사모하십니까? 물론입니다. 나는 현재 천국에 있지 않습니다. 이 땅에 살고 있는 여러분은 비록 이 땅에 살고 있지만 여러분의 삶에 초자연적인 일들이 풍성하게 일어나는 삶을 살 수 있습니다. 어떻게 해야 그런 삶을 살 수 있나 알아 봅시다.

"우리가 이 장막 집을 벗을지라도 벌거벗은 몸으로 드러나지 않을 것입니다."(3절). 나는 지금 옷에 대해 말하고 있습니다. 우리가 이 세상에 태어났을 때 우리는 육체라는 옷을 입었습니다. 그러나 이번에는 우리는 성령이라는 옷을 입게 됩니다.

우리가 중생을 처음으로 체험했을 때, 영적인 것에 대한 이해를 처음으로 할 수 있게 되었습니다. 영을 통해서만 초자연적인 것에 대해 이해 할 수 있습니다. 영적인 것들은 영으로만 이해할 수 있습니다. 하나님으로부터 난 사람이라야 영적인 것을 이해 할 수 있습니다. 이 세상 사람들은 영으로 다시 태어나지 않았기 때문에 영적인 것을 이해 할 수 없습니다. 우리가 예수를 받아들여 영으로 거듭나 새 사람이 되면, 우리는 초자연적인 능력들을 받아드릴 수 있는 존재가 되게 됩니다. 뿐만 아니라, 우리는 이 육신을 벗어나고 싶어 한탄하고 신음하게 됩니다. 그래서 속으로 간절히 "오십시오, 주 예수님!"(요한계시록 22:20)이라고 외치게 됩니다.

예수의 재림 시 펼쳐지는 일들은 우리가 보기에 대단한 장관일 것입니다. 나는 예수가 재림하시기 전에 하나님께서 여러분들에게 행하실 어떤 계획을 갖고 계신다고 믿습니다. 고린도후서 5장 2절을 조심스럽게 그리고 집중해서 읽어보십시오: "우리는 이 장막 집에서 신음하며, 하늘로부터 오는 우리의 집으로 덧입기를 갈망하고 있습니다."

"덧입는다"는 표현에 주목하십시오. 인간이 죽기 싫어하는 이유는 천국에 대한 소망이 없기 때문입니다. 그러나 성경은 우리가 이 땅에 살면서도 하늘로부터 오는 생명으로 옷 입기를 소망한다고 말하고 있습니다. 우리가 하늘로부터 오는 생명으로 옷 입으면 우리에게 육의 속성은 하나도 남아있지 않게 됩니다. 그렇게 되면 우리는 온전히 그리스도 안에서 살아가고 주님을 바라보며 그분의 영광만을 위해서 살아가게 됩니다.

바울은 자신의 육체 속에는 그 어떤 선한 것도 거하지 않는다고 고백하였습니다(로마서 7:18). 여러분들은 벌거벗었다는 것이 무엇인지 정확히 알고 계십니다. 예수님께서 이 세상에서 사역을 하시기 위해 여러 곳들을 돌아 다니셨을 때, 그분은 사람들을 발가벗고 있는 듯이 보셨습니다. 즉 그분은 사람들 속에 있는 더러운 것들을 다 보셨습니다. "벌거벗었다"는 것은 주님보시기에 심판받아 마땅한 올바르지 않은 그 어떤 것이 우리 속에 남아있다는 것을 말합니다. 또한 벌거벗는다는 것은 우리 속에 예수 피로 씻음 받아할 더러운 그 어떤 것이, 숨기고 싶은 그 어떤 것이 남아있다는 말입니다. 우리로 하여금 하나님 앞에 설 수 없도록 하는 그 어떤 것들이 우리 속에 아직도 남아있다는 의미가 "벌거벗었다"는 표현에 포함되어 있습니다.

생명에는 생명의 원칙이란 것이 있습니다. 말씀이 주는 새 생명의 원칙에 대해 말씀드리겠습니다. 복음에는 우리에게 생명을 주는 말씀이 들어있습니다. 복음에는 능력이 들어있습니다. 생명을 주는 말씀을 통해 우리는 육의 영역에서 살면서도, 죽지 않음을 받을 수 있고 초자연적인 능력을 받을 수 있습니다. 우리가 예수의 피로 다시 태어나는 순간부터 자신이 이 땅에 속해 있지 않고 하늘에 속해있는 존재라는 사실을 알게 되고, 우리 속에 들어온 생명이 사망을 집어삼켜버렸다는 사실을 알게 됩니다. 이것과 관련하여 로마서의 성경 구절들은 이렇게 적혀있습니다.

> 그러므로 그리스도 예수 안에 있는 사람들은 정죄를 받지 않습니다. 그것은, 그리스도 예수 안에서 생명을 누리게 하는 성령의 법이 여러분 각자를 죄와 죽음의 법에서 해방하여 주었기 때문입니다. (로마서 8:1-2)

생명의 법은 여러분들을 썩지 않도록 만들어주는 법입니다. 그 법은 하늘의 법이요, 하나님의 아들이 가지고 있는 법입니다.

나는 지금 예수님의 재림과 관련된 것들에 대해 여러분들에게 말씀드리고 있는 중입니다. 예수님의 재림에 관해 내가 받은 계시는 예수 재림 시 위로 올라가는 사람들은 모두 자신의 옛 성품과 속성 및 세상 열망이 그분의 생명에 의해 잡아먹히게 된다는 것입니다. 그리고 예수님이 재림하시면 예수의 생명(Life)이 우리 속에 있었던 생명(life)과 만나게 됩니다. 그러므로 우리의 소망은 우리가 비록 이 땅에 살고 있지만, 예수 재림 날에 우리 속에 있는 영이 예수의 생명을 만나게 된다는 사실에 있습니다. 그러나 지금 우리는 준비되고 지음받는 중에 있습니다.

사망을 삼키는 생명
(The Life That Eats Mortality)

　나는 지금 여러분들에게 죽음을 삼키는 생명에 대해 말씀드리겠습니다. 사망(mortality)이 무엇입니까? 내가 사망이라고 말할 때 여러분들은 아마도 육체의 죽음을 머릿속에 떠올리며, "사망은 육체가 죽는 것이다."라는 정의를 내리실 것입니다.
　그러나 그렇지 않습니다. 사망은 우리의 육체가 생명에게 삼킨 바 되는 것입니다. 여러분이 말하는 육체는 죽으면 관속으로 들어갑니다. 사망이 생명에게 삼킴을 당한다는 말은 여러분 속에 있는 더러운 속성들이 죽지 아니하는 것(immortality)에 의해 먹혀진다는 말입니다.
　만일 우리가 마가복음, 누가복음, 로마서, 갈라디아서, 디모데서, 베드로서들을 살펴보면 사망(mortality)과 관련된 단어들이 도합 66번 언급 된 것을 볼 수 있습니다. 가령 난동, 이단, 시기, 싸움, 사악, 증오, 살인, 경쟁, 주술이라는 단어들이 모두 사망에 속하는 단어들입니다. 그 외에 탐욕, 간음, 간통이라는 단어들도 마찬가지로 사망에 속하는 단어들입니다. 그러나 성경에는 사망 및 사망과 관련된 것들을 파괴시키거나 삼킴으로 우리 육체가 더 이상 저주 받지 않도록 하는 초자연적인 생명과 관련된 단어들도 많이 있습니다.
　성경은 매우 명백하게 우리가 이토록 위대한 생명, 이토록 놀라운 신적 생명 및 그리스도의 형상에 관한 영적인 계시를 알고 받아들여야만 한다고 가르치고 있습니다.

성령은 우리의 죄를 깨끗이 씻어주시려고 오신 분이 아니시라는 사실을 잊어버리지 마십시오. 성령님은 죄를 없애 우리를 깨끗하게 해주시는 분(cleanser)이 아닙니다. 우리의 죄를 깨끗하게 씻어주시는 분은 예수 그리스도이십니다. 예수의 피가 죄를 씻어 우리를 깨끗하게 해줍니다. 성령님은 우리의 부족함을 깨닫게 해주시는 분이십니다. 하나님의 말씀은 우리를 새롭게 해줍니다. 그렇기 때문에 우리는 말씀이 필요합니다. 생명은 말씀을 통해서 옵니다. 말씀(the Word)은 아들(the Son)입니다. 말씀은 아들의 생명입니다. 아들을 받아들이는 것은 곧 생명을 받아들이는 것입니다. 아들을 받아들이지 않는 자에게는 생명이 없습니다(요한복음 3:36).

오늘날 이 세상에는 아들의 생명이 없이 사는 사람들이 매우 많습니다. 예수님이 이 땅에 살아계셨을 때까지는 이 세상에 살았던 사람들 중에 영원한 생명을 가진 사람은 하나님의 아들인 예수 그리스도 단 한 분뿐이었습니다. 하나님의 아들에게만 영원한 생명이 있습니다. 생명을 가지신 하나님의 아들을 받아들인 자는 영원한 생명을 그 아들로부터 받게 됩니다. 하나님의 아들을 받아들이지 않는 자에게는 영원한 생명 대신에 영원한 죽음이 있을 뿐입니다. 전자에게는 마귀의 억압으로 부터의 영원한 구출이 있는 반면, 후자에게는 파괴가 있을 뿐입니다. 전자에게는 자유가 있고 후자에게는 묶임이 있습니다. 전자에게는 기쁨이 있고 후자에게는 슬픔이 있습니다.

나는 여러분들이 신적 생명을 온전히 받아들임으로 세상의 "온갖 풍조"(에베소서 4:14)에 따라 이리저리 밀려다니지 않기를 바랍니다.

믿는 사람들이 저지르는 실수들 가운데서 가장 큰 실수는 가장 위대한 것들을 놓치는 실수입니다. 즉 우리들은 성령은 놓치고 그 대신 글자(율법 또는 문자, letter)에만 묶여 사는 실수를 저지르고 있습니다. 많은 사람들이 침례(세례, water baptism)에 대해 왈가왈부하며 자신들의 귀한 시간을 허비하고 있습니다. 아무리 성경을 눈 씻고 보아도 침례(세례)가 인간을 구원한다는 말은 찾을 수가 없습니다. 침례(세례)는 하나의 상징(form)입니다. 그런데도 불구하고, 침례를 받지 않으면 구원을 잃어버리게 된다며 침례만 붙들고 있는 사람들이 있습니다. 그런 사람들은 글자에 묶여있는 사람들입니다. 문자는 사람을 죽이는 반면 성령은 사람들을 살립니다.

누구든지 마태복음 28장(19절)에서 언급하고 있는 세례(침례)에서 여러분의 시선을 돌리도록 하는 사람은 여러분을 파멸시키려는 도둑이요 강도입니다. 육적인 생각을 버리십시오. 영적으로 생각하십시오. 그래야 진리를 알 수 있습니다. 진리가 여러분을 자유하게 합니다(요한복음 8:32).

생명을 주시는 분은 그리스도이십니다. 그 생명을 받아서 사시고, 그 생명을 경험하고 확증하시면서 사십시오. 파당을 만들면 슬픔이 찾아오고 후회하기 되고 시련과 어려움을 겪게 됩니다. 믿음으로 말미암아 그리스도께서 여러분의 심령 속에 풍성하게 거하실 수 있도록 하십시오.

성령 세례가 중요하다고 성령 세례 설교만하지 마십시오. 침례(세례, water baptism)가 중요하다고 침례에 대해서만 설교하지 마십시오. 한쪽으로 치우치는 것은 좋지 않습니다. 치유만 설교하면 한쪽으로 치우치는 것이 됩니다. 그러나 구원에 관한 설교는 아무리 해도 치우치지 않습니다. 이는 오직 하나님 나라의 복음에만 능력이 있기 때문입니다. 세례(침례)를 통해서는 구원받지 못합니다. 심지어는 성령세례를 통해서도 구원받지 못합니다. 오직 예수 그리스도의 피로서만 구원을 받습니다.

주님은 우리가 올바른 진리 위에 서있기를 원하십니다. 바른 진리들을 기초석으로 삼아야 진리가 바로 세워집니다. 진리가 아닌 것들을 기초석으로 삼아서는 안 됩니다. 더 많은 성령을 붙잡기 위한 불타는 열망이 여러분의 삶의 최고의 동기가 되게 하십시오.

예수님의 재림을 준비할 자격을 갖게 되는 것은 성령님으로 인해서만은 아닙니다. 성령 세례를 받은 사람들은 성령 세례를 받은 사람만이 옳다고 생각하므로 많은 사람들을 화나게 했습니다. 그것은 세상에서 가장 바보같은 일입니다. 왜냐구요? 왜냐하면 진리는 항상 스스로를 증명해주기 때문입니다. 예수님과 함께 십자가에 달린 강도는 예수와 함께 바로 낙원(paradise)으로 갔습니다. 그 강도가 이것들(진리들)을 놓쳤다고 우리들도 놓쳐야할까요? 절대로 아닙니다. 그 강도는 진리를 몰랐지만 낙원에 갔는데, 그것은 그에게 주님의 특별한 은혜와 자비가 부어졌기 때문입니다. 하나님의 은혜와 선물로 인해 우리가 마귀의 억압에서부터 풀려날 수 있습니다. 그분은 우리를 성령으로 채워주시고 싶어 하십니다. 그분은 우리를 성령으로 인치실 곳으로 우리를 옮겨놓으실 때까지 우리를 말씀으로 가득 채우시기를 원하십니다.

어떤 분이 나에게 "성령으로 인친다는 말이 무슨 말입니까?"라고 물었습니다. 성령으로 인친다는 말은 하나님께서 여러분에게 인식표를 달아준다는 말입니다. 전능하신 하나님의 인식표를 달고 있다는 것은 참으로 좋은 것입니다. 이 인식표는 여러분이 하나님의 소유로 인침을 받았다는 표시입니다. 여러분이 하나님의 소유로 인침을 받으면 마귀가 여러분을 건드리지 못합니다. 여러분이 하나님으로부터 받은 인침의 표는 주님이 여러분을 영원히 보존해 주신다는 약속의 표시입니다. 당신과 하나님 사이에 계약을 맺었습니다. 그리고 성령님이 계약을 맺은 여러분을 도장 찍어 인봉했습니다. 이 인봉은 여러분이 장차 더 이상 악이 권세를 잡지 못하는 나라로 옮겨지게 될 것이라는 증명의 표시입니다.

나는 지금 여러분에게 죄를 하나도 짓지 않는 완벽한 삶을 살라고 채찍질하는 설교를 하고 있는 것이 아닙니다. 내 말은 그분이 순결하게 사신 것처럼 우리도 온전히 순결하게 살 수 있는 곳이 있다고 여러분들에게 알려주는 것입니다. 순결하게 되고 죄를 다시 지을 사람은 없습니다. 그러나 이 땅에 사는 동안에는, 우리가 잠시라도 하나님과의 깊은 관계를 추구하지 않고 살거나, 세상과 온전히 분리되어 살지 않거나, 주님과 하나 됨의 삶을 등한시 하고 살면, 어느새 죄가 우리 안으로 들어옵니다. 우리가 그리스도 안에 있을 때에만 안전이 보장됩니다.

누구든지 자신이 스스로 섰다고 생각하는 자는 넘어질까 조심해야합니다. 죄가 많은 곳에 은혜도 많습니다. 연약함이 있는 곳에 은혜가 임합니다. 여러분의 무능할 때 하나님의 유능함이 여러분에게 임합니다. 여러분이 자신의 힘으로는 아무것도 할 수 없다는 사실을 인정할 때 하나님께서 여러분에게 일어설 수 있는 힘을 주십니다. 우리가 가장 힘없을 때 그리스도께서 우리의 연약함을 대신해주십니다. "내가 약할 그 때에, 오히려 내가 강합니다."(고린도후서 12:10) 그 이유는 내가 약할 때 하나님께서 그 분의 강함으로 나를 만져주시기 때문입니다.

내가 약할 때 하나님이 주시는 힘으로 강해져야 제대로 되는 것입니다. 그렇게 되는 것은 하나님의 약속입니다. 그렇게 되는 것은 하늘 보좌로부터 내려오는 하나님의 생각입니다. 주님께서 우리에게 "거룩하여라."라고 말씀하시고 계십니다. 나는 "거룩하여라"는 주님의 말씀을 온 세상 사람들에게 나팔 소리를 내듯 들려주고 전하고 싶습니다. 하나님께서는 여러분을 거룩하게 변화시키고 싶어 하신다는 사실을 항상 기억하십시오. 거룩은 하나님의 거하시는 처소입니다.

성령에 취함 (Spiritual Drunkenness)

성령은 우리를 성령에 취하게 하십니다. 세상 사람들이나 하나님과 함께 하지 않는 사람들은 성령으로 취하는 것에 대해 어리둥절해합니다.

여기에 우리가 배워야할 훌륭한 교훈이 있습니다. 우리는 성령으로 채움 받을 수 있고, 우리의 속사람이 정결하게 될 수 있고, 휴거를 예비할 수 있습니다. 또한 우리는 성령에 취해서 살 수 있습니다. "우리가 미쳤다고 하면 하나님을 두고 미친 것이요, 우리가 정신이 온전하다고 하면 여러분을 두고 온전한 것입니다." (고린도후서 5:13).

여러분의 삶이 성령으로 가득 채워지면 성령에 취해서 살 게 됩니다. 성령에 취해서 사는 것이 남들이 보기에는 제 정신이 아닌 사람처럼 보일 수 있습니다. 어떤 사람들이 나에게 와서 내가 술 취했다며 비판의 말을 할 때면 내가 온전해 집니다. 그러나 몇 분간은 온전해 졌다가 다시 취한 상태가 됩니다. 성령에 취하는 것은 참으로 좋은 것입니다. "*술에 취하지 마십시오. 거기에는 방탕이 있습니다. 성령의 충만함을 받으십시오.*" (에베소서 5:8) 성령에 취하게 되면 다른 사람들이 나에 대해 뭐라고 생각하는지에 대해서는 전혀 관심이 없어지게 됩니다.

술 취한 사람은 어떻게 행동합니까? 술 취한 사람은 가로등에 대고 뭐라고 한참을 중얼거립니다. 그 사람이 뭐라고 중얼거리는지 알기위해 그 사람에게 가까이 가서 가만히 들어보면 죄다 한심한 예기일 뿐입니다. 그래서 지나가는 사람들은 그런 사람을 보고, "술이 너무 취해서 완전히 갔군." 이라고 말하는 경우가 많습니다.

오, 주님, 내가 당신에게 완전히 취해서 사람들이 나에게 뭐라고 하건 신경을 쓰지 않게 하소서! 나는 사람들이 나에 대해 뭐라고 하는 것에 관심이 없습니다. 나는 단지 찬송과 신령한 노래로 주님과 대화하고 주님만 자랑하며 삽니다. 주님이 보내신 천사들이 나를 둘러 서있습니다. 나는 성령 안에서 너무도 자유합니다. 나는 한시라도 빨리 하늘로 옮겨졌으면 하는 마음이 간절합니다. 그러나 그분께서 아직까지는 나를 하늘로 옮겨주시지 않고 계십니다. 왜 나를 아직도 이 땅에 머물게 하실까요? 나는 하늘나라로 갈 준비가 다 되어있는데 말입니다. 나의 입장에서 보면 천국에 가서 사는 것이 낫습니다. 그러나 아마도 교회를 위해서 하나님께서는 나를 아직도 이곳에 머물게 하는 것 같습니다(빌립보서 1:23-25).

내가 사람들과 섞여서 살 때 사람들이 내가 성령으로 옷 입었기 때문에 나의 벌거벗은 모습을 볼 수 없었으면 좋겠습니다. 나는 온전히 정결해지고, 능력으로 가득하게 되고, 교회를 위해 하나님으로부터 영적인 여러 가지 계시들을 많이 받게 되었으면 좋겠습니다. 나는 천국으로 가고 싶지만, 교회를 위해서는 내가 이 세상에 있는 것이 더 좋을 것입니다. 내가 이 세상에 남아 사람들에게 자신의 벌거벗은 것을 어떻게 가릴 수 있는지에 대해 말해 줄 수 있어서 좋습니다. 내가 그들의 불완전함이 어떻게 해서 가려질 수 있는지에 대해 전해 줄 수 있고, 어떻게 해야 하나님이 주시는 새 옷을 입을 수 있는지에 말해 줄 수 있어서 참 좋습니다. 그리고 하나님의 임재 안에 머물면 내적으로 정결해질 수 있다는 진리도 전해줄 수 있어서 좋습니다. 그러나 내가 성령 안에서 살고, 걷고, 행동하는 것은 이 여러 가지 것들보다 가장 좋습니다. 성령 안에서만 사는 것이 불가능해 보일 수도 있습니다. 그러나 그렇지 않습니다. 하나님이 우리를 향해 원하시는 최고의 삶은 성령 안에서의 삶입니다.

여러분에게 도움을 줄 수 있는 성경 구절이 여기 하나 더 있습니다. 이 성경 구절은 내가 여러분에게 가르치고 있는 여러 가지 점들을 함께 아우를 수 있는 가장 핵심이 되는 구절이라고 할 수 있습니다. "그리스도께서 여러분 안에 살아 계시면, 여러분의 몸은 죄 때문에 죽은 것이지만, 영은 의 때문에 생명을 얻습니다."(로마서 8:10). 여러분의 육체에 죄가 남아 있으면 여러분의 육체는 절대로 자유로움을 만끽할 수 없습니다. 그러나 여러분에게 하나님의 의가 있으면, 여러분으로부터 의로움이 흘러넘쳐나게 됩니다. 그리스도께서 여러분 안에 계셔서 여러분을 통치하실 수 있도록 그분께 왕의 자리를 내어드리고, 왕의 자리에 앉아있던 죄를 왕의 자리에서 끌어내리면, 의가 흘러넘쳐나게 되고 그 결과 성령 안에서 크나큰 자유함을 경험하게 됩니다. 이것이 바로 성경이 우리에게 주고 있는 위대한 가르침 중에 하나입니다.

"자녀이면, 상속자이기도 합니다. 우리가 그리스도와 함께 영광을 받으려고 그와 함께 고난을 받으면, 우리는 하나님의 상속자요, 그리스도와 더불어 공동 상속자입니다."(17절). 우리가 거룩한 곳에 들어가면 거기에 있는 깊음과 높음과 넓음이 우리의 것이 됩니다. 그 거룩한 곳이 어디에 있느냐고요? 바로 우리 안에 있습니다.

방언 통역

죽은 사람은 죄로부터 해방되고(로마서 6:7), 성령으로 인해 하나님에 대해서 살게 됩니다. 그리고 죄와 죽음의 법에서 자유롭게 됩니다(로마서 8:2). 또한 하나님과의 관계 안으로 들어가서 하나님 자신을 상으로 받게 됩니다. 그렇게 되는 사람은 하나님의 아들이 될 뿐 아니라 하나님의 아들 예수와 함께 하나님의 것을 물려받는 공동 상속자가 됩니다. 그 이유는 예수가 하나님의 아들이듯이 그 사람도 똑같은 하나님의 아들이기 때문입니다. 예수가 가지신 성결함을 우리도 가질 수 있습니다. 그분께서는 자신이 가진 모든 좋은 것들을 의롭게 살아가는 자들에게 아낌없이 주십니다(시편 84:11). 우리가 죄에서 해방되어 하나님의 소유물이 된 후 거룩하게 살면, 하늘의 모든 좋은 것들이 우리의 것이 됩니다.

그리스도 안에서의 화해

"이 모든 것은 하나님께로부터 옵니다. 하나님께서는 그리스도를 내세우셔서 우리를 자기와 화해하게 하시고 또 우리에게 화해의 직분을 맡겨 주셨습니다." (고린도후서 5:18). 화해가 무엇입니까? 화해는 그리스도의 피 흘림을 통한 속죄 속으로 들어가는 것이고, 그분과 하나가 되는 것입니다. 여러분들은 현재 영광스러운 위치에 서 있습니다. 왜냐하면 "하나님께서 사람들의 죄과를 따지지 않으시고, 세상을 그리스도 안에서 자기와 화해하게 하셨기 때문입니다." (19절)

우리가 그분과 화해함으로, 우리는 그분과 하나 되었고 그분과 일치할 수 있게 되었으며, 그분과 화해의 상태에 영원히 머무를 수가 있게 되었습니다. 하나님의 아들 예수 그리스도가 주시는 자유의 법이 우리의 모든 부분에 적용되게 되었습니다. 우리는 이러한 사실에 대해 춤을 추며 기뻐합니다.

우리는 그리스도의 사절입니다. 하나님께서는 우리를 시켜서 여러분에게 권면하십니다. 우리는 그리스도를 대신하여 간청합니다. 여러분은 하나님과 화해하십시오. 하나님께서는 죄를 모르신 분에게, 우리 대신에 죄를 씌우셨습니다. 그것은 우리가 그리스도 안에서 하나님의 의가 되게 하려 하심입니다. (20-21절)

하나님의 사랑받는 아들께서는 우리를 대신해 우리의 모든 죄와 더러움을 담당하셨습니다. 하나님은 자신의 아들에게 인류의 모든 죄를 전가시켰고, 그 결과 모든 인류들이 자신들의 모든 죄와 묶임에서 자유할 수 있는 문이 열렸습니다. 예수의 죽음과 부활로 인해 우리가 새로운 존재가 되었기에 죄와 죽음과 질병이 우리를 어떻게 할 수 없습니다. 그분이 재림하시면 우리는 벌거벗겨진 상태에서 벗어나 옷을 입고 속이 채워져서, 모든 면에서 그분과 같이 됩니다.

나는 이러한 예수 그리스도의 화해의 진리들을 전하고자 여기에 왔습니다. 이 화해의 진리는 나에게는 분명한 실체입니다. 나는 그 진리 안에서 살고 있습니다. 나는 그 안에서 움직이고 행하고 있습니다. 나는 그 진리가 주는 기쁨을 여러분과 나누기 위해 이 자리에 서 있습니다.

이러한 화해의 진리는 우리를 위한 것입니다. 우리가 이 진리를 받아들이면 우리는 사탄의 권세로부터 풀려나 자유하게 되고, 악한 생각들이 우리를 더 이상 묶지 않게 됩니다. 그분을 통해 내가 그분과 화해하게 되었기 때문에 그분의 것이 나에게 풍성히 넘치는 삶을 살 수 있습니다.

이 진리 안에 말로 표현할 수 없는 기쁨과 영광이 있습니다.
이 진리를 아직 반도 전달하지 못했습니다.

자유, 정결, 능력, 세상과 분리, 이런 것들이 모두 우리의 것입니다. 우리는 위대한 승리의 날을 맞이할 준비가 잘 되어있습니다!

제 13 장

성도가 현재 받는 축복

우리 함께 산상수훈(Beatitudes)이라고 불리는 마태복음 5장의 처음 12절 말씀들을 읽어보십시다. 어떤 사람들은 마태복음 5장을 천년 시대의 축복(a millennial blessing)의 장이라고 부르는데, 그들이 그렇게 부르는 이유는 여기에 기록된 복들은 이 세상에는 없는 복들이라고 생각하기 때문입니다. 나는 성령 세례를 받은 모든 사람들은 천년 시대에 받을 축복을 미리 맛보게 된다고 믿는 사람입니다. 나는 또한 마태복음 5장에 기록된 산상수훈의 축복은 이 세상에서 살고 있는 성도들이 현재에 누릴 수 있는 축복이라고 생각합니다.

성령 세례를 이미 받은 사람들에게 말씀을 전하는 것이 나는 참 좋습니다. 우리는 아직 하나님께서 우리를 위해 만들어 놓으신 최고의 곳에 도달하지 않았지만, 십 사년 전과 비교하면 그래도 현재 우리는 최고의 곳 가까이에 와 있는 것 같습니다. 만일 어떤 사람이 나에게 와서 "당신이 성령 세례를 십 사년 전에 처음 받았는데, 그때보다 지금이 더 행복합니까?" 라고 묻는다는 나는 "아니요" 라고 대답할 것입니다. 그럼에도 불구하고 나는 하나님께서 우리 모두를 위해 더 좋은 것을 예비해 놓으셨다고 믿습니다다. 현재 우리는 하나님께서 예비 놓은 것의 단지 일부만을 만지고 있을 뿐입니다. 우리가 진리를 끝까지 붙잡으면 우리는 하나님이 설정해 놓으신 목표를 향해 더 가까이 나아가게 됩니다. 그렇게 되면 하나님께서는 약속하신대로 하나님이 아들이 된 우리에게 더 많은 것들을 나누어 주실 것입니다.

내가 성경을 열 때마다 하나님께서는 나에게 하나님의 계획에 관한 새로운 계시를 주십니다. 성령 하나님은 자신의 모든 것을 우리에게 계시해 주시기 위해, 먼저 우리 자신의 무능함을 철저하게 깨닫게 하십니다.

영이 가난한 자

"영이 가난한 사람은 복이 있다(Blessed are the poor in spirit). 천국이 그들의 것이다."(마태복음 5:3)라고 예수님은 말씀하셨습니다. 예수님은 영이 가난한 자들에게 가장 부요한 나라를 주십니다. 가난한 영을 가진 자는 천국에 있는 모든 것을 소유할 자격을 갖고 있습니다. 그러기에 성경은 천국은 가난한 자들의 것이라고 말하고 있습니다. 여러분은 이 말씀을 믿으십니까? 믿으셔야합니다. 나도 믿습니다. 나는 내가 매우 가난하다는 사실을 잘 압니다. 성령님이 우리의 삶을 지배하시기 위해 우리에게 오시면 그분께서는 우리의 내면이 얼마나 가난한지를 알려주시고 우리에게 천국의 부요함을 주심으로 그분이 우리에게 오신 목적을 이루십니다. 예수를 우리에게 주신 하나님은 예수와 함께 "모든 것을 우리에게 선물로 거저 주십니다."(로마서 8:32).

어떤 늙은 부부가 70년 동안이나 같이 살고 있었습니다. 어떤 사람이 그 부부에게 "두 분이 같이 살아오시면서 구름 낀 날들이 참 많으셨지요?"라고 물어보았습니다. 그러자 그 부부는 "비는 어디에서 내려오죠? 어려움의 구름이 없다면 축복의 비도 없지요."라고 말했습니다. 성령은 우리의 영이 얼마나 빈곤한지를 알게 해줍니다. 그러나 성령께서 그렇게 알려주실 때마다, 성령님은 하늘의 문을 여시고 우리에게 축복의 비를 뿌려주십니다.

나는 이 시점에서 인간의 영(spirit)과 성령(the Holy Spirit)의 차이점에 대해 여러분들에게 말씀드리려고 합니다. 인간의 영은 세상에서 어떤 제한 된 일들을 할 수 있습니다. 가령 나의 영은 울거나 기도하거나 예배드릴 수 있습니다. 그러나 이런 것들은 어디 까지나 내 쪽에서 나오는 것들입니다. 그러나 하나님과 교제하기 위해서는 인간 쪽에서 나오는 생각과 행위 및 성품들에 의존해서는 안 됩니다. 만일 여러분들이 진정으로 구원받으신 분이라면 인간의 생각으로 신앙 생활해서는 안 됩니다. 자신의 영적 빈곤을 철저하게 깨닫고 성령께 자신을 양보해드려야 합니다. 그래야 비록 몸은 이 땅에 살지만, 여러분의 속이 천국으로 채움받을 수 있습니다.

슬퍼하는 자

"*슬퍼하는 사람은 복이 있다. 그들이 위로를 받을 것이다.*" (마태복음 5:4)라고 주님께서 말씀하셨습니다. 사람들은 슬퍼한다는 말의 진정한 의미를 잘 모릅니다. 스위스에서 어떤 가족이 무덤에 꽃을 갖다 놓을 날짜를 잡아놓고 그 날이 오기를 기다리고 있었습니다. 나는 그 가족들의 무지함에 대해 절로 웃음이 나와서, 그들에게 "왜, 여러분들은 쓸데없는 무덤을 위해 여러분들의 귀한 시간을 허비합니까?"라고 물어 본적이 있었습니다. 아름다운 꽃들을 무덤에다 갖다 놓는 것은 믿음에 근거한 행동이 아닙니다. 그리스도 안에서 죽은 사람들은 그분과 함께 있지 무덤에 있지 않습니다. 바울의 말대로 그들은 이 세상보다 훨씬 더 나은 곳에 그리스도와 함께 있습니다(빌립보서 1:23을 보십시오).

한번은 나의 아내가 나에게 "내가 설교할 때 나를 잘 보세요. 어느 날 설교하는 중에 내가 천국으로 가게 될 것입니다."라고 말했습니다. 어느 날 밤에 나의 아내는 설교하였는데, 설교를 끝내자마자 천국으로 갔습니다. 아내는 그날 교회로 설교하러 가기 전에 나에게 잘 다녀오라고 하면서 집을 나갔습니다. 나는 그 날 글래스고우로 갔었습니다. 글래스고우에서 돌아와 집에 도착하니 의사와 경찰이 나를 찾아와서 아내가 교회 문에서 죽었다고 전해주었습니다. 나는 나의 아내가 원하던 방식으로 천국에 갔다고 믿습니다. 나는 그 소식을 접하자 슬피 우는 대신에 방언으로 기도하였습니다. 육신으로 보면 그녀는 나의 전부였지만 나는 울지 않았습니다. 그 대신 나는 성령 안에서 기뻐하였습니다. 곧 사람들이 우리 집으로 달려왔습니다. 의사는 나에게 "그녀는 이미 숨을 거두었습니다. 우리가 그녀를 위해 할 수 있는 일은 아무것도 없습니다."라고 말했습니다. 나는 생명이 없는 아내의 시체로 다가가 죽음을 향해 아내를 포기하라고 명령하였습니다. 그러자 그녀가 잠시 동안 살아났습니다. 그 때 하나님께서는 나에게 "그녀는 나의 것이다. 네 아내의 이 땅에서의 일은 종료되었다."라고 말해주셨습니다. 나는 그 말이 무슨 뜻인지 금방 알아차렸습니다.

사람들이 그녀를 관에다 넣었습니다. 그래서 나는 나의 아들들과 딸들을 데리고 아내의 시체가 안치되어 있는 방으로 들어가서, 자녀들에게, "너의 어머니가 이 방에 계시냐?"라고 물었습니다. 그러자 나의 자녀들은 나에게, "아니요, 아버지"라고 대답했습니다. 그래서 나는 그제야 주위 사람들에게 "이제 관 뚜껑을 닫으십시오."라고 지시했습니다. 사랑하는 사람의 시체를 놓고 슬퍼하는 것은 믿는 사람이 취해야 할 태도가 아닙니다. 왜냐하면 그 사람은 이미 그리스도와 함께 있기 때문입니다. 사랑하는 사람의 시체를 앞에 놓고 우는 사람은 사도 바울의 말을 잘 이해하지 못한 사람입니다. 바울은 자신이 이 땅에서 사는 것보다 천국에 빨리 가는 것이 소원이라고 말했었지요. 사람들은 바울이 말한 그 부분의 성경을 읽으면서 여러 번 접하였을 터인데도, 막상 닥치면 믿음이 없는 사람처럼 행동하곤 합니다. 만일 여러분이 하나님을 진정으로 믿는다면 "주님 나에게 어떤 일이 일어나더라도 상관없습니다. 설사 나의 사랑하는 사람을 데려가신다고 하더라도 괜찮습니다."라고 말할 수 있어야합니다. 믿음은 자기 연민의 눈물을 우리에게서 모두 제거해 버립니다.

그러나 성령으로 울고 슬퍼하는 것은 괜찮습니다. 성령 안에서 우는 울음이란 하나님께서 우리로 하여금 성령 안에서 슬퍼하며 말할 수 없는 탄식으로 중보기도하게 하실 때, 성령이 울도록 해주는 울음입니다. 그러나 성령 안에서 슬퍼하는 것의 끝은 기쁨입니다. 예수님도 예루살렘을 보시고 우셨습니다. 예수님은 예루살렘의 영적 상태와 그 안에 거하는 백성들의 불신앙을 보시고는, 그들이 복음에 대해 마음의 문을 닫고 있는 것을 안타깝게 여기셔서 우셨습니다. 그런 주님에 관해 하나님께서는 "고난을 당하고 난 뒤에, 그는 생명의 빛을 보고 만족할 것이다." (이사야서 53:11)라고 말씀하셨고 또한 "그는 자기의 씨(자손)를 볼 것이다" (10절)라고도 하셨습니다.

주님께서 애통해하는 기도를 드리셨고, 그 결과 오순절 날 예루살렘 마가의 다락방에 예수님의 예언대로 성령이 내려왔습니다. 그 결과 온 세계에 복음이 퍼져 수많은 사람들이 예수를 믿게 되었습니다. 우리에게 아무리 힘든 일이 닥치더라도 우리가 성령 안에서 성령으로 산고의 고통과 같은 기도를 하나님께 드리면 하나님께서 우리의 상황을 바꿔주셔서 좋은 일이 생기고, 이를 통해 우리의 영혼이 기뻐하고 만족하게 됩니다. 그리고 주위의 사람들은 우리의 이런 좋은 결과들을 보고서 예수를 믿게 됩니다.

온유한 자

"온유한 사람은 복이 있다. 그들이 땅을 차지할 것이다." (마태복음 5:5)라고 예수님께서 말씀하셨습니다. 모세는 자기 백성들에 대한 마음이 너무도 특별하여 살인을 저지르고 말았습니다(출애굽기 2:11-12를 보십시오). 잘못된 것을 시정하고자 하는 모세의 의도는 좋았지만 육으로 행동했기에 결과는 실패였습니다. 모세는 열정을 가지고 있었습니다. 그러나 하나님이 주신 것이 아닌 열정은 의미가 없습니다. 하나님이 주시는 열정은 가령 복음을 전해서 사람들로 하여금 거듭나도록 하려는 열정과 같은 열정입니다. 하나님을 떠나서는 그 어떤 좋은 의도도 최악의 결과를 얻게 됩니다.

바울은 하나님을 위한 엄청난 열정으로 예수 믿는 사람들을 잡아 감옥으로 보냈습니다(사도행전 8:3을 보십시오). 그런 그를 하나님께서는 변화시키셨습니다. 그래서 바울은 자신의 동족들이 예수만 믿을 수 있다면 자기 자신은 저주를 받아도 좋다고 말할 정도까지 되었습니다(로마서 9:3-4).

하나님께서는 자기 열정으로 가득 찬 거칠기만 한 모세를 쓰시기 위해 그를 다듬으셔서 온유한 자로 만드셨습니다. 하나님은 또한 불같은 성격을 가진 다소 출신의 사울에게 예수 그리스도의 십자가의 은혜를 담뿍 부어주셔서 은혜의 복음을 전하는 대표주자로 쓰셨습니다. 오, 형제자매 여러분들이여, 하나님께서 그토록 거칠었던 모세와 사울을 온유한 성품을 소유한 자로 변화시키셨습니다. 동일한 하나님께서는 여러분의 성품도 하나님이 쓰시기에 전혀 부족함이 없는 성품으로 변화시켜주십니다.

우리 교회의 주일학교에 빨간 머리의 소년이 있었습니다. 그 소년의 머리 색깔은 마치 불타는 것처럼 빨갰습니다. 그는 너무도 거칠어서 자기 마음에 안 들면 주일학교 선생님이나 보조 교사들도 발로 찼습니다. 아무도 그를 어떻게 해 볼 수가 없었습니다. 그래서 선생님들이 회의를 열어 그 소년을 주일학교에서 내어 쫓느냐 마느냐로 토론을 벌였습니다. 그러나 하나님이 그 소년을 변화시켜주실 수도 있다는 희망을 갖고 그 소년에게 한 번 더 기회를 주기로 하였습니다. 그런 후 어느 날 그 소년이 교실 밖으로 쫓겨났습니다. 그러자 화가 난 그 소년은 교회의 모든 유리창들을 다 깨어버렸습니다. 교회 안에 있을 때보다 교회 밖에서 더 거친 행동을 한 것이지요. 그런 일이 있고 나서 얼마 후, 그 소년은 열흘 동안 열린 부흥회에 참석하게 되었습니다. 열흘 동안 그 소년에게 아무 일도 일어나지 않은 듯이 보였습니다. 부흥회에 참석한 사람들의 반응도 시원치 않았습니다. 그러나 단 한 가지 일이 일어났습니다. 바로 그 빨간 머리의 소년이 그 부흥회에서 구원을 받게 된 것입니다.

그 소년이 구원을 받았기 때문에 그 소년을 교회에서 쫓아내는 것은 어렵게 되었습니다. 그 소년은 밤늦게까지 교회에 남아, 자신이 부드러운 사람이 되게 해주시고 하나님의 영광을 위해 쓰임 받는 사람이 되게 해달라고 하나님께 울며 기도하였습니다. 하나님은 그 소년의 성품을 변화시켜주셨습니다. 그래서 그 소년은 그 교회에서 가장 온유한 성품의 소년이 되었습니다. 그 소년은 후에 중국건너가 20년간 복음 전하는 선교사로서 일하였습니다. 하나님은 허물 많은 사람을 택하셔서 그분의 능력의 손에 붙잡혀 일할 수 있는 사람으로 바꿔주십니다.

나는 너무도 화가나 얼굴이 백지장처럼 되어 부들부들 떨었던 적이 있었습니다. 나는 그때 도저히 나를 어떻게 할 수가 없었습니다. 한번은 내가 나의 부족한 성격을 놓고 열흘 동안 하나님께 기도하였습니다. 그 열흘 동안 나는 내 자신을 비웠고, 그 빈자리에 생명의 예수님께서 오셔서 나를 뜯어 고치셨습니다. 나의 아내가 그일 후 내가 정말로 변화되었다고 인정해주었습니다. 그래서 나의 아내는 "난 사람이 저토록 변화된 것을 목격하기는 이번이 처음입니다. 나의 남편이 이렇게 변화되고 나니, 남편을 위해 맛있는 음식을 만들어 주고 싶은 마음이 나에게 가득 차게 되었습니다."라고 말하였지요. 여러분이 허락만 한다면, 하나님은 여러분의 성품도 변화시켜줄 수 있으십니다. 여러분들이여, 하나님이 여러분의 성품을 변화시켜주시도록 허락하시겠습니까?

주리고 목마른 자

"의에 주리고 목마른 사람은 복이 있다. 그들이 배부를 것이다." (마태복음 5:6)라고 주님께서 말씀하셨습니다. 이 말씀에서 "배부를 것이다." 라는 표현에 주목해 보십시다. 성경에서 "(어떻게) 될 것이다(shall)"라는 표현이 들어있는 문장들에는 모두 하나님의 축복의 약속이 들어있습니다. 성경에서 이런 표현은 당신이 하나님께서 제시한 어떤 조건을 충족하면 하나님께서 약속대로 그 어떤 일을 당신에게 해주시겠다는 약속의 표현입니다.

> 너희 모든 목마른 사람들아, 어서 물로 나오너라. 돈이 없는 사람도 오너라. 너희는 와서 먹되, 돈도 내지 말고 값도 지불하지 말고 포도주와 젖을 사거라. (이사야서 55:1)

성령 하나님께서는 예수 그리스도와 관련된 것들을 여러분에게 보여주셔서 여러분들로 하여금 그리스도를 한량없이 배고파하고 목말라 하도록 해주십니다. 이 뿐 아니라, 그리스도를 향한 갈급함이 여러분 안에 있을 것을 보신 하나님께서는 여러분들의 배고픔과 목마름을 한껏 해소해 주십니다.

하나님을 예배하기 위해 어떤 축제일에 예배자들이 모였습니다. 그러나 그들의 목마름이 채워지지 않은 채 다시 집으로 돌아가야 할 시간이 다가왔습니다. 이때 예수님께서 나타나서 그들에게 어떤 말씀을 하셨는데, 이때 일어난 일이 성경에 이렇게 기록되어 있습니다.

> 명절의 가장 소중한 날인 마지막 날에 예수께서 일어서서 큰소리로 말씀하셨다. "목마른 사람은 다 내게로 와서 마셔라. 나를 믿는 사람은 성경에 이른 것과 같이, 그의 배에서 생수가 강처럼 흘러나올 것이다." (요한복음 7:37-38)

예수님께서는 그들이 생명수를 마시지 못한 채 집으로 돌아가야 한다는 사실을 안타깝게 여기셨습니다. 그래서 예수님께서는 생명수의 공급원인 자신을 그들에게 소개해주었습니다. 여러분, 지금 목마르십니까? 지금 예수님께서 목마른 분을 초청하고 계십니다. 그분에게 가기만 하면 여러분의 목마른 영혼이 갈증을 해소하고 주린 배가 좋은 것으로 채워질 것입니다.

나는 스위스에서 '플리미쓰 형제단(Plymouth Brethren)'이라는 교단에 소속되어 있는 사람을 한 사람 만난 적이 있습니다. 그 사람은 자기가 속해 있는 교단에서 여는 집회에 자주 모습을 나타냈습니다. 한번은 그가 성찬식 예배에 참석했을 때, 그는 벌떡 일어나 그곳에 모인 사람들에게 "우리가 성경을 공부하긴 하지만, 너무나 성경의 문자적 해석에만 신경 쓰는 것 같습니다. 하나님을 더 깊고 더 실체적으로 알고 싶어서 나의 영혼이 배고파하고 목말라하고 있습니다. 나는 하나님의 깊음 안으로 들어가고 싶어 견딜 수가 없습니다."라고 말했습니다. 그 다음날도 그 형제는 일어나서 "우리의 모임은 너무 빈곤합니다. 우리의 모임에는 생명이 결여되어 있습니다."라고 말했습니다. 그는 이렇게 하기를 무려 몇 주간이나 하였습니다. 그러자 사람들은 그런 그에 대해 참을 수가 없어서 "샌즈씨, 이제 그만하십시오. 당신 때문에 우리가 힘이 듭니다. 당신은 우리의 모임을 망치고 있습니다. 제발, 우리 모임에는 더 이상 참석하지 말아주십시오."라고 하였습니다.

그 사람은 슬픈 마음으로 집회 장소를 떠났습니다. 그는 집으로 돌아와 자기 집 마당 앞에서 서성거렸습니다. 그러자 그 사람의 자녀들이 그에게 무슨 일로 그렇게 슬픈 표정을 하고 있느냐고 물어보았습니다. 이에 대해 그는 "사람들이 내가 하나님에 대해 목말라하는 것을 못마땅하게 여겨서 나를 그들의 모임에서 쫓아냈기 때문에 슬퍼하고 있는 거야."라고 말했습니다. 나는 이 이야기를 본인에게서 직접 들었습니다.

이런 일이 있은 지 며칠 후, 어떤 사람이 그에게 와서 "샌즈씨, 영국에서 온 어떤 사람이 이 지역에 와서 집회를 열고 있는데, 그 사람은 방언과 치유에 대해서 가르친다고 하더군요."라고 전해주었습니다. 이 말을 듣자마자 그 사람은 "내가 그 사람의 잘못된 생각을 고쳐주겠어요. 내가 그 사람이 열고 있는 집회에 참석해서 맨 앞자리에 앉아 그 사람이 전하는 내용이 틀렸다는 사실을 성경을 조목조목 들춰가며 입증하겠어요. 그 사람이 치유와 방언에 대해 이 스위스에서는 다시 전하지 못하도록 하겠어요. 나는 사람들 앞에서 그 사람의 잘못된 점을 비판하겠어요."라고 말했습니다. 그리고 정말 그 사람은 내 집회에 와서 맨 앞자리에 앉았습니다. 그 사람은 목마르고 배고픈 사람이 그러는 것처럼 내가 전하는 말씀을 하나도 놓치지 않고 쭉쭉 빨아들였습니다. 그러는 사이 그가 가지고 있던 나에 대한 편견은 완전히 사라지고 말았습니다. 그 다음 날 아침 그는 자기 친구에게 "이게 바로 내가 그동안 찾았던 거야."라고 말했습니다. 그는 나의 집회에 참석하여 성령을 마시고 또 마셨습니다. 그로부터 삼주 후에 그 사람은 "하나님께서 나에게 그 어떤 새 일을 행하시지 않으시면 나는 폭발해 버릴 것 같습니다."라고 말하기까지 되었습니다. 그는 하나님을 깊이 호흡하였고, 주님은 그를 채워주셔서 성령 안에서 다른 방언들을 말할 수 있게 되었습니다. 그는 지금 어떤 새로 생긴 오순절 교단을 맡아 말씀을 전하고 있습니다.

하나님은 우리가 하나님의 최고의 것에 대해 목말라하고 배고파하는 사람이 되기를 원하십니다. 오늘날 하나님은 곳곳에서 사람들의 배고픔을 채워주시고 예수님의 제자들이 처음 받았던 그것을 주시고 계십니다. 여러분들이여, 배가 고프십니까? 만일 여러분이 영적으로 배고프시다면, 하나님이 여러분의 주린 배를 채워주실 것입니다.

제 14 장
하나님의 영광의 부요함

만군의 주께서 우리가 기쁨을 더 이상 받아들일 수 없을 만큼의 풍성한 계시와 축복을 우리에게 내려주시기를 간절히 바랍니다. 그분은 우리에게 천국의 축복을 풍성히 내려주시기에, 우리는 우리가 하나님에게 영원히 소속된 자라는 사실을 확실히 경험할 수 있습니다. 우리의 몸과 혼과 영이 주 예수 그리스도의 날까지 흠 없이 보존된다는 사실을 아는 것은 너무도 큰 은혜이지요! 바울은 "평화의 하나님께서 친히 여러분을 완전히 거룩하게 해주시고 우리 주 예수 그리스도께서 오실 때에 여러분의 영과 혼과 몸을 흠이 없고 완전하게 지켜 주시기를 빕니다."(데살로니가전서 5:23)라고 하였습니다.

우리가 은혜를 받아 하나님을 믿게 되면, 하나님께서는 우리가 하나님의 임재를 더 깊이 체험할 수 있게 해주십니다. 나는 여러분들이 이 집회를 통해 힘을 얻게 되고, 여러분의 믿음이 더욱 거룩하고 굳건해지고, 하나님 안에서 아무 흠도 발견할 수 없을 정도로 되어, 하나님의 일을 감당하기에 전혀 부족함이 없는 사람으로 준비되기를 간절히 바랍니다. 그렇게 되어야 하나님께서 장차 여러분을 쓰실 수 있습니다. 우리가 풍성하신 하나님을 더욱 더 알아가는 것에만 우리의 관심을 집중하게 되면 세상에 일어나는 일들로 인해 영향을 받는 일은 점점 없어지게 됩니다.

나는 여러분들을 음식이 한없이 공급되는 하나님의 연회장으로 데려가고 싶습니다. 그 곳에는 상상을 초월할 만큼의 넉넉한 공급이 있고 모든 인류들에게 다 주고도 충분히 남을 만큼의 풍요로움이 있습니다. 여러분의 믿음의 크기에는 제한이 있을 수 없습니다. 하나님께서는 여러분의 믿음 이상의 것을 준비해 놓으시고 "나는 너에게 지금 준 것보다 더 많이 줄 수 있어."라고 말씀하십니다. 나는 여러분들의 믿음이 현재 갖고 있는 믿음보다 한 단계 더 올라가게 되기를 바랍니다.

여러분들이여, 준비되셨습니까? 무슨 준비가 되었냐고 물으시는 분이 계시는 군요. 세상 것들에 집착하는 것을 그만두고 하나님이 주신 상급만을 바라보며 전진함으로(빌립보서 3:13-14), 하나님께서 주시는 보물 창고 속으로 들어가서 풍요로움을 만끽하실 준비가 되셨습니까?

여러분들이여, 준비되셨습니까? 무슨 준비가 되었냐고 물으시는 분이 계시는 군요. 하나님의 손길이 여러분 위에 머무르고 있는 것을 느끼기 위해 하나님의 계획 속으로 들어가실 준비가 되셨습니까? 하나님께서 여러분을 선택하셨다는 사실을 알게 되면, 기쁨의 첫 열매로 자신을 하나님께 드리고 싶어 하는 마음이 여러분 안에 생기게 됩니다.

여러분들이여, 준비되셨습니까? 무슨 준비가 되었냐고 묻고 싶어 하시는 분이 계시는 군요. 하나님의 뜻과 목적을 이루기 위하여, 여러분의 뜻과 목적을 내려놓을 될 준비가 되셨고, 하나님께서 여러분의 성품이 그리스도의 성품이 되도록 하는 계획에 "아멘"이라고 화답할 준비가 되셨습니까? 오늘은 우리가 하나님을 과거 그 어느 때보다도 더 깊게 알게 되도록 하기위해 하나님이 우리를 방문하시는 날입니다.

인간에서 신으로
(From Human to Divine)

주님께서는 이 집회와 관련하여 나에게 말씀해 주신 것이 있습니다. 그분을 기쁘시게 할 말씀을 공부해 보십시다. 에베소서 3장입니다.

인간이 육을 이기고 하나님의 영광스런 신성(divine)에 동참할 수 있다는 사실은 너무도 엄청난 사실입니다. 하나님의 충만한 기쁨을 우리도 느낄 수 있다는 진리를 성경 말씀을 통해 깨닫게 해주시는 하나님을 높입니다.

모든 은혜의 원천이신 하나님께서는 우리를 너무도 잘 알고 계십니다. 그분은 우리를 보시고, 우리를 아시고, 우리와 가까이 하시기를 원하십니다. 그분은 또한 자신의 무한한 기쁨과 영광스럽고 쇠할 줄 모르는 즐거움을 우리에게 주심으로, 우리를 감동시키기를 원하십니다. 하나님의 아들들과 딸들이 마귀에게 묶여 있다가 풀려나서, 제정신이 돌아와 옷을 입고(누가복음 8:35를 보십시오), 귀를 쫑긋하고 하나님의 말씀을 듣게 됨으로, 하나님의 보화들을 받게 되는 것을 보는 것만큼 즐거운 일은 이 세상 그 어디에도 없습니다.

이방인 여러분을 위해서 그리스도 예수의 일로 갇힌 몸이 된 나 바울이 말합니다. 여러분을 위하여 하나님께서 나에게 은혜로 이 직분을 주신 것을 여러분은 이미 들었을 줄 압니다. 하나님께서는 계시로 그 비밀을 나에게 알려 주셨습니다. 그것은 내가 이미 간략하게 적은 바와 같습니다. 지나간 다른 세대에서는 하나님께서 그 비밀을 사람의 아들들에게 알려 주지 않으셨는데 지금은 그분의 거룩한 사도들과 예언자들에게 성령으로 계시해 주셨습니다. 그 비밀이라는 것은 이방 사람들이 복음을 듣고서 그리스도 예수 안에서 함께 상속자가 되고, 함께 한 몸이 되고, 함께 약속을 받은 지체가 되는 것입니다. (에베소서 3:1-3, 5-6)

오, 우리가 그분의 은혜로운 사역으로 옷 입게 되고, 우리가 그분의 놀라운 주권에 관한 비밀을 이해할 수 있게 된 것이 얼마나 좋은지요! 여러분 모두가 오늘 이 시간 말씀을 배움으로 어떻게 해서 이방인들이 하나님의 보화와 영광 속으로 들어올 수 있게 되었고, 하나님의 부요함의 강물을 마실 수 있게 되었고, 하나님의 측량할 수 없는 사랑을 받을 수 있게 되었는지에 대해 이해할 수 있기를 바랍니다.

이 세상이 창조된 이후 지금까지 있었던 신비들 중에서 최고의 신비는 하나님이신 그리스도께서 인간의 몸을 입으시고 이 땅에 오셨다는 신비입니다. 이 세상에서 일어난 일들 중에 영원하신 생명께서 영원한 죽음을 경험하셨다는 것보다 더 큰 사건이 있을까요? 아담의 형상을 입은 인간이 죄를 떠나 새로운 존재가 되어,

천국에 계시는 하나님 아버지를 온전히 표현할 수 있게 되었다는 것보다 더 놀라운 사건이 있을 수 있을까요? "우리가 흙으로 빚은 그 사람의 형상을 입은 것과 같이 또한 하늘에 속한 그분의 형상을 입을 것입니다."(고린도전서 15:49)

우리가 아담의 후손이란 사실을 여기 계신 분들은 잘 알고 있을 것입니다. 그러나 오늘은 여기에서 한 걸음 더 나아가, 하나님을 온전하게 표현할 수 있는 존재가 바로 우리라는 사실을 여러분들이 이해할 수 있게 되었으면 좋겠습니다. 우리가 변화를 받고 하나님의 능력을 받아 우리의 오점들이 없어져서 하나님을 온전히 표현할 수 있는 사람들이 되었으면 참 좋겠습니다. 하나님 아버지가 어떤 분이신지에 대한 충분한 이해를 통해, 땅의 것들이 없어지고 하늘의 것들이 우리 삶에 도래함으로, 하나님의 영광이 우리 모두에게 가득 부어지는 일들이 오늘 이 시간에 일어났으면 참 좋겠습니다. 오늘은 천국이 우리에게 열려서 천국을 볼 수 있게 되었으면 좋겠습니다. 우리가 주님의 얼굴과 하나님의 영광을 볼 수 있게 되었으면 좋겠습니다.

방언 통역

하늘에서 내려온 생명은 절대로 변할 수 없을 것 같았던 것들을 변화시킵니다. 은혜의 하나님께서 우리 속에서 역사하시면, 우리가 하늘에서 태어난 된 존재(we are begotten from above)라는 사실을 깨닫게 됩니다. 그분의 능력과 사랑으로 변화되면, 우리가 무능하다는 사실과 하나님께서 우리를 바꿔 놓으셨다는 사실을 알게 됩니다.

하나님의 은혜가 우리에게 임함으로 우리가 아름다운 존재로 변화되었습니다. 우리의 옛 사람 속에 하나님의 영광이 그 빛을 발하게 됨으로 새로운 존재가 되면 이 세상에서 살고 싶은 생각이 없어지게 됩니다.

오, 하늘의 호흡이 오늘 우리를 움직이셔서, 이 세상에서 그 어떤 일이 일어나더라도 상관없이, 우리 모두가 천국에 가고 싶은 소망으로 가득하게 된다면 참으로 좋을 텐데요!

우리의 공동 유산
(Our Joint Inheritance)

오늘, 성령님은 우리가 하나님께서 우리에게 마련해주시는 것이 무엇인지에 대해 알게 되기를 원하십니다. 그 옛날 하나님께서는 아브라함을 택하셨고 이로 인해 아브라함의 자손들인 이스라엘 백성들은 하나님으로부터 이방인들이 갖고 있지 않은 그들만의 특별한 직위와 유산을 받았습니다. 한번은 예수님께서 한 여인을 보시고 사람들에게 *"이 여인이 아브라함의 딸이지 않는가?"* (누가복음 13:16을 보십시오)라고 말씀하셨습니다. 바울도 자신이 훌륭한 가문 출신이고 아브라함의 후손이라며 자기 자신을 변호하였습니다.

이방인들은 하나님이 주시는 특권을 가질 수가 없었습니다. 주님께서도 이방 여인인 스로보니게 여인을 향해 *"내가 내 자녀가 먹는 빵을 뺏어서 개에게 주는 것이 옳으냐?"* (마가복음 7:27을 보십시오)라고 말씀하셨습니다. 예수님의 이 말은 이방인이 개라는 말입니까? 그렇지 않습니다. 예수님은 그런 의미로 말씀하신 것이 아니라, 이방인들은 이스라엘 백성이 하나님으로부터 받은 왕의 백성으로서의 특권을 누릴 수 없다는 의미로 말씀하신 것입니다. 사마리아 사람들도 순수한 이스라엘 사람이 아니므로 차별을 받으면서 살았습니다.

예수님의 이러한 질문에 대해 스로보니게 여인은 "개라도 먹다 남은 부스러기는 먹을 수 있지 않습니까?"(28절을 보십시오)라고 대답하였습니다.

하나님께서는 이방인들에게 부스러기보다 더 좋은 것을 준비하셨습니다. 하나님께서는 이방인들로 하여금 하나님의 백성과 동일한 백성이 되게 하셨고, 하나님의 백성들이 받는 유산과 동일한 유산을 받게 하셨습니다. 하나님은 우리 이방인들과 이스라엘 백성 사이에 아무런 차별이 없도록 하셨습니다. 하나님께서는 예수 그리스도의 피를 통하여 이방인들이 하나님의 백성들이 받는 축복 속으로 들어갈 수 있도록 하신 것입니다.

하나님 감사합니다! 그분께서는 모든 나라들과 모든 백성들의 필요를 다 충족시켜주셨습니다. 하나님께서는 능력을 나타내셔서 우리 같은 이방인들과 아브라함의 원 자손들이 하나가 되게 해주셨습니다. 하나님의 영광을 이스라엘 백성들과 우리 이방인들도 똑같이 받을 수 있게 해주셨습니다. 그래서 우리도 하나님의 교회에 소속이 되어 동일한 하늘의 직분을 받을 수 있게 되었습니다.

나는 여러분들을 축복받는 특권의 자리로 데리고 가고 싶습니다. 또한 여러분이 그리스도와 교제할 수 있는 존재가 되었다는 사실에 대해 보다 깊은 이해를 하게 되시기를 바랍니다. "지나간 다른 세대에서는 하나님께서 그 비밀을 사람의 아들들에게 알려 주지 않으셨는데 지금은 그분의 거룩한 사도들과 예언자들에게 성령으로 계시해 주셨습니다." (에베소서 3:5)

이러한 계시는 성령으로 인해 우리에게 부어집니다. 그리스도에 관한 비밀이 우리 안에 부어지듯이 이러한 계시도 우리 안에 부어집니다. 그리스도께서 하나님의 뜻을 온전히 나타내시기 위해 이 땅에 나타나셔서 활동하셨을 때, 성령께서 그분 안에 임하셔서 활동하셨습니다. 하나님 나라의 비밀이 사람들에게 계시됨으로, 그 결과 하나님의 영광이 이 땅에 임하게 되었습니다. 성령님은 그리스도에 관한 모든 것을 우리에게 계시해 주십니다.

내가 그런 계시를 받을 수 있는 육체를 갖고 있다는 사실이 참으로 놀랍기만 합니다. 사도와 선지자들이 받았던 (이방인과 이스라엘이 동일한 유산을 받는 것에 관한) 계시가 우리 세대까지 이어지고 있으니 참으로 놀랍습니다. 우리는 계시를 통한 깨달음의 횃불을 높이 들고 계속적인 승리를 향해 전진해야합니다. 그러나 우리라는 육체에 계시가 부어지는 것보다 좋은 것이 있는데, 그것은 우리가 육체를 벗어나 재림하시는 우리의 신랑 되시는 분과 결혼하는 것입니다! 이러한 모든 일들이 "하나님의 능력이 역사하는 대로"(7절) 일어나게 될 것입니다.

빛과 생명을 가져다주는 능력

"하나님의 능력이 역사하는 대로" 라는 표현은 어떤 일들이 하나님의 뜻에 따라 이루어진다는 의미가 들어있습니다. 성령님의 역사에는 양자택일이란 것이 없습니다. 성령님은 천국에서 최고의 집행자이신 분의 위대한 명령을 실행하기 위해 이 땅에서 일하고 계십니다. 성령님은 성도들의 육체 안에 거하시면서 우리에게 하나님의 뜻을 알려주시고, 우리가 갖고 있는 하나님의 영광이 얼마나 큰 영광인지에 대해 우리가 경험할 수 있도록 도와주십니다. 이 뿐 아니라, 그리스도가 우리의 영광의 소망(골로새서 1:27)임에 대해서 알려 주십니다. 그리고 그리스도의 영광의 능력이 우리에게 모두 다 계시 될 수 있다는 사실도 알려주십니다.

천국의 많은 비밀들이 우리에게 계시될 것입니다. 그리스도 안에 있는 영광이 얼마나 풍성하고 큰지에 대해 우리가 깨닫게 될 것입니다. 앞으로 우리는 우리 안에 있는 그분의 신성이 어떠한 것인지를 알게 될 것입니다. 우리 안에 그리스도께서 계시다는 것의 의미를 깊이 깨닫게 됨으로 우리가 모든 묶임에서 벗어나게 되고 우리의 삶으로 그분을 표현할 수 있게 될 것입니다. 그분이 우리를 통치하실 수 있도록 그분께 우리를 내어드려야 합니다. 그래야 그분의 권세가 우리 삶에 역사해서, 우리가 이 세상의 모든 정사와 권세를 정복하고 이 땅에 있는 모든 악들을 제거할 수 있게 됩니다.

이 세상에 알려졌거나 장차 알려질 비밀들 중에서 가장 큰 비밀들은 우리가 영적인 몸을 갖게 될 것이라는 비밀뿐 아니라, 복음에는 창조적인 능력이 있어서 사람들에게 빛과 자유와 죽지 아니함과 생명을 가져다준다는 비밀이 포함됩니다. 하나님의 아들의 생명이 우리 마음 밭에 씨가 되어 떨어지면 그 씨가 자라나서 우리 속에 그리스도의 형상이 나타나게 되고, 이로 인해 우리 육체에 하나님의 능력이 역사하여, 하나님께서 우리에게 알려주시고자 하시는 비밀들이 우리에게 계시되는 일들이 일어납니다.

바울에게 계시가 임하고 하나님께서 바울에게 약속하신 일들이 일어나자, 바울은 자신의 무능함을 철저히 깨닫고는 자신을 "*모든 성도 가운데서 가장 작은 자보다 더 작은 자*"(에베소서 3:8)라고 고백하였습니다. 이처럼 하나님이 주시는 계시를 받으면 참으로 겸손하게 되는 일이 우리에게 일어납니다. 여러분이 하나님으로부터 계시 받았다고 하면서 자랑하는 것은 여러분이 아직도 그리스도와 함께 여러분을 육을 십자가에 온전하게 못 박지 않았다는 것을 말해줍니다.

우리의 이기심과 개인적인 야망이 없어져서 우리의 무능함과 무가치성을 철저히 깨닫는 경험을 해야, 비로소 하나님을 높일 수 있고, 그분께 순복할 수 있고, 오직 그분에게만 영광을 돌릴 수 있고, 그분으로부터 계시를 받을 수 있습니다. 그렇게 되면 이제 성령의 능력이 우리를 통해 강력하게 역사하기 시작합니다.

"*모든 성도 가운데서 가장 작은 자보다 더 작은 나*"라는 고백을 할 수 있는 것은 얼마나 큰 은혜인지요! 바울은 자신을 나타내기를 거부하였습니다. 그는 어떤 성도들과 비교해 보건 자신은 그 성도보다 못한 자라고 생각하였습니다. 오, 이 얼마나 자신을 낮추는 자세인지요! 바울이 그렇게 겸손한 사람이었기 때문에, 그리스도께서 그를 통해 강력하게 일하실 수 있었던 것입니다.

예수님과 그분의 아버지이신 하나님 사이에는 아무런 장벽이 없었기에, 예수님께서는 하나님 아버지와 하나가 되어 사역하실 수 있으셨습니다. 주님은 하나님의 일에 전적으로 협조하기 위해 "오히려 *자기를 비워서 종의 모습을 취하셨습니다.*"(빌립보서 2:7). 그분은 자신의 하늘 아버지에게 순복하셔서 낮아지시고 낮아지셔서 마지막에는 십자가에서 죽기까지 낮아지셨습니다. 그분이 그렇게 하셨기 때문에 하나님께서는 그분에게 "오, 내 아들아! 너에게는 천개의 보좌도 아깝지 않다. 너에게 내가 가진 모든 것을 준다고 해도 절대로 아깝지 않다. 내가 너에게 모든 이름 위에 뛰어난 이름을 주겠다."라고 말씀하신 것입니다.

예수 같은 놀라운 이름은 그 어디에도 없습니다. 모든 천사들과 찬양자들은 영원부터 영원까지 "우리를 사랑하신 그분"(요한계시록 1:5)을 찬양할 것이고, 그 찬양은 모든 노래들 위에 뛰어난 노래가 될 것입니다.

예수의 이처럼 놀라운 겸손을 깨닫고 여러분들도 이를 본받아 "나를 통해 하나님의 높으심을 나타내고, 나의 겸손을 통해 하나님의 영광을 나타내려면 내가 어떻게 하여야 할까?"라고 스스로에게 물어보십시오.

예수님은 참으로 사랑스러운 분이시지 않습니까? 그분은 항상 하나님을 기쁘시게 하는 것에만 초점을 맞추고 사셨습니다. 그분이 그렇게 하실 수 있었던 것은 겸손하셨기 때문입니다. 만일 여러분이 뛰어다니며 자신이 꽤 괜찮은 사람이라고 생각하신다면 조심하십시오. 더 큰 은혜는 자신을 더 많이 죽이는 사람에게 부어집니다. 더 큰 생명을 가진 사람은 더 크게 순복하는 사람입니다. 더 큰 계시는 자신을 더 낮추는 사람에게 부어집니다.

왜 그렇습니까? 자신을 낮출수록 하나님의 능력과 빛과 영광이 크게 역사하기 때문입니다. 내가 나타나는 것이 아니라 하나님이 나를 통해 나타나셔야 합니다.

우리 육체를 통해 표현되어야 할 의는 그리스도의 의입니다. 그렇게 되게 하려면 우리가 낮아지고 하나님의 아들이신 분이 우리 마음의 보좌에 앉으셔야 합니다. 그분은 모든 것들 위에 뛰어나신 분이십니다.

예수님은 가장 크신 분! 모든 것 위에 가장 뛰어나신 분!
우리가 지쳤을 때 힘을 주시는 분.
빛이 되어 어두움을 밝혀주시는 분.
가장 크신 분! 모든 것 위에 가장 뛰어나신 분!
예수님은 나의 모든 것 되시는 분.

여러분들이 삶을 통해 영원한 영광의 증거이신 그리스도가 나타나실 때 그분께서 영광 받으십니다.

교회의 비전

교회가 존재하는 목적은 무엇일까요? 교회는 주님의 백성에 관한 신비입니다. 아브라함, 이삭, 야곱 및 이스라엘의 12지파가 하나님의 선택하심에 의해 하나님의 약속을 받았던 반면, 이방인들은 그런 선택과 약속을 받지 못하였습니다. 그렇기 때문에 이방인들은 희망 없이 살아가고 있었습니다. 반면, 하나님의 선택을 받은 이스라엘 사람들은 하나님이 주신 특권을 잘 활용하지 못했습니다. 그들은 하나님의 기적을 베푸는 일을 함으로 진리를 온 세상에 전파할 수 있었음에도 그렇게 하지 못했습니다. 그들은 온 세상 여기저기에 하나님의 영광스런 부흥을 일으킬 수 있는 특권과 임무를 하나님으로부터 부여받았음에도 그 기회를 놓쳤습니다. 그들은 하나님에 관한한 실패자들이 되고 말았습니다.

단지 극히 소수의 사도들만이 하나님의 능력과 빛으로 충만하게 되어 하나님의 지시하심을 받아 복음을 이방인들에게 전하기 위해 역경을 뚫고 이방인들에게로 갔습니다. 바울은 하나님으로부터 특별한 계시를 받아 이방인들에게 복음을 전하는 일만 전적으로 하게 되었습니다.

나의 딸은 천국 하나님 보좌 주위는 검은 흑단과 같은 검은 피부를 가진 아프리카 사람들이 아름답게 모여 있을 것이라고 자주 말했었습니다. 중국 사람들과 일본 사람들도 이 점에 있어서는 동일합니다. 천국에는 각 나라와 백성들과 종족들과 방언들이 다 하나가 되어 모입니다. 천국에서는 어느 나라 출신인지 피부 색깔이 어떤 지는 전혀 문제가 되지 않습니다. 온갖 종류의 색깔들이 그곳에서는 하나님의 영광을 아름답게 나타내고 있습니다. 천국에서는 각 민족의 사람들이 영광으로 가득 차서 출신 나라에 상관없이, 있는 그대로의 모습으로 하나님의 형상을 표현하게 됩니다. 이 얼마나 장엄한 광경인지요!

그날이 다가 오고 있습니다. 천국은 이미 여러분 안에서 역사하고 있습니다. 우리 모두는 예수님의 몸인 교회의 각 부분들입니다. 몸이 분열되지 않도록 하기 위해서는 우리 모두가 성령님에게 우리의 마음의 보좌를 내어드려야 합니다. 성령님이 우리의 마음과 뜻과 몸을 지배하시도록 허락해야합니다. 그래야 우리의 모든 부분들이 거룩하게 되어 이를 통해 하나님이 높임을 받으실 수 있게 됩니다. 하나님은 여러분 속에서 강력하게 일하심으로 자신을 나타내기를 원하십니다. 주님께서 여러분 안에 계십니다!

그리스도의 몸의 지체로서 당신이 할 일

여러분들은 몸에 대해 성경적인 비전을 갖고 있어야 합니다. 나는 이제 여러분들께서 교회라는 몸 안에 소속된 지체로서 어떠한 비전을 각자 갖고 있어야하는지에 대해 말씀드리겠습니다. 하나님의 모든 신성이 그리스도의 육체 안에 감추어졌다는 표현보다 더 위대한 표현은 이 세상에 없습니다(골로새서 1:9를 보십시오). 그리스도의 몸을 통해 하나님의 신성이 측량할 수 없을 정도로 표현 되었습니다 .

당신의 몸을 통해 하나님을 신성을 한량없이 표현할 수 있는 권리를 주장하는 것을 두려워하지 마십시오. 요한은 그리스도를 본 후, 그가 그리스도를 본 것은 측량할 수 없을 정도라고 표현하였습니다. 그리스도께서는 측량할 수 없을 정도의 분으로 우리에게 다시 오십니다. 인간의 표현력으로서는 그분을 도저히 표현할 수 없습니다.

이러한 것에 대해 바울은 계속 언급하고 있습니다. 우리도 바울처럼 그리스도의 측량할 수 없는 능력에 대해 언급할 수 있게 되었으면 좋겠습니다.

하나님께서 모든 성도 가운데서 가장 작은 자보다 더 작은 나에게 이 은혜를 주셔서, 그리스도의 헤아릴 수 없는 부(富)를 이방 사람들에게 전하게 하시고, 만물을 창조하신 하나님 안에 영원 전부터 감추어져 있는 비밀의 경륜이 무엇인지를 모두에게 밝히게 하셨습니다. 하나님께서는 이제 교회를 시켜 하늘에 있는 통치자들과 권세자들에게 하나님의 갖가지 지혜를 알게 하려고 하시는 것입니다. (에베소서 3:8-10)

바울의 이러한 강력한 표현을 성경에 기록되도록 한 하나님의 의도가 무엇일까요?

하나님께서는 이제 교회를 시켜 하늘에 있는 통치자들과 권세자들에게 하나님의 갖가지 지혜를 알게 하려는 의도입니다. (에베소서 3:10)

지금 교회는 어두움의 권세를 멸하고, 악의 능력들을 정복하고, 새 창조의 빛으로 우리 속에 남아있는 어두움을 내어 쫓는 비전을 이루기 위해 일어나고 있는 중입니다. 교회가 이런 일들을 하는 이유는 생명 되신 그리스도의 부활의 능력이 우리 속에서 역사하는 것을 교회의 지체된 우리로 하여금 충분히 경험하도록 하기 위함입니다.

하나님은 우리를 하늘의 부요함으로 가득 채워주시는 분이십니다. 하나님이 주시는 모든 좋은 것들로 인해 우리가 만족하게 되는 것은 당연합니다. 우리는 그분이 주시는 모든 은혜를 흘러넘치게 받을 수 있는 존재입니다. 우리는 하늘의 모든 신비 속으로 들어갈 수 있고, 성령의 은사를 나타낼 수 있고, 성령의 열매를 항상 맺으며 살 수 있습니다.

사람들이 자주 나에게 내가 어느 교단 소속이냐고 물어봅니다. 우리가 어느 교단에 소속되어 있느냐에 따라 사람들은 우리가 자기네 편인지 아닌지를 결정해 버리려고 합니다. 나는 그런 질문을 받으면 으레 "나는 '트.세.으.사.(T.S.E.W.S.A)라는 교파에 속합니다."라고 대답합니다. 그러면 상대방은 어리둥절해 하며 그 교파는 어떤 교파인지를 묻지요.

그러면 나는 "오, '트.세.으.사. 교파'는 주위에 반대하는 사람이 많은 교파(The Sect Every Where Spoken Against)입니다."라고 대답합니다.

하나님을 찬양합니다! 세상적인 사람들은 하나님의 영광이 임하는 것을 싫어합니다. 그러나 그리스도는 그러한 반대를 이기고 승리하셨습니다. 우리 속에 계신이가 세상에 있는 이(마귀)보다 크시기에, 세상을 이기셨습니다. 그분은 죽음과 죄를 포함한 세상의 모든 권세와 능력들을 이기셨습니다.

여러분 안에 계신 능력 있는 분이신 그리스도께서 일하심으로 여러분이 위대한 일을 할 수 있습니다. 이러한 위대한 사실을 바울이 깨달았습니다.

바울이 깨달았던 두 번째의 것은 창세전부터 감추어졌던 것인데 때가 되자 바울에게 계시되었던 것입니다. 이것은 지고하신 하나님의 능력과 임재를 포함한 모든 신성이 인간의 육체라는 그릇 안에 담길 수 있게 되었다는 계시입니다. 그 결과 인간의 육체가 하나님의 능력을 나타낼 수 있게 되었습니다.

　이러한 이해에 이르기 위해 우리는 우리의 생각을 넓혀야합니다. 하나님과 접목되면 우리의 모든 능력이 측량할 수 없을 정도로 팽창되는 일이 일어납니다. 하나님은 자신의 자녀들이 세상 사람들에 의해 측량되는 것을 원하지 않으십니다. 당신은 당신이 소유한 땅의 넓이를 측량할 수 있고, 당신의 밭에서 추수하게 될 곡식의 량은 측정할 수 있을지 몰라도, 성령에 의해 인도되는 사람에서 나오는 능력의 크기는 절대로 측량할 수 없습니다. 영적인 삶에는 한계가 없습니다. 무한합니다. 하나님의 부요하심도 무궁무진하기에 인간으로서는 도저히 측량 불가입니다.

　하나님의 아들 예수가 능력을 갖고 당신 안에서 역사하시기에, 당신은 변화되어 은혜와 능력의 삶을 살 수 있게 됩니다.

　여러분 안에 거하시는 능력은 여러분을 더욱 더 큰 영광으로 인도합니다. 바울은 이 점에 있어 너무도 큰 이해에 도달하였기 때문에 에베소서 3장에서 놀라운 표현을 할 수 있게 되었습니다. 에베소서 3장 14절을 쓰려다가 그는 자신이 깨달은 깨달음이 너무도 크기에, 더 이상 쓰지 못하고 그 자리에서 하나님 아버지께 무릎을 꿇었습니다. 오, 이 얼마나 극적인 장면인지요! 이러한 바울의 깨달음은 이 세상의 그 어떤 것과도 감히 견줄 수가 없습니다. 그가 그렇게 할 수 밖에 없었던 이유는 말로도 표현할 수 없을 정도로 크신 하나님의 사랑과 은혜를 깨달았기 때문입니다. 그 어떤 언어와 예언의 말도 자신이 깨달은 것을 표현하기에는 부족하였습니다. 그랬기 때문에 바울은 무릎을 꿇었습니다. 이것에 관해 바울은 성령의 감동을 받아 "그러므로 나는 무릎을 꿇고 아버지께 빕니다. 아버지는 하늘과 땅에 있는 각 족속에게 이름을 주신 분이십니다." (에베소서 3:14-15)라고 고백했습니다.

바울은 하늘과 땅이 서로 합쳐지는 것을 경험한 사람입니다. 하늘과 땅(하나님과 인간)이 합일되게 해주신 하나님께 감사드립니다! 하늘과 땅이 합쳐짐으로, 하나님과 인간 사이를 가로 막고 있던 것이 없게 되었습니다. 우리는 중력의 법칙 아래에 살고 있지만, 예수의 피로 인해 이 땅에 살면서도 하늘을 경험할 수 있게 되었습니다. 하나님과 우리 인간 사이에 아무 분리나 괴리가 없게 되었습니다. "우리는 차라리 몸을 떠나서, 주님과 함께 살게 되기를 바랍니다." (고후 5:8).

우리가 기대하는 것 이상

성령님께서 우리에게 주시는 말씀이 여기에 있습니다. 그분은 우리가 가슴을 크게 벌려 하늘의 숨을 크게 들여 마시기를 원하십니다. 하나님을 향해 영혼의 손을 뻗쳐서 하늘을 한껏 들여 마십시오. 성령이 하시는 말씀을 들으십시오. 바울은 성령 안에서 다음과 같은 기도를 드렸습니다.

> 그분의 풍성한 영광으로 그분의 성령을 시켜 여러분의 속사람을 능력으로 강건하게 해주시고, 믿음으로 말미암아 그리스도가 여러분의 마음속에 머물러 계시게 되기를 빕니다. 여러분이 사랑 속에 뿌리를 박고 터를 잡아서, 모든 성

도와 함께 그리스도의 사랑의 넓이와 길이와 높이와 깊이가 어떠함을 깨달을 수 있게 되고, 지식을 초월하는 그리스도의 사랑을 알게 되기를 빕니다. 그리하여 하나님의 모든 충만함으로 여러분이 충만해지기를 바랍니다. 우리 가운데서 역사하시는 능력을 따라, 우리가 구하거나 생각하는 것 이상으로 더욱 넘치게 주실 수 있는 분에게, 교회 안에서와 그리스도 예수 안에서 영광이 영원무궁 하도록 있기를 빕니다. 아멘. (에베소서 3:16-21)

위에 기록된 것과 같은 축복이 이방인으로 살던 우리에게 임하게 되었습니다. 우리의 신분이 이방인의 신분에서 하나님의 백성의 신분으로 변한 것입니다. 육의 몸을 가진 우리가 하나님을 가득 담을 수 있는 영적인 존재가 된 것입니다.

하나님께서 우리에게 주시려고 준비하신 것이 얼마나 큰지를 우리는 도저히 측량할 수 없습니다. 생각할 수 없을 만큼 큽니다. 여러분이 기대하는 것보다 훨씬 큽니다. 여러분이 구하는 것보다 훨씬 큽니다.

이러한 측량할 수 없을 만큼 좋은 하나님의 약속들을 우리에게 주시려고 오늘 이 아침에 성령님께서 오셨습니다.

우리가 어떻게 해야 하나님에게 가까이 갈 수 있습니까? 자신의 무능을 철저히 자각해야, 그래서 하나님에게만 철저히 의존하며 살겠다는 생각을 가져야 하나님께 가까이 갈 수 있습니다. 나는 지금 여러분에게 그런 생각이 증가하고 있음을 감지하고 있습니다. "마음이 가난한 사람은 복이 있다. 하늘나라가 그들의 것이다."(마태복음 5:3). 하나님께서 우리의 마음이 매우 가난하도록 만드십니다. 우리가 가난함을 알기에, 손을 내밀어 하나님을 우리 심령 속으로 가득 모셔드립니다. 그래서 우리는 가난에서 벗어나 천국을 소유한 부자가 되게 됩니다.

그분이 여러분 안에 계시다는 사실을 믿으십시오. 여러분 안에 계신 분이 전능하신 분이란 사실을 믿으십시오. 그분은 여러분 안에 충만하게 거하시는 분이십니다. 그분을 여러분 마음의 왕좌에 앉혀드리십시오. 왕의 보좌에 앉아계신 그분께 전적으로 순복하십시오. 그분이 여러분의 삶의 모든 부분들을 정리해나가시도록 허락하십시오. 하나님께서 여러분을 온전히 인도하실 수 있도록 하십시오. 그렇게 하기만 하면 그분이 여러분의 삶에 주도권을 잡으셔서 여러분을 보호하시고 지켜주실 것입니다.

오, 나는 오직 하나님의 뜻이 이루어지는 삶만을 살고, 오직 하나님께서 목적하신 삶만을 살고, 오직 나를 통해 하나님만 영광 받는 삶을 살기를 원하노라! 우리는 "영광 받을 존재는 내가 아니라 그리스도이십니다."라는 다짐의 말을 계속하며 살아가야 합니다(갈라디아서 2:20을 보십시오).

바울은 어떻게 했기에 그리스도에 관해 그토록 엄청난 이해에 도달할 수 있었을까요? 그것은 바로 그가 자신을 "모든 성도 가운데서 가장 작은 자보다 더 작은 자"(에베소서 3:8)라고 생각하였기 때문입니다. 바울이 자신을 "모든 성도 가운데서 가장 작은 자보다 더 작은 자"라고 생각하였기 때문에 하나님께서는 바울 속에서 강력하게 역사하실 수 있었고, 그 결과 그는 하나님이 일하시는 만큼의 분량의 일을 해낼 수 있었습니다.

하나님은 여러분이 성령에 가득 채워진 후에 집으로 돌아가기를 원하십니다. 오, 사랑하는 여러분들이여, 준비가 다 되셨습니까? 여러분이 하나님께 뭐라고 말해야만 합니까? 여러분은 "아버지, 내 속에서 당신의 뜻대로 역사하소서. 나의 인간적인 뜻이 당신의 계획을 망치지 않도록 해 주십시오. 당신만을 온전히 섬기는 사람이 되도록 하기 위해 오늘 이 시간에 나를 당신의 제단에 바칩니다. 나를 주장하여 주십시오."라고 하나님께 말하십시오. 그렇게 하시면 그분께서 이곳에서 지금 당신을 만나주실 것입니다.

제 15 장

썩지 않는 영광

　하나님께서 오늘 우리에게 놀라운 것을 주셨습니다. 여러분의 생각의 영역을 넓히시고 하나님을 향한 소망을 크게 가지십시오. 그래야 하나님께서 여러분들을 위해 예비하신 것들을 충분하게 요구할 수 있습니다.

　하나님께서는 이 세상을 창조하기시기 전에 장차 살게 될 인류가 필요로 하는 모든 것들을 미리 마련해 놓으셨습니다. 이제 많은 사람들이 하나님께서 자신을 창세전에 미리 생각해 놓으셨고, 미리 예정해 놓으셨고, 성령에 의해 변화받는 사람으로 정해 놓으셨다는 사실을 알게 될 것입니다.

　여러분들, 준비되셨습니까? 무슨 준비냐고요? 믿음의 삶을 살므로 하나님의 힘을 공급받을 준비가 되셨습니까?

　하나님으로부터 능력을 받을 준비를 하고 있으십시오(누가복음 24:29). 그분으로부터 은혜를 받을 준비를 하고, 그분으로부터 즐거움의 기름을 받을 준비를 하십시오. 기대를 크게 가지십시오. 정직하십시오. 하나님을 두려워하지 마십시오. 하나님의 임재 안에서 담대하십시오. 예수님의 피를 통해 오늘 우리가 매우 넓은 곳에 다다를 수 있다는 사실을 담대하게 믿으십시오.

여러분들, 준비되셨습니까? 무슨 준비냐고요? 하나님을 너무도 사랑한 나머지 그분의 거룩한 계획안으로 몰입되실 준비가 되셨습니까? 여러분이 하나님의 능력 및 그분의 전권적인 은혜와 아울러, 이 세상의 부요함과는 비교할 수 없는 하늘의 부요함을 받아, 하나님의 성품이 나타나는 삶을 사실 준비가 되셨느냐는 말입니다.

초자연적인 질서

오늘 이 아침에 우리가 다루어야할 주제는 하나님의 심오한 것과 관련되어 있습니다. 우리의 삶이 반드시 하나님의 것들과 관련을 맺고 살아야 할 이유가 오늘날 점점 증대되고 있습니다. 우리 안에 사시는 분은 우리 보다 훨씬 크신 분이십니다. 그러므로 우리는 성령의 인도를 받으므로 우리의 삶에서 신적 권위가 확립되는 삶, 초자연적인 것들을 경험하는 삶을 살 수 있습니다.

오, 우리가 이 땅에 버려지지 아니하고, 하나님이 우리를 위해 마련해두신 풍요의 곳으로 들어가서 그분과 함께 영원히 지낼 수 있다는 것이 얼마나 좋은지요! 이 집회는 하나님께서 계획하시고 열어주신 아름다운 집회입니다. 하나님에게 무질서란 있을 수가 없습니다. 하나님의 공급하심은 이루 형언 할 수 없을 정도로 큽니다. 그분의 계획과 그분의 도움으로 인해 이번 집회가 잘 진행되고 있습니다. 하나님께서 행하시면 모든 것이 온전한 조화와 질서 속에서 이루어집니다.

때때로 나는 나의 머리카락이 내 머리에서 빠져나가는 것을 목격하곤 하였습니다. 그러나 나는 내 머리카락이 빠지든 희어지든 신경 쓰지 않습니다. 왜냐하면 하나님께서는 나의 남아있는 머리카락의 숫자가 몇 개인지도 다 알고 계시는 분이시기 때문입니다. 어떤 사람들은 머리카락의 색깔을 바꾸려고 애를 씁니다. 그런 사람들은 "너희들은 너희의 머리카락 한 올도 검게 하거나 희게 할 수 없다"(마태복음 5:36)고 하신 하나님의 말씀을 기억하지 못하고 있는 사람들입니다.

우리는 세상의 풍조를 따라 각종 화장을 하고, 화려한 옷으로 자신을 단장하는 것에 신경을 쓰며 살지 말고, 하나님이 우리에게 주신 모습 그대로의 살 수 있어야합니다. 그러나 그 대신 하나님의 초자연적인 질서 안에서 사는 데는 우리의 온 신경을 써야합니다. 그래야 하나님께서 기뻐하십니다. 여러분들은 하나님 보시기에 너무도 아름다운 존재라는 사실을 모르고 계시다는 말씀입니까? 하나님께서는 온유하고 조용한 영을 가진 사람을 귀하게 보신다는 사실을 모르고 계십니까? 하나님은 여러분의 외모를 보지 않고 여러분의 심령 속을 보십니다. 그러므로 여러분의 겉모습에 쓸데없이 신경을 쓰지 마시고 속사람을 강건하게 하는데 신경 쓰십시오. 우리가 외적으로는 세상의 형상을 갖고 이 세상에 태어났을 지라도, 이제 곧 하늘의 형상을 입게 될 것입니다(고린도전서 15:49).

오, 우리가 하나님의 모습으로 변화되는 것, 하나님의 영광을 사모하는 것, 그리스도의 부활에 동참하는 것, 영적으로 담대해지는 것들에만 신경을 쓰고 살 수 있다면 얼마나 좋을까요! 하나님께서 우리를 하나님 마음의 더 높고 깊고 길고 넓은 곳으로 인도하시는 것은 하나님의 우리를 향한 약속입니다. 그 약속이 이루어지기에 우리는 그분 계신 곳으로 더 높이 올라가게 됩니다!

오늘 이 아침에 다 같이 베드로전서 1장을 펴보십시다. 베드로전서 1장은 기초되는 진리 한 가지를 우리에게 제공하고 있습니다. 내가 지금 베드로전서 1장 전체를 다룰 수는 없습니다. 그러므로 썩어지지 않는 하나님의 말씀, 썩어지지 않는 씨, 우리의 육체 안에 있는 썩어지지 않는 생명에 관한 부분만 다루도록 하겠습니다. 이 모두는 썩어지지 않는 하나님의 계획과 관련이 있는 것들입니다. 이것들에 대해 온전히 알게 되면 우리를 향하신 하나님의 마음이 얼마나 엄청난지를 알게 됩니다. 그 결과 살아계신 하나님의 말씀의 능력 앞에 자기를 부인하며 겸허하게 무릎 꿇게 되는 일이 일어나게 됩니다.

앞으로 여러분의 사역과 삶의 모든 부분에서 시험을 받을 때가 있을 것입니다. 이때 여러분이 육을 뛰어 넘은 자이고, 육의 생각을 벗어난 자이고, 하나님의 계획안에서 살아가는 자이고, 성령으로 살아가는 자라는 것이 증명되면 여러분은 시험을 이기고 살아남습니다. 여러분에게 시험받는 일이 일어나게 되는 것은 여러분들이 "악한 날에 능히.... 서 있을 수 있도록"(에베소서 6:13)하기 위함입니다. 시험을 당할 때는 자신이 밧줄 끝에 대롱대롱 매어달린 것처럼 느껴집니다. 그러나 이제는 더 이상 버틸 힘이 없다고 생각될 때, 하나님은 자신의 강한 팔로 우리를 들어 평안한 곳으로 옮겨놓으십니다. 주님, 당신께서 우리를 그 평안한 땅에 살게 하신 것이 주님의 기쁨이 되게 하소서.

하나님이 행하는 시는 일의 클라이맥스에 도달하기 위해, 우리다 같이 베드로전서의 처음 절을 읽어보십시다: "예수 그리스도의 사도인 나 베드로는 본도와 갈라디아와 갑바도기아와 아시아와 비두니아에 흩어져서 나그네로 사는 여러분에게 문안합니다."(베드로전서 1:1)

야고보가 그랬던 것처럼, 베드로도 시련의 시기를 통과하고 있는 성도들에게 편지를 썼습니다. 야고보는 성도들에게 어려울 때일수록 단단히 서 있으라는 격려의 편지를 보냈는데, 베드로도 역시 격려의 편지를 보냈습니다.

세례를 받은 후에 오는 핍박

기독교인들에 대한 박해가 시작되자 예수님을 믿는 성도들이 각지로 흩어졌습니다. 그들이 예루살렘에 있었을 때는 편했습니다. 하나님은 우리가 편하게 지내면 신앙에 진보가 별로 없다는 사실을 잘 알고 계십니다. 여러분이 평안하게만 생활하면 하나님의 위대한 계획에 동참할 수 없습니다. 성령이 임한 후에 하나님은 예루살렘에 이상한 일들이 일어나는 것을 허락하셨습니다.

핍박을 받지 않았다고 이미 받은 구원을 잃게 되는 것이 아닙니다. 핍박을 받지 않았다고 성화되지 않는 것은 아닙니다. 그러나 핍박 속으로 들어가지 않고서는 성령으로 세례를 받을 수 없습니다.

예수님의 제자들은 예수와 함께 있었을 때는 좋은 시간들을 보냈습니다. 그러나 예외적으로 나사렛 사람들이 예수를 붙잡아서 언덕 위 낭떠러지 아래로 떨어뜨리려고 한 적이 있었습니다. 그리고 제사장들은 예수를 죽이려고 모함하기도 하였습니다.

유다에게 마귀가 들어간 후, 제사장들이 유다를 만나 모략을 꾸미기 위해 대화를 나누었습니다. 그것은 제사장들이 유다에게 들어간 귀신과 대화를 나눈 것입니다.

방언 통역

입을 조심하십시오. 여러분의 마음이 바른가를 점검하십시오. 남을 판단하지 마십시오. 사람들에게 저주의 말을 하지 마십시오. 오늘날 예수를 죽이고 모함한 사람들처럼 살아가는 사람들이 많이 있습니다. 그런 사람들은 자신들도 하늘나라에 들어가지 않고, 하늘나라에 들어가려는 사람도 못 들어가게 막는 사람들입니다. 그런 사람들이 갖고 있는 나쁜 영이 여러분들 안에 들어가지 못하도록 하십시오. 하나님은 여러분들을 지켜주시고 순결한 처녀로 예수께 드린 바 되도록 하기 위해 여러분들을 정화시켜주시고, 하나님의 선한 일을 위해 쓰임 받도록 하기위해 여러분을 준비시켜 주십니다.

그 어떤 일을 당하더라도 쓴 마음을 품거나 악한 결정을 하지 않도록 하십시오. 우리가 예수로 인해, 하늘의 권세를 사용할 수 있는 새로운 존재가 되었다는 것을 기억하십시오. 우리의 옛사람은 죽었고 그 대신 신의 속성을 가진 새 사람이 되었습니다. 그러므로 우리는 하나님의 능력으로, 증오가 있는 곳에 사랑을 가져다 줄 수 있는 사람이 되었습니다. 하나님께서는 죽음 속에서 살고 있는 우리에게 그분의 얼굴에서 나오는 광채를 비추셨습니다. 그래서 사막과 같이 메말랐던 우리의 삶에 생수의 강물이 흘러가게 되었습니다.

하나님께서 악한 비판이 없는 평탄한 곳으로 우리를 옮겨 놓으시기를 간절히 바랍니다. 그리고 그분께서 우리의 마음을 온유하고 겸손한 마음으로 바꿔주셨으면 좋겠습니다. 그렇게 하시는 것은 주님의 마음입니다.

사탄은 거룩해 질 수 없는 존재다

존재 자체가 불결한 것은 순결하게 될 수 없습니다. 악한 것은 더욱 더 악해질 뿐, 절대로 거룩해 질 수 없습니다. 모든 불결한 것과 악한 것은 추방되어야만 합니다. 사탄은 거룩하게 변화될 수 없는 존재입니다. 마귀는 영원토록 흉측하고 극악합니다. 밝은 빛이신 분께서 하나님 아버지의 형상을 이 세상에 나타내실 때 이 세상의 더러운 세력들은 그 실체를 드러내게 됩니다. 그렇게 되면 악한 것들은 구덩이로 들어가서 거기서 영원토록 있게 됩니다.

어떤 바보같은 사람들은 마귀도 구원받을 수 있다고 말하거나 자신은 마귀와 발걸음을 같이 한다고 말합니다. 그들이 그렇게 말하는 것은 하나님의 말씀을 모르기 때문입니다. 죄는 절대로 정결하게 될 수 없습니다. *"육신에 속한 생각은.... 하나님의 법을 따르지 않으며, 또 복종할 수도 없습니다."* (로마서 8:7) 육적인 것들은 멸해져야합니다. 악한 성향들은 뿌리째 뽑혀 버려져야 합니다.

하나님은 "내가 너희들에게 정결한 마음과 바른 영을 주겠다."고 말씀하십니다. 하나님 안에서 새 피조물 된 우리는 정결해져서 바른 영을 갖고 살아가야 합니다.

오순절 날 성령이 임하게 되자, 야고보는 죽임을 당했고 베드로는 옥에 갇혔습니다. 예루살렘의 성도들에게 큰 핍박이 찾아오게 되자 성도들이 각지로 흩어졌습니다. 그 결과 복음이 각처에 퍼지게 되었습니다. 그렇게 되자 베드로는 각처에 흩어져서 살고 있는 성도들에게 편지를 썼습니다.

인간의 영을 거룩하게 함

> *하나님 아버지께서 당신의 미리 아심을 따라 여러분을 택하여 주시고, 성령으로 거룩하게 해주셨으므로, 여러분은 예수 그리스도께 순종하게 되었으며, 그의 피로 정결함을 얻게 되었습니다. 여러분에게 은혜와 평화가 가득하기를 빕니다. (베드로전서 1:2)*

인간의 영은 거룩해져야 한다는 사실에 주목하십시오. 누가 뭐라고 하던 영이 거룩해 지지 않으면 아무 소용이 없습니다. 영이 거룩해지지 않는 사람의 삶은 피폐해지기 마련입니다. 영이 깨끗하지 못한 사람에게 마귀는 쉽게 달려듭니다. 그러므로 우리는 우리 삶의 더럽고 썩어가는 부분을 도려내어 거룩함과 썩지 않음에 이르러야 합니다. 왜냐하면 인간 속에는 여러 유형의 욕심들이 자기의 세력들을 정신없이 넓혀가고 있기 때문입니다. 우리를 향한 하나님의 계획은 우리가 거룩하게 됨으로 하나님을 축복을 받는 것입니다. 그래서 우리가 이 세상의 지위를 버리고 영광 안에서 하나님이 주신 하늘의 지위를 취하는 것입니다. 우리가 축복의 곳으로 옮겨지려면 온전하고 거룩하게 되어야하고 성령님이 원하시는 바에 따라 영적인 삶을 살아야합니다.

우리가 도달하는 축복의 곳은 하나님께서 우리를 전적으로 통치하시도록 하는 곳입니다. 그곳에서는 우리의 마음이 온전히 하나님의 능력에 잡힌바 되게 됩니다. 그곳에서는 우리의 모든 생각이 순결하고 거룩합니다. 그곳은 우리의 매일의 삶이 하나님이 주시는 자유와 능력으로 점철되어 있는 곳입니다. 그곳은 우리 마음속에 있습니다. 하나님께서는 인간의 영을 귀히 여기긴 하시지만 인간의 영을 찬미하시지는 않으십니다. 마귀들은 인간의 영을 부러워는 하지만, 인간의 영을 거룩하게 해주지는 못합니다.

인간의 영은 그리스도의 신적 마음과 온전하게 합쳐질 때에 비로소 거룩해집니다. 이러한 일이 일어날 때 높임 받는 것은 인간이 아닙니다. 우리는 몸을 갖고 있는 존재지만 영광스런 기름부음과 계시와 능력을 받아 살 수 있습니다. 성령님이 여러분의 영을 온전히 거룩하게 하면 여러분은 "나, 나, 나"를 외치며 사는 대신에 "그리스도, 그리스도, 그리스도"를 외치면 살게 됩니다. 그 결과 그리스도께서 영광 받으시게 됩니다.

방언 통역

우리의 육이 죽어야합니다. 자신의 약함을 깨달아야 합니다. 자신의 힘으로 살려고 했던 것을 회개해야합니다. 하나님과 더 깊은 교제 속으로 들어가시고 그리스도의 원칙을 배우십시오. 영광의 자리에 앉아 그분과 함께 마귀의 능력을 멸하고 그분과 함께 통치하게 될 때가지 그분의 거룩함과 의와 성결을 닮으십시오.

거룩함이 능력입니다. 죄는 패배합니다. 죄는 약한 반면 거룩은 강합니다.
"마음의 영을 새롭게 하십시오."(에베소서 4:23). 그래야 더 밝은 빛이 있는 곳으로 올라갈 수 있습니다. 더 밝고 높은 곳에서 보아야 죄가 가져다주는 끔찍한 결과들이 잘 보입니다. 그곳에 서있어야 죄의 권세가 아무리 대단해도 하나님의 권세를 이길 수는 절대로 없다는 사실을 확실하게 인지할 수 있습니다. 그분이 가지신 하나님 아버지의 신적 능력으로 인해, 우리가 이러한 점들을 잘 깨달을 수 있게 되었으면 좋겠습니다.

방언 통역

그 분은 이 세상의 모든 것 위에 높임받으셨습니다. 그리고 우리는 그분과 연합되었습니다. 그분께 가까이 가서 하나님과 나 사이에 경계선도 없습니다. 순결하신 그분은 우리 안에 계셔서 우리에게 진리와 생명을 계시해주십니다. 알파와 오메가가 되신 그분은 우리 안에서 진리로 계시는 분이십니다. 그분의 생각은 모든 분란에 마침표를 찍습니다. 그분은 모든 것들 위에 계십니다. 우리가 그분을 사랑합니다! 우리 그분을 향해 "그분에게 있는 것은 모두 사랑스럽다."(아가서 5:16)라고 고백합니다.

썩지 않는 씨

이제 베드로전서 1장 13절부터 16절까지 읽어봅시다.

그러므로 여러분은 마음을 굳게 먹고 정신을 차려서 예수 그리스도께서 나타나실 때에 여러분이 받을 그 은혜를 끝까지 기다리십시오. 여러분이 이제는 순종하는 자녀가 되었으니, 전에 알지 못할 때에 가졌던 욕망을 따라 살지 말고, 여러분을 불러 주신 그 거룩한 분을 따라 모든 행실을 거룩하게 하십시오. 성경에 기록하기를 "내가 거룩하니 너희도 거룩하여라" 하였기 때문입니다.

성경은 우리가 다시 새로 태어났을 때 썩지 않는 것, 더러워지지 않는 것이 우리 속에 들어왔기 때문에 우리가 악한 것을 바랄 수 없게 되었다고 말해주고 있습니다. 성령에 의해 우리 마음 밭에 뿌려진 하나님 아들의 신적 생명이라는 썩어지지 않는 씨가 싹이 났습니다. 그 결과 우리는 하늘의 직위를 갖는 자가 되었고, 거듭나게 하는 능력과 창조적인 거룩한 능력이 우리 속에 있게 되었습니다. 이러한 것들이 서로 합쳐져서 우리는 하나님의 아들의 형상이 나타나는 삶을 살 수 있게 되었습니다. 우리 육체의 여러 기관들도 거룩하게 되기를 열망하고 있습니다. 우리 자신은 그분의 거룩하심을 찬미하는 찬양을 부르기를 갈망하고 있습니다.

나는 아주 어린 소년이었을 때 하루 종일 들판에 누워 혼자서 주님을 찬양하는 노래를 흥얼거리곤 하였습니다. 그러다가 해가 질 때쯤이면 내 주위가 하나님의 영광으로 가득하곤 하는 것을 느끼곤 하였습니다. 이런 경험은 어린 나에게는 참으로 놀라운 경험이었습니다. 나에게 왜 그런 일이 일어났을까요? 그 당시에 나는 비록 어렸었지만 구원받아 새 피조물이 되어서 하나님을 간절히 바라고 기다렸기 때문입니다. 오, 할렐루야! 그것이 벌써 지금으로부터 육십년 전의 일입니다. 그러나 나는 육십년 전에 비해 지금 하나님을 더 갈망하고 있습니다. 육십년 전부터 지금까지 나는 그분의 것입니다. 지나간 육십년 동안 내가 전적으로 그분에게만 속해있다는 거룩한 생각을 하지 않은 날은 하루도 없었습니다.

나는 여러분들이 나와 같이 새로운 피조물이 되어, 거룩해지고, 성결해지고, 온전하여지는 데까지 이르는 성도들이 되었으면 하는 마음 간절합니다. 성도라고 불리는 것을 무서워하지 마십시오. 거룩이라는 단어를 두려워하지 마십시오. *성결해진다는* 표현을 쓰는 것에 대해 힘들어하지 마십시오. 온전해진다는 말에 대해 거북해하지 마십시오. 여러분 안에 소멸되지 않는 하나님의 능력이 여러분의 죄짓고 싶은 마음을 없애버렸습니다. 여러분은 썩어지지 않는 능력으로 거듭났기에 죄를 짓고 싶은 마음이 사라졌고, 그 대신 더러운 것들을 미워하는 마음이 생겨났습니다. 이러한 마음이 하나님의 마음입니다. 여러분이 하나님의 아들이 되었기에 하나님 아버지의 마음을 갖게 되는 것입니다. 그리고 여러분 안에서 일단 자그맣게 시작된 하나님 아버지의 마음은 여러분이 성숙해감에 따라 점점 더 온전하게 자라나게 될 것입니다. 그래서 결국 하나님 보시기에 거룩하고, 온전하고, 세상 악을 떠나고, 정결해지기를 열망하고, 깨끗해지기를 소망하고, 하나님을 갈망하는 삶을 살아가게 될 것입니다. 이것이 바로 성도들이 하나님으로부터 받는 유산입니다. 우리는 세상에서 살지만 세상에 속해있지 않습니다. 우리는 세상을 이긴 사람들입니다.

"세상을 이기는 사람은 누구입니까? 예수께서 하나님의 아들이심을 믿는 사람이 아니겠습니까?" (요한일서 5:5)라는 고백을 하며 사는 사람들은 세상을 이깁니다.

그분께서 하나님의 아들이시라는 것이 나와 여러분에게 어떤 의미가 있습니까? 하나님은 거룩하시고 빛이시고 사랑이십니다. 예수님은 하나님의 뜻과 계획을 완전하게 표현하시는 분이셨습니다. 예수님의 생명과 성숙이 여러분 안에 있습니다. 만일 여러분이 세상에 대해 죽고, 성령 안에서 하나님에 대해 산다면(로마서 6:11), 여러분 안에 있는 예수의 생명과 성숙이 여러분을 삶을 통해 온전하게 나타나게 됩니다.

거룩, 거룩, 거룩하신 분
자비로우시고 능력이 지극하신 분
삼위의 하나님(God in Three Persons)
축복받으신 삼위일체의 하나님(blessed Trinity)

삼위일체. 한량없이 친밀하심. 변화시키는 거룩한 능력. 하나님의 아들은 이러한 성품과 속성들을 갖고 계십니다. 하나님의 아름다우신 아들은 세상의 모든 능력을 발아래 꿇게 하실 능력을 갖고 계신 분이십니다. 그분이 바로 우리 안에 계십니다.

오감(five senses)이란 것이 있습니다. 그분이 이 세상에서 사셨을 때, 그분은 영적인 오감을 잘 사용하셨습니다. 그것은 믿음의 소리를 듣는 청각, 하나님을 느끼는 촉각, 영적인 것을 보는 시각, 성령의 지시하심을 냄새 맡는 후각, 그리고 하나님의 계획을 맛볼 수 있는 미각입니다.

우리가 세분 하나님의 하나 되는 교제 속으로 들어가게 되면, 그리스도의 형상이 우리 삶을 통해 온전하게 나타나게 됩니다. 그렇게 되면 사람들에게 질문하지 않아도 그냥 알게 되는 일들이 일어나고, 다른 사람들의 말에 흔들림을 당하지 않고 살 수 있게 됩니다. 우리는 우리가 믿고 있는 분이 어떤 분인지를 잘 알고 있고, 우리가 그분 안에 거하고 있다는 사실을 잘 알고 있습니다(디모데후서 1:12).

옮겨 질 수 있는 것이 있고, 옮겨 질 수 없는 것이 있습니다. 변화 될 수 있는 것이 있고, 변화 될 수 없는 것이 있습니다. 우리 속에는 썩어질 수 없는 것이 있는데, 그것은 또한 옮겨 질 수 없는 것입니다. 다른 것들은 옮겨질 수 있지만 하나님이 주신 것은 우리 안에 항상 남아 있습니다.

장차, 여러 가지 것들이 담요가 말려지듯이 말려지는 일들이 일어납니다. 가령 하늘들이 두루마리 말려지듯이 말려지게 되고(이사야서 34:4), 땅이 강력한 불에 쇳덩이 녹듯이 녹아지게 됩니다(베드로후서 3:10). 우리가 발을 딛고 사는 땅덩어리가 완전히 녹아져 버리게 됩니다. 그러나 그분이 영존하시는 것처럼 우리는 영존하게 됩니다. 그 이유는 우리도 그분처럼 썩지 않는 생명, 영원한 생명을 갖고 있기 때문입니다. 영원하신 왕께서 자연인인 우리 속에 역사하심으로 우리가 영원하고 신적인 하나님을 알게 되었습니다. 할렐루야!

의의 유산 (An Inheritance of Righteousness)

만일 이러한 것들이 사실이라면 우리는 이러한 하나님의 질서 안에서 우리의 삶을 세워나감으로 그 어떤 것도 우리를 더럽히지 못하도록 하여야 할 것입니다. 믿음을 통해 죄를 이기는 온전한 삶을 살아나가야 합니다. 믿음으로 병도 이길 수 있습니다. 믿음으로 죽음도 이길 수 있습니다. 믿음이 있으면 에녹에게 일어났던 일이 우리에게도 일어날 수 있습니다.

소리 없이 강하게 전진하는 것이 세 가지가 있습니다. 그것은 싹과 이삭과 이삭에 있는 낟알입니다(마가복음 4:28). 하나님께서는 우리 모두가 귀한 자인 것을 알아, 귀한 삶을 살게 되기를 원하십니다(베드로전서 2:9). 우리는 왕족에 속하게 되었습니다.

우리는 장자들의 모임에 속하게 되었습니다. 우리는 하나님의 아들(Son)의 속성을 갖게 되었습니다. 우리는 영원한 사역을 하는 사람들의 모임에 소속하게 되었습니다. 만유보다 크신 아들 하나님께서는 만유를 통해서(through all) 오셨고, 만유 안에서 일하심으로 하나님께 영광을 돌리셨습니다.

여러분들은 중력의 법칙 안에서만 살아왔기 때문에 중력의 법칙이 더 이상 적용되지 않는 영적인 세상에 대해 이해하시기가 쉽지 않을 것입니다. 영의 세계에는 중력의 법칙이 작용하지 않습니다. 중력은 생각의 영역에 영향력을 행사할 수 없습니다. 중력은 영감(inspiration)에도 영향을 미칠 수 없습니다. 그리스도와 연합됨에 중력이 그 어떤 영향을 끼질 수 없습니다. 영은 모든 것 위에 있습니다. 그리스도는 보좌에 앉아계셔서 자신의 목적을 천명하십니다.

하나님께서는 모든 악들이 우리에게 무릎을 꿇을 수밖에 없는 곳으로 우리를 인도하셨습니다. 그곳에서 우리는 새롭게 된 존재로서 성령 안에서 악을 궤멸하게 됩니다. 이때 우리는 겁먹어하거나 두려워하지 않게 됩니다. 우리는 이런 일들을 기쁘게 행함으로 축복의 땅에서 그들을 패배시키게 됩니다.

여러분들 중에 어떤 분들은 "당신은 아닐지 몰라도 내 속에는 불신과 같은 나쁜 것들이 있습니다."라는 말을 하고 싶어 하십니다. 그런 분들에게 말합니다. 하나님께서는 그런 분들 속에 있는 불신들을 제거시켜 주시고 나서, 그분들을 영적인 곳에 설 수 있게 해주십니다. 불신은 우리를 왕좌의 자리에서 쫓아냅니다. 그러나 믿음은 우리로 하여금 왕좌의 자리를 다시 차지하도록 합니다다. 많은 사람들이 성령 안에서의 확신을 가지는 것에 대해 주저하고 있고, 완전함으로 나아가는 것을 피하고 있습니다. 그들이 그렇게 하는 이유는 자신의 생각과 지식대로 살기 때문입니다. 그 결과 사람들의 삶이 점점 황량해지고 피폐해집니다.

하나님께서 우리는 이 세상에 속한 자들이 아니라고 말씀하셨습니다(요한복음 15:19). 우리는 이 세상의 썩어질 것들에서 구출된 자들입니다(베드로후서 1:4). 우리는 *"마음을 새롭게 함으로 변화를 받은 자들"* (로마서 12:2)입니다. 하나님께서는 우리가 *"왕의 제사장들"*이요, 거룩한 백성들(베드로전서 2:9)이라고 하셨습니다. 우리는 그리스도를 모퉁이 돌로 하여 세워진 집의 벽돌들입니다(에베소서 2:20).

성령님은 우리의 유산이 무엇인지에 대해 우리에게 알려주시고, 그 유산이 우리의 것이 되도록 해주시기위해서 우리에게 오셨습니다. 그러므로 이 시간 우리가 세상 염려를 놓고, 그 대신 우리가 하나님이 우리에게 주시는 하늘 유산을 다 받아 챙기지 못하게 될까를 염려하십시다. 축복의 유산으로 들어가는 것을 두려워하지 말고, 들어가지 않는 것을 두려워합시다. 하나님이 우리에게 주시는 유산에 대해 하나님의 마음을 가지십시오. 우리는 이 세상을 이김으로 썩지 않고 더러워 지지 않는 지위를 확보하여야만 합니다. 우리가 이 땅에서 육신을 입고 살지만, 마음이 변화를 받음으로 우리의 육을 통해 하나님의 초자연적인 능력이 나타나야 합니다.

거룩하신 성령님께서 인간의 몸에 거할 수 있게 됨(incarnation)에 대해 여러분에게 전하는 것은 나에게는 큰 기쁨이 됩니다. 여기 계신 모든 분들의 육체에 성령님이 거하시게 된다면 나는 이런 이야기를 더 이상 하지 않게 될 것입니다. 성령님이 우리의 육체에 거하시는 것이 우리의 유산입니다. 성령님이 우리의 육체에 거하게 됨으로 우리는 하나님의 소유가 되었고, 죄와 자기와 세상을 부인하고 살 수 있게 되었고, 하늘에 있는 악한 영들과 권세와 능력들을 지배하면서 살 수 있게 되었습니다(에베소서 6:12). 그 결과 우리는 예수 그리스도 안에서 악한 영들과 권세와 능력들을 그분이 우리에게 주신 "생명으로 지배"(로마서 5:17)하면서 살 수 있게 되었습니다.

초자연적 것들이 가득함 (Supernatural Fullness)

나는 오늘 여러분들을 조금 흔들어 놓겠습니다. 만일 어떤 사람이 자신에게 고통을 가하고 있는 질병에 대해 의로운 분노를 느끼지 않는다면 나는 그 사람을 위해 치유를 비는 기도를 해줄 수가 없습니다. 그러나 만일 질병을 앓고 있는 사람이 자신의 병은 마귀가 가져다 준 것이라고 믿는다면, 그 사람을 위해서는 얼마든지 치유 기도를 해줄 수 있습니다.

여러분에게 이것과 관련된 성경 구절을 읽어드리겠습니다. "도둑은 다만 훔치고 죽이고 파괴하려고 오는 것뿐이다."(요한복음 10:10). 이게 바로 마귀가 하는 일입니다. 그 반면에 예수 그리스도는 우리에게 생명을 주시기 위해 우리에게 오셨는데, 그 생명은 영원한 생명이고 풍성한 생명입니다(10절).

마귀는 여러분을 할 수만 있으면 죽이려고 합니다. 그러나 그리스도는 여러분의 마음의 보좌에 좌정하셔서, 당신을 죽이려는 마귀의 계획을 수포로 돌아가게 하십니다. 여러분의 삶을 이러한 진리 위에 세워나가야 하나님을 올바로 알게 되고, 결국에는 행복한 삶을 살 수 있게 됩니다. 그분 안에서 살아가는 사람들은 악령들을 두려워 할 필요가 없습니다. 여러분들은 악령을 물리치는 삶, 하나님의 능력이 최고도로 발휘되는 삶, 완전하신 그리스도의 마음으로 사는 삶을 살기로 결단할 때 여러분의 삶에 자연적인 것들은 서서히 물러나고 초자연적인 것들이 서서히 나타나게 됩니다.

하나님은 하늘 보좌에 앉아 계시면서 여러분을 순식간에 수천 마일 떨어진 곳으로 옮겨놓으실 수 있으십니다. 하나님은 당신에게 그렇게 행하실 수 있는 초자연의 하나님이심을 믿으시기 바랍니다.

여러분들, 준비되셨습니까? 무슨 준비가 되었느냐고 묻고 계신 분이 계시군요. 하나님에 의해 변화되셔서 이제 다시는 두려워하는 삶을 살지 않기로 결단할 준비가 되셨습니까? *"완전한 사랑은 두려움을 내쫓다."* (요한일서 4:8)는 사실을 기억하십시오.

하나님이 표현되는 삶을 사시기 시작하십시오. 여러분이 받은 새 생명에는 썩어질 것이 하나도 없습니다. 이제 여러분의 삶은 영원한 삶입니다. 여러분은 하나님의 말씀되신 예수로 인해 다시 태어났습니다. 그러므로 여러분 속에는 소멸되지 않는 힘이 있습니다. 그 힘은 사망을 이길 때까지 여러분 안에서 역사하고, 죄가 여러분들 더 이상 지배하지 못할 때 까지 역사하고, 병이 여러분을 더 이상 침공하지 못할 때까지 역사합니다. 이러한 것들은 하나님의 말씀이신 분에 의하여 실현되었습니다.

여러분들은 나에게 "어떻게 해야 내가 그러한 삶을 살 수 있습니까?"라고 질문하실 수도 있습니다. 로마서 8장의 첫 두절을 주목하여 보십시다.

> 그러므로 그리스도 예수 안에 있는 사람들은 정죄를 받지 않습니다. 그것은 그리스도 예수 안에서 생명을 누리게 하는 성령의 법이 여러분 각자를 죄와 죽음의 법에서 해방하여 주었기 때문입니다. (로마서 8:1-2).

예수 안에 있게 되는 순간부터 "정죄를 받지 않습니다." 이것이 바로 육체에게 주어지는 성령의 법입니다. 이것은 영원한 법이요 하나님의 법이요 새 법입니다. 이 법은 십계명의 법이 아니라, 우리의 몸 안에 있는 생명의 법이고, 죄와 병과 죽음이 우리의 몸을 주관하지 못하도록 하는 법입니다.

여러분들 가운데 한 번도 가 본적이 없는 수천마일 떨어진 곳으로 순식간에 이동되어지기를 원하시는 분들은 그렇게 될 수 있다는 믿음을 가지십시오. 예수의 피가 여러분을 깨끗하게 한다는 것을 믿으십시오. 여러분들이 부활의 권능 속으로 이미 들어왔다는 것을 믿으십시오. 여러분이 다시 젊어졌다는 사실을 믿으십시오. 하나님께서는 여러분에게 청년의 힘을 새로이 주실 것입니다. 믿으십시오!

여러분 중에는 "그렇게 되도록 애써 노력해 보겠습니다."라고 말씀하실 분도 있을 것입니다. 그러나 애써 노력하는 것은 일시적 효과에 그칩니다. 반면에 믿는 것은 실체입니다. 애써 노력하는 사람들의 모임에서 탈퇴하시고, 그 대신 믿는 사람들의 모임에 가입하십시오. 가입하시면, 하나님의 약속에 대해 기뻐 뛰는 삶을 살게 될 것입니다. 그 이유는 하나님의 약속의 믿는 모든 자들에게 *"예"*가 되고 *"아멘"*이 되기 때문입니다(고린도후서 1:20).

더 이상 고개를 푹 숙이고 사시거나 불평하면서 사시지 마십시오. 영으로 기뻐하시고 마음으로 주님을 찬미하십시오. 승리에서 더 큰 승리로 나아가십시오. 믿음으로 일어나시고 믿음으로 사십시오. 여러분은 여러분의 힘으로 사는 것이 아니라 그리스도 안에서 그분이 주시는 힘으로 사셔야합니다. *"땅에 있는 것들을 생각하지 말고 위에 있는 것들을 생각하십시오."* (골로새서 3:2). 여러분의 영이 하나님 안에서 생동감 넘치게 하십시오. 여러분의 삶이 세상과 세상이 주는 걱정을 뛰어넘어, 하늘이 주신 생명의 유산으로 가득 차게 되기를 바랍니다.

기도

오, 주님, 병을 없애주십시오. 눈이 먼 것을 고쳐주시고, 잘 보이지 않은 것을 고쳐주십시오. 말씀을 주십시오. 예수의 피를 이해하게 해주십시오. 예언의 영과 증거의 영(spirit of testimony)이 무엇인지 알게 해주십시오. 하나님, 당신은 사도와 선지자와 말씀을 전하는 자의 기초에 우리를 세워주시는 분이십니다. 이에 대한 바른 이해를 할 수 있도록 우리를 도와주십시오. 모든 사람들이 하늘의 은혜로 채워질 때까지 우리를 당신의 방법으로 세워주십시오.

질문과 대답

질문 : 휴거되기 위해서는 반드시 성령 세례를 받아야합니까?

대답 : 그렇지 않습니다. 나의 경우, 성령 세례가 나에게는 참으로 놀라운 경험이었습니다. 성령으로 세례를 받는 것은 좋은 것입니다. 요즘 여러 교회에 가 보아도 성령이 더 이상 있지 않는 경우들이 많습니다. 성령은 교회와 함께 가야합니다. 하나님의 말씀은 그분께서 예수 안에서 잠자는 모든 자들을 일으키시겠다고 기록하고 있습니다. 예수 안에서 잠들어 있는 사람들 중에 성령 세례를 받지 못한 사람들이 많이 있습니다. 그분이 그들 모두를 일으키실 것입니다. 성령 세례를 받지 않아도 휴거됩니다.

누가복음 22장 16절과 18절의 말씀에 예수님께서 하신 말씀이 이렇게 나와 있습니다: "내가 너희에게 말한다. 유월절이 하나님의 나라에서 이루어질 때까지, 나는 다시는 유월절 음식을 먹지 않을 것이다.... 내가 너희에게 말한다. 나는 이제부터 하나님의 나라가 올 때까지 포도나무 열매에서 난 것을 절대로 마시지 않을 것이다." 예수님께서는 또한 "하나님의 나라는 너희 가운데 있다."고 말씀하셨습니다. 예수님의 이 말씀은 새로운 피조물이 된 자들에게 하신 말씀입니다. 지금 예수님께서는 자신이 준 생명에 대해 말씀하고 계신 것입니다. 그분은 이 세상의 생명이셨고 현재에도 생명이십니다. 그렇기 때문에 예수님께서는 하나님의 나라가 도래할 때까지는 다시는 먹지 않고 마시지 않겠다고 말씀하신 것입니다.

누구든지 하나님의 나라를 자기 안에 받아드린 사람은 예수께서 다시 오실 때 휴거됩니다. 위의 성경에서는 성령 세례에 대해 언급하지 않고 있습니다. 최후의 만찬 자리에서도 예수님께서는 단지 하나님 나라의 도래에 대해서만 언급하셨습니다.

성령 세례를 받는 것은 계시를 받기 위함입니다. 가령, 성령 세례를 통해 예수에 관한 것들을 깨닫게 됩니다. 이처럼 성령 세례는 빛을 받아 집광시키는 볼록렌즈에 비교될 수 있습니다.

돋보기를 아주 작은 물체에 대어보십시오. 무슨 일이 일어납니까? 성령님은 생명과 은사와 왕이신 예수님의 사역을 집광시키는 거대한 돋보기에 비유될 수 있습니다. 성령이 우리에게 오시면 우리 안에 계신 예수께서 왕관을 쓰시는 일(영광 받는 일)이 일어납니다. 성령님께서 우리에게 오시면 성령님은 우리에게 예수가 우리의 왕이 되신다는 사실을 알려주시고, 우리의 삶에 예수가 왕으로 활동하실 수 있도록 우리를 도와주십니다.

질문: 교회가 장차 환란을 당하게 될까요?

대답: 데살로니가서가 "억제하시는 분이 물러나실 때까지는 그것을 억제하실 것입니다."(데살로니가후서 2:7)라고 기록하고 있습니다.

앞으로 있게 될 일에 대해 우리가 확실히 알 수 있는 사실은 다음과 같습니다. 마귀가 점점 힘을 얻어가게 될 것입니다. 나중에는 자신을 하나님이라고 칭하는 불법의 사람이 나타나서 세상을 자기 마음대로 통치하게 될 것입니다. 사람들의 왕래가 빨라질 것입니다. 이와 아울러 신적 능력과 성령의 역사가 증가되고, 성도들에게 부어지는 계시도 점점 커지고 깊어질 것입니다. 우리는 지금 과거 그 어느 때보다 더 많은 성령의 계시를 받으며 살고 있습니다. 이 시대는 그 어느 때 보다 사역의 문이 활짝 열려 있습니다. 왜냐하면 그분이 우리에게 전보다 더 많은 능력을 부어주시고 계시기 때문입니다.

만일 여러분께서 옮김 받을 준비가 되셨다면 어떻게 된다 해도 여러분은 준비되어진 것입니다.

질문 : 우리가 휴거된 후에는, 우리의 예수의 신부됨의 위치는 없어지나요?

대답 : 네, 없어집니다. 신부는 예수님의 몸(교회)으로 있을 때에만 신부입니다. 예수님과 결혼식을 치른 후에는 신부의 역할이 더 이상 존재하지 않게 됩니다. 우리가 그분과 결혼할 때까지만 예수의 신부가 됩니다. 오늘날 하나님께서는 많은 사람들에게 영적인 활력을 부어주고 계십니다. 성령을 통해 활력을 얻은 사람들은 예수의 신부로서 구별되고 거룩한 삶을 사는 데 온갖 힘을 기울이고 있습니다. 이는 열망을 갖고 결혼식을 기다리는 신부가 가져야 할 마땅한 자세입니다.

가만히 있어도 저절로 신부가 된다고 생각하지 마시고, 이 세상에 몸을 갖고 사는 동안 자신을 그리스도의 신부로 잘 준비시키십시오. 그래야 그리스도와의 혼인예식이 값진 예식이 될 수 있습니다. 그러나 신부됨에 대해 너무 집착하지 마십시오. 주님과의 결혼함에 대해 너무 집착하다가는, 급기야 자신의 몸에 예수의 신부로서의 신체적인 징후가 나타나야만 한다고 믿게까지 됩니다. 그렇게 되어 남들의 웃음거리가 된 사람들이 실제로 여러 명이 있었습니다. 이것은 정말로 웃지 못할 사실입니다. 우리가 왕국에 들어가면 우리의 신부로서의 위치는 없어집니다.

질문 : 교회가 들려올라 간 이후에도 이 세상에는 구원받는 사람들이 생겨날까요?

대답 : 144,000명의 유대인들이 구원을 받게 됩니다. 말씀에 따르면 그들은 대 환란을 겪게 됩니다. 그러나 그들이 구원받았다고 해도, 그들은 말씀에 의해 구원받은 것이지, 성령에 의해 구원받은 사람들이 아닙니다. 왜냐하면 성령은 교회와 함께 위로 이미 올라갔기 때문입니다. 144,000명은 모두 유대인들입니다. 그들은 말씀을 압니다. 그들은 말씀을 끝까지 지킬 것입니다. 심지어 그들은 말씀을 위해서 자신의 목숨까지라도 내어 놓게 될 것입니다.

믿음의 말씀사 출판물 소개

홈페이지 : http://faithbook.kr
http://www.jesuslike.org

케네스 해긴의 「믿음 도서관」(Faith Library) 책들

믿는 자의 권세 (The Believer's Authority) - 생애 기념판
케네스 해긴 지음 · 김진호 옮김 / 양장본 신국판 264 p / 값 13,000원

이 책은 그리스도 안에서 모든 믿는 자에게 합법적으로 부여된 권세에 대한 탁월한 통찰을 주고 있는 해긴 목사님의 책 중에서 가장 많이 읽혀진 책입니다.

당신이 알아야 하는 신유에 관한 일곱 가지 원리 (Seven Things Should Know about Divine Healing)
케네스 해긴 지음 · 김진호 옮김 / 국판 112 p / 값 5,000원

신유에 관한 성경의 진리를 가르치고 있는 책으로 병든 자에게는 치유를, 건강한 자에게는 건강을 보장해 주는 하나님의 약이 될 것입니다.

기도의 기술 (The Art of Prayer)
케네스 해긴 지음 · 김진호 옮김 / 국판 208 p / 값 7,000원

경건의 모양은 있으나 하나님의 능력이 없는 종교인을 닮아가는 그리스도인에게 정확한 말씀을 통해 실제로 응답받는 기도의 기술을 가르쳐 주는 책입니다.

인간의 세 가지 본성 (The Threefold Nature of Man) - 증보판
케네스 해긴 지음 · 김진호 옮김 / 국판 128 p / 값 5,500원

바울은 인간을 영, 혼, 몸을 가진 존재로 말하고 있습니다. "나는 영이며, 혼을 가지고 있고, 몸 안에 살고 있다"는 기본 진리를 알아야 영적 성장과 진보가 있습니다.

어떻게 하나님의 영으로 인도받을 수 있는가? (How You Can Be Led by the Spirit of God)
케네스 해긴 지음 · 김진호 옮김 / 국판 208 p / 값 7,000원

하나님을 알고 그 분의 성품을 닮을 뿐 아니라 예수님처럼 아버지의 온전한 뜻을 좇아서 승리의 삶을 살 수 있도록 도움을 줍니다.

믿음의 계단 (New Thresholds of Faith)
케네스 해긴 지음 · 김진호 옮김 / 국판 256 p / 값 8,500원

믿음에 관한 성경의 가르침을 자신의 삶에 적용하여 풍성한 간증과 함께 가르치므로 누구나 이해하기가 쉽고 믿음으로 살고 싶은 거룩한 용기가 생깁니다.

마이더스 터치 (The MIDAS TOUCH)
케네스 해긴 지음 · 김진호 옮김 / 신국판 192 p / 값 8,000원

성경적 부요함의 축복을 누리는 많은 그리스도인들이 나타나서 한국 교회가 세계 선교에 쓰임 받는데 한 몫을 하는 예수 선교 재벌의 탄생을 기대합니다.

당신을 향한 하나님의 계획 (Following God's Plan For Your Life)
케네스 해긴 지음 · 김진호 옮김 / 국판 256 p / 값 8,500원

당신만을 위한 하나님의 완전한 계획이 있다는 사실을 믿으십시오. 어떻게 그 길을 인도받을 수 있는지 가르쳐주는 실제적인 지침서가 여기 있습니다.

하나님 가족의 특권 (Welcome to God's Family)
케네스 해긴 지음 · 김진호 옮김 / 국판 176 p / 값 6,500원

어떤 목사님은 자신의 교회로 온 신자의 60%가 구원의 확신이 없는 명목상 그리스도인 이었다고 말했습니다. 해긴 목사님의 새 신자에게 가르친 말씀을 보십시오.

나는 환상을 믿습니다 (I Believe in VISION)
케네스 해긴 지음 · 김진호 옮김 / 국판 208 p / 값 7,000원

환상과 계시의 경험을 말하면서도 저자가 하나님께 대한 절대적 신뢰와 기록된 말씀에 대한 확신을 가진 것을 배울 수 있습니다.

하나님의 계획과 목적과 추구 (PLANS PURPOSES PURSUITS)
케네스 해긴 지음 · 김진호 옮김 / 국판 224 p / 값 8,000원

다가오는 하나님의 거대한 영적 기름부음을 위해서는 인간의 계획과 목적과 추구하는 바를 내려놓고 하나님을 향한 진정한 예배를 추구해야 합니다.

역사하는 기도 (Steps to Answered Prayer)
케네스 해긴 지음 · 김진호 옮김 / 국판 256 p / 값 9,000원

당신의 기도가 응답받지 못한다 해도 희망을 잃지 마십시오. 하나님께서는 당신의 기도를 들으시고 응답하십니다. 이 책을 통해 기도의 응답을 누리십시오!

병을 고치는 하나님의 말씀 (Healing Scriptures)
케네스 해긴 지음 · 김진호 옮김 / 국판 184 p / 값 7,000원

해긴 목사님은 이 책을 통해 어떻게 하나님의 처방약-하나님의 말씀-을 복용해서 그것이 당신의 모든 육체에 치유와 생명이 되게 하는지 명확하게 지도해줍니다!

영적 성장 (Growing Up, Spiritually)
케네스 해긴 지음 · 김진호 옮김 / 국판 192 p / 값 7,000원

이 책은 당신이 영적으로 어느 단계에 있는지 분별하는데 도움을 주며, 높은 영적 수준으로 자랄 수 있도록 도와 줄 것입니다.

치유의 기름부음 (The Healing Anointing)
케네스 해긴 지음 · 김진호 옮김 / 국판 344 p / 값 10,000원

이 책은 자연적인 전기의 힘과 초자연적인 하나님의 능력의 유사성에 관해 설명하고 있습니다. 하나님의 치유의 능력과 협력하는 법을 배우십시오.

크게 성장하는 믿음 (Exceedingly Growing Faith)
케네스 해긴 지음 · 김진호 옮김 / 국판 160 p / 값 6,000원

믿음으로 살고자 하는 모든 신자들에게 유용한 책입니다. 해긴 목사님은 이렇게 말합니다. "믿음이 자람에 따라, 사탄의 지배는 약해집니다."

신선한 기름부음 (A Fresh Anointing)
케네스 해긴 지음 · 김진호 옮김 / 국판 176 p / 값 7,000원

이 책은 하나님의 말씀 안에 이미 예비하신 축복 안으로 들어가서 매일 그들의 삶 속에서 신선한 기름부음을 받을 수 있는 지에 대하여 말하고 있습니다.

예수 열린 문 (Jesus The Open Door)
케네스 해긴 지음 · 김진호 옮김 / 국판 216 p / 값 8,000원

하나님을 신뢰하며 하나님의 축복의 문을 여는 법과 그 열린 상태를 유지하는 법을 배운다면 당신 생애 최고의 날들이 펼쳐질 것입니다!

믿음이란 무엇인가 (What Faith Is)
케네스 해긴 지음 · 김진호 옮김 / 국판 64p / 값 2,500원

이 책에서 해긴 목사님은 성경적으로 믿음을 정의하며 이렇게 말합니다. "믿음은 실존하지 않는 바라는 것들을 붙잡아 현실 세계로 가져오는 것입니다."

진짜 믿음 (The Real Faith)
케네스 해긴 지음 · 김진호 옮김 / 국판 56 p / 값 2,000원

진짜 믿음은 아브라함과 같은 믿음이며, 그것은 육체의 증거에 근거한 것이 아니라 하나님의 말씀에 근거한 것임을 이야기합니다.

기름부음의 이해 (Understanding the Anointing)
케네스 해긴 지음 · 김진호 옮김 / 국판 264 p / 값 9,000원

기름부음을 이해함으로써 하나님의 영광이 나타나는 것과 비교할만한 것은 세상 어디에도 없다는 것을 여러분은 발견하게 될 것입니다.

그리스도께서 지금 하고 계시는 일 (The Present-Day Ministry of Jesus Christ)
케네스 해긴 지음 · 김진호 옮김 / 국판 64 p / 값 2,500원

이 책은 예수님께서 당신이 풍성한 삶을 누릴 수 있도록 하나님의 우편에서 우리를 위해 현재 하고 계신 일에 대해서 고찰하고 있습니다.

승리하는 교회 (THE TRIUMPHANT CHURCH)
케네스 해긴 지음 · 김진호 옮김 / 신국판 496 p / 값 15,000원

이 책은 당신의 삶 가운데서 사탄의 패배를 어떻게 강요하는지 보여줌으로써 모든 신자들에게 하나님께서 의도하셨던 승리하는 삶을 살 수 있도록 해줍니다.

믿음의 양식 (FAITH FOOD)
케네스 해긴 지음 · 김진호 옮김 / 국판 384 p / 값 13,000원

케네스 해긴 목사님이 한 입 베어 물기 적당한 크기로 맞게 조리한 이 책은 당신의 매일의 삶에 힘을 불어넣어 하나님의 말씀으로 만찬을 즐기도록 할 것입니다.

조에 (ZOE : The God-Kind of Life)
케네스 해긴 지음 · 김진호 옮김 / 국판 96 p / 값 4,000원

이 책은 당신이 하나님과 함께 정복하고 왕 노릇하도록 하는 안내서로써 성령의 삶 안에서 당신이 어떻게 탁월하게 살 수 있는지 그 비밀을 알려줍니다.

그리스도의 선물 (HE GAVE GIFTS UNTO MEN)
케네스 해긴 지음 · 김진호 옮김 / 신국판 368 p / 값 12,000원

이 책은 사도, 선지자, 그리고 목사들이 오늘날 그리스도의 몸 안에서 반드시 해야 할 기능에 대해 성경적인 관점을 보여주고 있습니다.

믿음이 흔들리고 패배한 것 같을 때 승리를 얻는 법
케네스 해긴 지음 · 김진호 옮김 / 신국판 160 p / 값 7,000원

믿음이 흔들리고 패배한 것 같을 때 이 책에 기록된 열 가지 단계를 순서대로 밟아 나간다면 여러분은 패배의 삶으로부터 확실한 승리의 길로 나아가게 될 것입니다.

충분하고도 넘치는 하나님 엘 샤다이 (EL SHADDAI)
케네스 해긴 지음 · 김진호 옮김 / 국판 64 p / 값 2,500원

이 책은 우리의 사랑하시는 하늘의 아버지는 우리가 원하는 만큼 오래 살게 하시는 풍성하신 하나님이라는 것을 보여주고 있습니다.

그리스도 안에서 (In Him)
케네스 해긴 지음 · 김진호 옮김 / 문고판 48 p / 값 1,000원

예수 그리스도의 죽음과 부활을 통해 새로운 신분과 권세와 기업을 깨닫게 해 주셨습니다. 그리스도 안에 있는 그리스도인의 축복을 계시받고 누리십시오.

새로운 탄생 (The New Birth)
케네스 해긴 지음 · 김진호 옮김 / 문고판 48 p / 값 1,000원

성경이 말하는 새로운 탄생의 의미와 새로운 피조물의 실체를 소개한 책으로 구원의 확신뿐 아니라 구원받은 자의 영적 상태를 설명해 주는 책입니다.

방언기도의 능력을 풀어 놓으라 (Why Tongues?)
케네스 해긴 지음 · 김진호 옮김 / 문고판 64 p / 값 1,200원

방언을 받기 위해 노력하는 성도와 이 중요한 선물을 자기 것인 줄도 모르고 받지 못하는 많은 구원받은 성도들에게 계시의 눈을 열어 주게 될 것입니다.

재정 분야의 순종 (Obedience in Finances)
케네스 해긴 지음 · 김진호 옮김 / 문고판 48 p / 값 1,000원

재물과 하나님을 겸하여 섬길 수 없습니다! 이 책은 바로 순종하는 삶, 성령 인도 받는 삶, 하나님의 능력의 도구로 쓰임 받는 비밀을 가르쳐 주고 있습니다.

말 (Words)
케네스 해긴 지음 · 김진호 옮김 / 문고판 48 p / 값 1,000원

말은 하나님의 창조 원리와 창조 능력을 간직한 복음을 말함으로 믿는 자에게 능치 못함이 없다고 하신 하나님의 능력을 풀어 놓는 믿음을 활성화합니다.

나는 지옥에 갔다 왔습니다 (I Went to Hell)
케네스 해긴 지음 · 김진호 옮김 / 문고판 48 p / 값 1,000원

천국과 지옥의 실재와 하나님의 거룩하심과 성도의 구별된 삶, 회개를 촉구하는 말씀을 통해 지옥의 실재를 깨우치고 하나님이 주시는 풍성한 삶을 살게 합니다.

하나님의 처방약 (God's Medicine)
케네스 해긴 지음 · 김진호 옮김 / 문고판 48 p / 값 1,000원

말씀이 심령 가운데 가득 차서 입술을 통해 "믿음의 말씀"으로 선포되고 고백될 때 하나님의 자녀의 권세를 실제로 행사하는 그리스도인으로서 살게 됩니다.

더 좋은 언약 (A Better Covenant)
케네스 해긴 지음 · 김진호 옮김 / 문고판 48 p / 값 1,000원

율법적인 설교와 신앙생활에 눌려 사는 수 많은 한국의 그리스도인들에게 크나 큰 자유를 주는 진리를 발견하도록 계시를 더 해 줄 것입니다.

옳은 사고방식 틀린 사고방식 (Right and Wrong Thinking)
케네스 해긴 지음 · 김진호 옮김 / 문고판 64 p / 값 1,200원

그리스도인들이 넘어서야 할 가장 큰 과제가, 하나님 말씀의 사람 - '성경대로 생각하고 믿고 말하는 믿음의 사람'이 되는 것입니다.

속량 - 가난, 질병, 영적 죽음에서 값 주고 되사다 (Redeemed from Poverty, Sickness, and Spiritual Death)
케네스 해긴 지음 · 김진호 옮김 / 문고판 64 p / 값 1,200원

그리스도께서 십자가에서 죽으시고 부활하심으로 마귀의 저주와 권세로부터 믿는 사람들을 완전히 되사셨습니다(Redeemed).

예수의 보배로운 피 (The Precious Blood of Jesus)
케네스 해긴 지음 · 김진호 옮김 / 문고판 48 p / 값 1,000원
예수님의 피는 죄의 값인 사망으로부터 우리를 값주고 되산 속량의 피요 이를 믿는 자들을 의롭다하실 하나님과 세우신 새 언약의 피입니다.

하나님을 탓하지 마십시오 (Don't Blame God!)
케네스 해긴 지음 · 김진호 옮김 / 문고판 48 p / 값 1,000원
하나님은 우리를 사랑하셔서 아들까지 내어주신 분입니다. 문제는 하나님 편이 아니라 내 편에 있다는 것을 인정할 때 문제 해결의 길이 열립니다.

네 주장을 변론하라 (Plead Your Case)
케네스 해긴 지음 · 김진호 옮김 / 문고판 48 p / 값 1,000원
소원을 부탁하거나, 말씀 한 구절을 붙잡고 고백하는 기도가 아니라, 어떻게 하나님께 나아가서 그 분께 말씀을 드리는지 기도의 예전(protocol)을 소개합니다.

셀 모임에서 성령인도 받기 (Learning To Flow with the Spirit of God)
케네스 해긴 지음 · 김진호 옮김 / 문고판 48 p / 값 1,000원
셀 모임이나 기도 모임에서 어떻게 성령님이 인도하시는 방향으로 그 흐름을 놓치지 않고 따를 수 있는지 목사님의 평생 사역 경험을 소개하고 있습니다.

기타 「믿음의 말씀」 설교자의 책들

성령의 삶 능력의 삶 (The Walk of the Spirit The Walk of Power)
데이브 로버슨 지음 · 김진호 옮김 / 국판 480 p / 값 13,000원
방언 기도의 비밀을 밝힌 하나님의 놀라운 계시가 여기 있습니다. 이 책은 방언 기도를 통해 어떻게 성령을 따라 걸으며 능력을 따라 살 수 있는지를 가르쳐 줍니다.

왕과 제사장
김진호 지음 / 국판 136p / 값 6,500원
이 책에는 하나님 나라의 왕과 제사장으로서 이 땅에서 승리하며 다스리고 살아가는 데 필요한 실제적이고 구체적인 많은 계시가 들어 있습니다.

믿음의 반석
최순애 지음 / 국판 352p / 값 12,000원
이 책은 당신이 예수님을 영접한지 얼마 되지 않았거나 성숙한 성도이거나를 막론하고 당신의 믿음을 반석 위에 올려놓을 수 있는 길잡이가 될 것입니다.

새 언약의 기도
최순애 지음 / 신국판 192p / 값 8,000원
기도의 본질은 하나님을 움직이게 하는 것이 아니라, 예수님이 십자가에서 이미 이루어 준비해 놓으신 것을 내가 믿음으로 취하여 축복받는 자리로 들어가는 것입니다.

위글스워스 : 하나님과 함께 동행했던 사람 (Wigglesworth : A Man Who Walked With God)
조지 스토몬트 지음 · 김진호 옮김 / 국판 192 p / 값 7,000원
세상을 흔들었고 새로운 은사주의 갱신의 기초를 제공했던 믿음의 사도, 위글스워스의 삶과 사역의 영적인 의미를 파악할 수 있습니다.

스미스 위글스워스 : 하나님의 능력으로 불타오르는 삶 (Smith Wigglesworth : A Life Ablaze With The Power of God)
윌리엄 하킹 지음 · 김진호 옮김 / 국판 104 p / 값 5,000원

이 책을 읽은 사람들은 그리스도인들로서 사는 삶에 영감을 받고 담대한 믿음에 대한 도전을 받게 될 것을 확신합니다.

승리하는 믿음 (Faith That Prevails)
스미스 위글스워스 지음 · 김진호 옮김 / 46판 112p / 값 4,000원

여기 당신의 삶을 바꿀 수 있는 책이 있습니다. 당신이나 당신이 사랑하는 사람이 오늘 당면하고 있는 시련에 대한 위로를 발견하게 될 것입니다.

스미스 위글스워스의 천국 (SMITH WIGGLESWORTH - HEAVEN)
스미스 위글스워스 지음 · 박미가 옮김 / 신국판 320 p / 값 11,000원

스미스 위글스워스는 이 책에서 당신이 죽은 후에 맞이하게 될 새로운 삶을 어떻게 준비할 수 있을지 자신이 체험한 드라마틱한 경험을 바탕으로 이야기하고 있습니다.

행동하는 신자들 (BELIEVERS IN ACTION)
T. L. 오스본 지음 · 김진호 옮김 / 46판 112p / 값 4,000원

우리가 그리스도의 형상을 세계에 알리는 것은 우리의 생각과 우리의 말, 그리고 우리의 행동을 통해서입니다. 우리는 행동하는 신자들입니다.

기적 - 하나님 사랑의 증거 (MIRACLES - Proof of God's Love)
T.L. 오스본 지음 · 김진호 옮김 / 46판 144p / 값 4,500원

기적은 위대한 모든 만물을 창조하신 하나님 앞에서는 그저 평범한 것입니다. 이 책을 읽을 때, 당신 또한 그리스도의 임재의 기적들을 체험하게 될 것입니다.

새롭게 시작하는 기적 인생 (New Miracle Life Now)
T. L. 오스본 / 라도나 오스본 지음 · 박미가 옮김 / 46판 288p / 값 8,000원

이 책에는 인간의 제반 문제들에 대한 해답이 있습니다. 불확실성을 확신으로, 열등감을 자존감으로, 무력감을 자신감으로 바꾸는 것은 가능합니다.

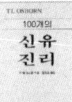
100개의 신유 진리 (100 DIVINE HEALING FACTS)
T. L. 오스본 지음 · 김진호 옮김 / 문고판 48 p / 값 1,000원

병든 사람들의 손에 이 작은 책을 들려주고 읽어주고 믿음이 자랄 수 있도록 반복해서 가르쳐서, 하나님의 병 고침을 체험하도록 도와줍니다.

믿음의 말씀 고백 기도집 (The Confessions of a Baptist Preacher)
잔 오스틴 지음 · 김진호 옮김 / 46판 136 p

어떻게 하나님의 말씀을 고백하고 인생에서 위대한 변화를 가져올 수 있는지를 정확히 알려줄 것입니다. 이 책을 고백의 교과서와 설명서로 사용하십시오.

하나님의 사랑의 흐름 (The Divine Flow)
잔 오스틴 지음 · 김진호 옮김 / 46판 48 p

당신이 하나님의 사랑의 흐름을 느낄 때면 당신은 하나님을 느끼고 있는 것입니다. 하나님의 사랑의 흐름을 따라 감으로써 새로운 모험을 즐기게 될 것입니다!

견고한 진 무너뜨리기 (Pulling Down Strongholds)
잔 오스틴 지음 · 김진호 옮김 / 46판 48 p

하나님은 지금 당신의 상황 속에서 어떻게 승리할 수 있는지를 조명해 주실 것이며, 미래의 모든 싸움에서도 당신이 이길 수 있도록 도와주실 것입니다!

초자연적인 흐름을 따르는 법 (How to flow in the Super Supernatural)
잔 오스틴 지음 · 김진호 옮김 / 46판 96 p

당신이 만일 사랑 안에서 확고하고 담대하게 성경이 가르치고 있는 것을 주장한다면 하나님께서는 결코 당신을 실망시키지 않으실 것입니다!

복을 취하는 법 (How to take possession of the Blessing)
R.R.쏘아레스 지음 · 김진호 옮김 / 국판 128p / 값 5,500원

이 책이 당신에게 무엇인가 새로운 것입니다. 이것은 과거에 우리 형제들이 이해하고 있었던 것으로써 그렇게 많은 귀한 승리를 누렸던 사람들의 승리의 비결입니다.

믿음으로 사는 삶 (The Life of Faith)
코넬리아 나줌 지음 · 신현호 옮김 · 김진호 추천 / 46판 176p / 값 6,000원

믿음으로 살았던 한 평범한 선교사님의 입을 통해 믿음으로 사는 삶의 비상한 이야기를 통하여 독자들을 하나님의 나라를 향해 더욱 높이 올라가게 할 것입니다.

그리스도 안에 있는 나를 인정하기 (In Christ)
마크 행킨스 지음 · 김진호 옮김 / 문고판 48 p / 값 1,000원

'그리스도 안에서'의 메시지를 각 사람이 말씀으로 자기 영상과 사고방식을 새롭게 하고 태도와 말까지 일치시킬 때 말씀의 열매와 능력이 나타납니다.

여기서 머물지 말라 (Don't Stop Here!)
크리스 오야킬롬 지음 · 김진호 옮김 / 46판 72p / 값 2,500원

이 책은 당신이 영적인 성장을 사모하며 당신이 편안하게 거주하던 지역에서 나오도록 하여 영의 깊은 영역으로 들어가도록 당신을 흔들어 일깨울 것입니다.

Jesus Mission Academy
예수 선교 사관학교

당신을 향한 '하나님의 계획'을 찾아 이루고 싶지 않으십니까?

당신은 인생에서 이런 것들을 원하지 않습니까?
- 당신의 삶을 향한 하나님의 최고의 계획을 찾아 살 수 있습니다.
- 셀 교회 원리를 체득하여 교회개척의 프론티어가 될 수 있습니다.
- 새 언약의 비밀인 새로운 피조물의 실체를 확실히 깨달을 수 있습니다.
- 하나님의 영으로 인도받으며 그 흐름을 따르는 법을 배울 수 있습니다.
- 성령의 삶 능력의 삶을 사는 하나님의 군대의 장교가 될 수 있습니다.

예수 선교 사관학교가 당신을 그 곳으로 인도할 것입니다.
- 열매로 검증된 강사들
- 현장 실습과 체험적 지식
- 셀 교회 선교 네트워크와 연결
- 다른 사람에게 가르칠 수 있는 내용

예수 선교 사관학교는 당신을 위해 하나님이 세우신 훈련소입니다.

'셀 교회 개척과 번식 원리'라는 가죽 부대 안에 케네스 해긴 목사님이 세우신 미국 털사의 레마 성경 훈련소에서 가르치는 '믿음의 말씀'이라는 새 포도주를 레마 출신 현역 사역자들이 배달할 것입니다.

Jesus Mission Academy
예수선교사관학교

경기도 용인시 기흥구 마북동 323-4
TEL : (031) 8005-8895~6
http://www.jesuslike.org